Christian L. J. Ewers und Jörg Mohr · Exzellente Pharma Supply Chain

Exzellente Pharma Supply Chain

Von der Vision zur Praxis

Christian L. J. Ewers
und Jörg Mohr

 Editio Cantor Verlag Aulendorf

Bibliografische Information der Deutschen Bibliothek

Die Deutsche Bibliothek verzeichnet diese Publikation in der Deutschen Nationalbibliografie; detaillierte bibliografische Daten sind im Internet über http://dnb.ddb.de. abrufbar.

ISBN 978-3-87193-384-4

ECV · Editio Cantor Verlag im Internet unter www.ecv.de

Titelfoto: Paul Steeger, PS-Fotodesign, Linz/Rhein (Germany)
Satz: Texdo, Aulendorf; Druck: druckhaus köthen GmbH, Köthen (Germany)

Inhaltsübersicht
(Detailliertes Verzeichnis am Schluss des Buches)

Die Philosophie

Die Vision

Die Umsetzung

Schlussfolgerungen

Die Philosophie

Ideen sind mächtig, aber nur, wenn sie zu den veränderten Umständen passen.

Golo Mann

Vorwort

Die stete Nachfrage während der zurückliegenden acht Jahre nach dem Buch „Pharma Supply Chain – Neue Wege zu einer effizienten Wertschöpfungskette" hat gezeigt, dass die damals behandelten Themen unverändert auf hohes Interesse stoßen. Natürlich hat sich in diesem Zeitraum Vieles getan, und Einzelthemen wie beispielsweise die Optimierung von Prozessen in der Pharmaproduktion sind zum Teil ausführlicher diskutiert worden.

Doch die seinerzeit entwickelten Ideen für eine Pharma Supply Chain der Zukunft blieben weiterhin Vision: Das Ziel einer Produktion nahe an den theoretischen Durchlaufzeiten ist unseres Erachtens bislang weiterhin unerreicht. Gleichermaßen fehlt es an Ansätzen, die eine deutliche Verkürzung der langen Entwicklungszeiten von derzeit bis zu 14 Jahren erlauben. Desweiteren fehlt bei vielen Beispielen der publizierten Produktivitätsverbesserungen im Bereich der Produktion vor allem eine Betrachtung der Auswirkungen auf die gesamte Supply Chain. Gerade hinsichtlich dieser beiden Kernthemen Verkürzung von Entwicklungs- und Durchlaufzeiten konnten wir in den zurückliegenden Jahren umfangreiche Erfahrungen sammeln, die zur Weiterentwicklung und Konkretisierung unserer Vision für eine neue Pharma Supply Chain beigetragen haben. Insofern lag es nahe, diese Vorstellungen sowie erste Umsetzungserfahrungen in einem neuen Buch darzustellen. Hierbei sollten auch die Möglichkeiten, die sich aus den technologischen Entwicklungen im Anlagenbau der letzten Jahre ergeben, berücksichtigt werden. Leitgedanke war es also, Vision und erste Praxiserfahrungen in einem Werk zusammenzufassen.

Stellen Sie sich einmal vor, Sie arbeiten im Jahr 2015 im Bereich Entwicklung-Produktion der *LimitlessPharma AG*, einem forschenden Pharmaunternehmen, das weltweit vertreten ist. Die Limitless ist ein begehrter Arbeitsplatz für Naturwissenschaftler und Ingenieure, da sie es schafft, das gesamte kreative Potential ihrer Mitarbeiter zu wecken und zu nutzen. Die AG ist erfolgreich am Markt tätig, weil es gelungen ist, die Entwicklungszeiten für eine ‚New Chemical Entity' (NCE) mehr als zu halbieren. Für Entwicklungszeiten, die nahe an der theoretischen Durchlaufzeit der klinischen Phasen liegen, haben Lean Development-Ansätze, wie man sie bislang nur in der Automobilindustrie fand, entscheidend beigetragen. Co-Development-Strategien in chemischer und pharmazeutischer Entwicklung, innovatives Studiendesign und intelligente Nutzung von modularen Anlagenkonzeptionen sind die wesentlichen Bausteine für den nachhaltigen wirtschaftlichen Erfolg der *Limitless*. Gleichzeitig leisten sie Beiträge zur Kostendämpfung in den öffentlichen Gesundheitssystemen, da preiswerte Medikamente angeboten werden können. Die Verbindung von Innovation und kontinuierlicher, an Lean Six-Sigma-Prinzipien orientierter Prozessentwicklung hilft Limitless, auch in dem generischen Wettbewerb zu bestehen. Hohe Transparenz nach innen ermöglicht dem Unternehmen eine Echtzeitverfolgung und Steuerung seiner Entwicklungsprojekte sowie der anderen Unternehmensprozesse. *Limitless* verfügt zudem über ein schlankes und äußerst flexibles Distributionssystem, das die kurzen Durchlaufzeiten einer (nahezu) On-demand-Fertigung mit den Anforderungen einer individuellen Patientenversorgung durch Zustellung eines Wochenbedarfs auf dem Postwege verknüpft. In den Arztpraxen ist ein Bestellsystem etabliert, das dem Arzt die direkte Bestellung der Medikamentenpackungen für den einzelnen Patienten ermöglicht. Über dieses System erfolgt auch die Abrechnung mit den Krankenkassen.

Daneben betreibt *Limitless* eine projektunabhängige Technologie-Forschung mit ausgewählten Netzwerk-Partnern, die sich alle von derselben an Wertschöpfung und Kundeninteressen ausgerichteten Philosophie leiten lassen.

Würde es nicht reizvoll sein, in diesem Unternehmen zu arbeiten? Könnte ein solches Unternehmen im Wettbewerb bestehen? Erscheint Ihnen all dies als unrealistisch?

Wir wollen in dem vorliegenden Buch unsere Vorstellungen einer neuen Pharma Supply Chain entwickeln, die auch in der Lage sein soll, Antworten auf die Herausforderungen der Zukunft – wie bespielsweise den demographischen Wandel – zu finden. Dabei darf nicht übersehen werden, dass der Umbau zu einer neuen Pharma Supply Chain in der Entwicklung beginnt. Dort werden die Grundlagen für die spätere Produktion gelegt. Das Buch wird also insbesondere auf die Abhängigkeit von Produktion und Entwicklung eingehen. Erste Beispiele in der Pharmaindustrie, die unserer Vision folgen, finden Erwähnung und unterstreichen aus unserer Sicht die Attraktivität des Konzeptes.

In das Buch sind unsere Umsetzungserfahrungen aus der eigenen Management- und Beratungspraxis eingeflossen. Überall dort, wo unsere früher gemachten Aussagen, Darstellungen, Zahlen etc. weiterhin Gültigkeit haben, wurden keine Veränderungen gegenüber dem Buch aus dem Jahr 2002 vorgenommen.

Christian Ewers und Jörg Mohr

Berlin, im Juni 2010

1. Einleitung

Herausforderungen der Pharmaindustrie

Die Konzentrationstendenzen auf den internationalen Pharmamärkten einerseits sowie die zunehmenden Restriktionen andererseits in den Gesundheitssystemen der letzten Jahre zeigen, dass die bereits damals erkannten Tendenzen an Schärfe gewonnen haben. Unsere damalige Beschreibung der Pharmaindustrie hat weiterhin Gültigkeit. Die Notwendigkeit, neue Visionen für die Zukunft dieser Branche zu entwickeln oder bereits vorhandene weiter auszuführen, besteht also unverändert, da schnelle und nachhaltige Lösungen für aktuelle und zukünftige Herausforderungen weiterhin gefragt sein werden.

Komplexität als Problem

Abgesehen von den immer komplizierter werdenden Prozessen im Bereich Wirkstoffsuche nimmt in allen Teilen der Pharma-Wertschöpfungskette seit längerem die Komplexität der Umfeld-Anforderungen (‚äußere Komplexität') stetig zu. Darunter sind insbesondere die Anforderungen an Qualität und (Fälschungs-)Sicherheit neuer Medikamente zu verstehen. Qualitätsanforderungen beziehen sich nicht nur auf die Reinheit, sondern auch auf die Prozessqualität bei der Herstellung von Wirkstoffen und Drug Product, die Dokumentation, die Validierung der Verfahren, die Qualifizierung der Anlagen usw. Die gestiegenen Sicherheitsanforderungen führen zu umfassenden toxikologischen Untersuchungen sowie immer aufwendigeren und langwierigeren klinischen Studien. Damit einher gehen stetig wachsende Anforderungen seitens der Zulassungsbehörden an die für die Zulassung eines neuen Arzneimittels benötigte Dokumentation.

Daher wird es für den Erfolg in Zukunft umso wichtiger sein, durch eine neue Qualität der Entwicklungsprozesse auch einen ‚schlanken Einreichungsprozess' zu ermöglichen, um dem Ziel einer signifikanten Verkürzung der Gesamtentwicklungszeit (‚time to market') näher zu kommen. Fehler die hier gemacht werden, sind später kaum noch zu korrigieren.

Weitere Komplexitätstreiber sind bereits durch dass Portfolio eines Pharmaunternehmens gegeben. Also der Frage nach den bearbeiteten Krankheitsfeldern, der Zahl der Wirkstoffe, der unterschiedlichen Dosierungen oder Darreichungsformen eines Pharmakons sowie der länderspezifischen Aufmachungen. Allein hierdurch entsteht ein Grad an ‚innerer Komplexität', der erhebliche Herausforderungen an die Planung, Steuerung und Organisation der Supply Chain-Prozesse stellt. Dieser Herausforderung kann innerhalb der Unternehmen nur dadurch begegnet werden, dass die oftmals noch vorherrschende, an Teilaspekten orientierte Sichtweise durch eine ganzheitlich angelegte prozessorientierte Sichtweise ersetzt wird.

Angesichts dieser Dynamik verfestigt sich mehr und mehr der Eindruck, dass die Pharmaindustrie zulange an ihrem bisherigen Geschäftsmodell und insbesondere an ihrem auf kleine chemische Moleküle basierenden Blockbuster-Ansatz festgehalten und nicht in ausreichendem Maße neue Wege beschritten hat *[Kipling 2004, Mansell 2008]*.

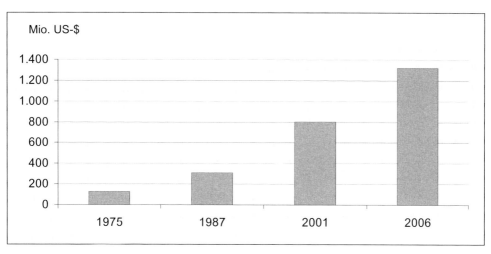

Abbildung 1.1 Steigerung der Entwicklungskosten in den letzten drei Jahrzehnten [Quelle: Di Masi *et al.* 2007].

Einige Erhebungen nähren eine ähnliche Bewertung dahingehend, dass die Schere zwischen den Forschungsaufwendungen der Pharmaunternehmen und der Zahl an neuen innovativen Medikamenten, die weltweit zur Marktreife gelangen, immer weiter auseinander geht. So zeigen beispielsweise Daten des Tufts Center for the Study of Drug Development, dass die Gesamtaufwendungen für die Entwicklung neuer Arzneimittel auf mittlerweile bis zu über 1 Mrd. US-$ (Jahr 2006) empor geschnellt sind (Abbildung 1.1).

Dabei hat die Zahl der jährlich neu eingeführten Medikamente jedoch nicht mit der Erhöhung der Forschungsaufwendungen Schritt gehalten. Angaben von Kipling [2004], der einen Rückgang der jährlich eingeführten NCEs um 30 % für den Zeitraum von 1992–2004 ausweist, während die jährlichen Steigerungsraten der Forschungsausgaben bei rund 20 % lagen, decken sich mit Ergebnissen der EFPIA zur weltweiten Entwicklung der Zahl an NCEs zwischen den 80er Jahren und 2007 (Abbildung 1.2).

Entscheidend ist jedoch, dass sich nicht nur die Gesamtkosten bis zur Markteinführung drastisch erhöht haben, sondern auch die Zeitdauer bis zur Zulassung deutlich zugenommen hat und inzwischen bei über 14 Jahren liegt.

Folgen der Komplexitätszunahme

Die Wechselwirkung von (stetig wachsender) innerer und äußerer Komplexität erschwert zunehmend die Planungs- und Handlungsfähigkeit in den Unternehmen. Die Frage liegt auf der Hand, wie die Organisationsstruktur einer Pharmafirma der Zukunft aussehen muss, die ein langfristiges Bestehen im Wettbewerb erlaubt.

Allein diese Fragen erzeugen bereits hohe Unsicherheiten. Zusätzliche Sorge bereitet, dass die Entwicklungskosten schneller steigen als das Marktwachstum und die Ergebnisentwicklung. Aufgrund zunehmender Transparenz in der Industrie wird diese Tendenz gerade von institutionellen Anlegern kritisch hinterfragt und bringt die Unternehmen mehr und mehr in Erklärungs- und Handlungszwänge. Die Pharmaindustrie – insbesondere die forschenden Firmen – sieht sich also einer beträchtlichen Herausforderung ausgesetzt, weil sie allein mit

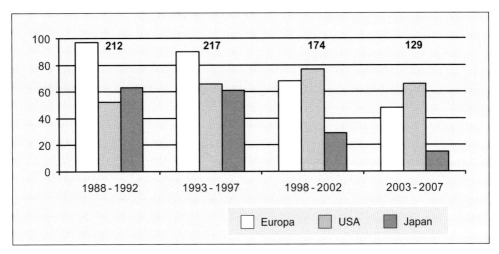

Abbildung 1.2 Weltweite Entwicklung der Anzahl neuer Medikamente (NCEs) seit den 80er Jahren; in der Mitte der Säulen die Gesamtzahlen [Quelle: Scrip-EFPIA calculations 2008].

dem derzeitigen Output ihrer Forschungs- und Entwicklungspipelines sowie ihren bisherigen Geschäftsmodellen die an sie gerichteten Erwartungen im Hinblick auf Profitabilität und Wachstum nur noch schwer erfüllen kann.

Verschärft durch die Probleme, die Gesundheitssysteme in der jetzigen Form auf Dauer finanzieren zu können, werden zudem in nahezu allen (westlichen) Ländern ‚Kostendämpfungsprogramme' initiiert. Sogar auf dem amerikanischen Markt, der aufgrund der dort bislang durchsetzbaren hohen Preise eine besondere Attraktivität hatte, wird es über kurz oder lang zu einer Einfuhr von Arzneimitteln aus Drittländern kommen. Von der nach einer solchen Öffnung zu erwartenden Erosion der Pharmapreise wird ein weiterer Produktivitätsdruck insbesondere für die US-Pharmaindustrie ausgehen, liegen doch die Preise für Medikamente aus Europa im Durchschnitt 50% unterhalb der nationalen Preise.

Insbesondere in den USA ist die zukünftige Entwicklung des Gesundheitssystems schwer einschätzbar. Sollte sich aber durch die Initiative des amerikanischen Präsidenten ein allgemeiner Gesundheitsschutz durchsetzen, wird dies unweigerlich zu einer Verschärfung des Kostendrucks in Richtung Pharmaindustrie beitragen.

Somit ist klar, dass es sich nicht um lokale oder kurzzeitige Phänomene handelt, sondern dies als Zeichen eines sich unaufhörlich vollziehenden Wandels in der Pharmaindustrie verstanden werden muss, der zunehmend an Tempo gewinnen wird. Es werden Lösungen gefragt sein, die auch Fragen des zukünftigen Versorgungsstandards in den überalternden westlichen Gesellschaften beantworten müssen. Hierzu gehört aber auch, ob und wie die Behandlung seltener Krankheiten im besonderen und eine funktionierende Versorgung mit Medikamenten im allgemeinen in den heutigen Entwicklungsländern geleistet werden kann.

Der Frage, welche Auswege es aus dieser Problemkaskade gibt, kommt also eine enorme Bedeutung zu, zumal von einer ungebrochenen Komplexitätszunahme ausgegangen werden darf. Da punktuelle Lösungen in Einzelbereichen der Supply Chain langfristig nicht mehr ausreichend sein werden, müssen durch neue Unternehmensstrukturen die richtigen

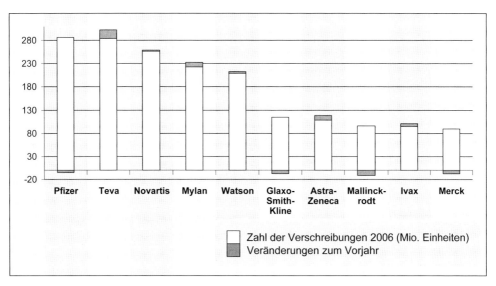

Abbildung 1.3 Ranking der Top10 US-Pharmaunternehmen 2006 [Quelle: NACDS 2006].

Voraussetzungen hin zu einer durchgängigen Prozessorientierung geschaffen werden. Dies wird jedoch nur dann gelingen, wenn der vorhandene Wandlungsbedarf in den Unternehmen anerkannt und die Fähigkeit zur Veränderung geschaffen wird *[Deutschman 2008]*.

Konventionelle Lösungsansätze und Strategien

Bisher setzt die Pharmaindustrie nahezu unverändert auf eine Fortschreibung der klassischen Wege der Entwicklung neuer Wirkstoffe und der Marktversorgung. Neben dem Vorantreiben technologischer Innovationen lassen sich wichtige Strategien, die von einigen Pharmaunternehmen im Rahmen einer Studie genannt wurden *[Gutjahr 2000]*, in drei Kategorien einteilen:

- bessere Nutzung von internen Ressourcen,
- stärkere Außen-/Kundenorientierung (mit bekannten Marketinginstrumenten),
- Entwicklung einer gemeinsamen Vision (wichtig für Unternehmen, die durch Mergers & Acquisitions entstanden sind).

Diese Strategien lassen jedoch völlig außer acht, dass die Vorgehensweise bereits in der ersten Hälfte der 90er Jahre nicht mehr nachhaltig zum Erfolg führte. Größe allein wird nicht mehr als Garant eines langfristigen Überlebens am Markt gesehen, zudem auch nicht mehr notwendigerweise von der Börse honoriert, wie das Zerschlagen von Unternehmenskonglomeraten wie im Falle von Daimler-Chrysler oder die jüngsten Diskussionen über die Zukunft des Pharmakonzerns Pfizer eindrucksvoll zeigen.

In diesem Zusammenhang ist die Darstellung der National Association of Chain Drug Stores (NACDS) für die USA aus dem Jahr 2006 für die Pharmaindustrie von generellem Interesse. Diese baut ihr Ranking auf der Basis der verschriebenen Arzneimittel und nicht auf den erzielten Umsätzen auf (Abbildung 1.3). Hier zeigt sich sehr deutlich die Bedrohung auch ge-

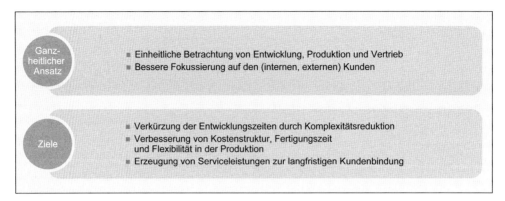

Abbildung 1.4 Neuer Lösungsansatz.

rade großer Unternehmen, die bereits heute von der Generika-Industrie für die forschenden Firmen ausgeht. Dies ist ein Bild, welches sicherlich nicht nur auf die USA beschränkt ist, sondern in viel stärkerem Maße auch für die unter stärkerem Kostendruck stehenden europäischen Märkte zutrifft.

Neuer Lösungsansatz

Während bereits im letzten Jahrzehnt ein rasanter technologischer Fortschritt bei der Erforschung neuer Leitstrukturen und Wirkstoffe vollzogen wurde, wird es überlebensnotwendig werden, die seit 100 Jahren nahezu unveränderten Abläufe in der Entwicklung und Produktion von Wirkstoffen und Arzneimitteln sowie die Distributionswege zu überprüfen und völlig neu zu gestalten. Ziel müssen eine Verkürzung der *'time to market'* (was ausdrücklich auch die Zulassung mit einschließen soll) sowie die Verbesserung der Gesamtproduktivität durch eine neu gestaltete Pharma Supply Chain sein. Eine signifikante Verkürzung der Entwicklungszeiten und deutliche Verbesserungen innerhalb der Supply Chain können nachhaltig nur durch eine Verringerung der (inneren) Komplexität und durch eine ganzheitliche Prozess-Sicht erreicht werden. Insbesondere muss erkannt werden, dass effiziente Entwicklungsprozesse nicht länger ohne ein Einbeziehen der späteren Produktionsprozesse gedacht werden können; dabei sind vor allem der Übergang von der Entwicklung in die Produktion, aber auch die Schnittstellen von der Wirkstoff- zur Bulk-Produktion konzeptionell neu zu gestalten. Die Nutzung modernster Technologien ist dabei ein hilfreicher, aus unserer Sicht aber nur ergänzender Baustein, über den von Fall zu Fall entschieden werden sollte. Technologischer Fortschritt kann Defizite auf der Ebene der Prozesse nicht ausgleichen – zumal dann, wenn es sich um noch nicht vollständig ausgereifte Technologien handelt.

Die Autoren haben sich von der Idee beflügeln lassen, ein Szenario für neue Wege in Produktion und Vertrieb von Arzneimitteln aufzuzeigen. Dabei werden auch die Auswirkungen eines solchen Szenarios auf die zeitlich vorgelagerten Prozesse in der chemischen, pharmazeutischen, analytischen sowie klinischen Entwicklung zu betrachten sein. Es ist ein ganzheitliches Konzept, das die Hebung von entsprechend großen Rationalisierungs- und Einsparungspotentialen an den Schnittstellen von Beschaffung, Produktion und Vertrieb ermöglichen soll (Abbildung 1.4). Wir sind davon überzeugt, dass darin wesentliche Voraussetzungen für einen erfolgreichen Wettbewerb liegen. Da Prozesse immer auch nach Struk-

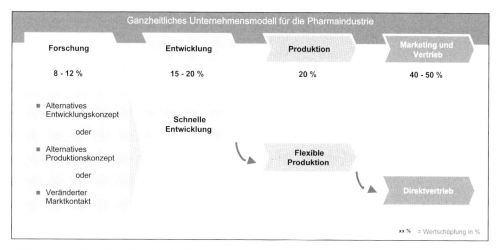

Abbildung 1.5 Enabling-Modell der Pharma Supply Chain.

turen verlangen, ist ein weiteres Ziel unseres Ansatzes auch, eine Organisationsstruktur zu entwickeln, die am besten geeignet ist, definierbare und quantifizierbare Ziele für Kosten und Termine zu erreichen.

Wie soll das geschehen?

Vielfältige Erfahrungen der Autoren aus dem Produktionsbereich bestätigen, dass die bereits 2002 formulierte Beschreibung, dass ein Produkt fast ausschließlich im Produktionsprozess ‚liegt', auch heute noch zutreffend ist. Insbesondere für den Bereich der Wirkstoffproduktion gilt, dass sich das Verhältnis von Fertigungszeit zu Liegezeit oftmals im Bereich von Tagen zu Monaten befindet. Aus einer an ‚Verschwendungsaspekten' orientierten Perspektive (Lean Production-Ansatz) ist hier also ein erhebliches Potential gegeben.

Bei einer Optimierung sind vorrangig die Versorgungskette in den Markt sowie die vorgelagerten Abläufe in der Entwicklung (Chemie, Analytik, Pharmazie) zu betrachten. Im Ergebnis muss eine ausgeprägte Kundenorientierung als Grundhaltung in den Unternehmen ausgebildet werden, bei der die Herstellungsprozesse den Bedürfnissen der externen Kunden untergeordnet werden. Gleichermaßen gilt es, im Innenverhältnis eine Kundenperspektive für den Umgang mit den internen Prozesspartnern und damit die Gestaltung der Entwicklungsprozesse zu entwickeln.

Es bieten sich grundsätzlich verschiedene Ansatzpunkte für die Entwicklung neuartiger Geschäftsmodelle in der Pharmaindustrie an. Abgesehen von netzwerkartigen Strukturen – verbunden mit Einlizensierungen, die auf Veränderungen im Bereich Forschung abzielen – sind drei Grundformen vorstellbar: So wäre es denkbar, dass 1. das Entwicklungssystem, 2. das Produktionssystem oder 3. das Vertriebssystem neu ausgerichtet werden (Abbildung 1.5). Diesem funktional orientierten Ansatz wollen wir nicht folgen, sondern vielmehr einen anderen Weg vorschlagen, der ganzheitlich angelegt ist und damit gleichzeitige Veränderungen in allen drei Bereichen vorsieht. Unser Modell soll, verkürzt gesagt, zwei Zielrichtungen verfolgen: Verkürzung der ‚time to market' und der ‚time to customer'.

Für die Betrachtungen im Rahmen dieses Buches klammern wir dabei die medizinische Forschung bewusst aus.

Unser ganzheitliches Geschäftsmodell, welches wir ,*Enabling Modell*' nennen wollen, basiert auf zwei sich ergänzenden Perspektiven. Zum einen der Erkenntnis, dass die erforderliche radikale Veränderung des Produktionssystems – in Bezug beispielsweise auf die Reduktion von ,Liegezeiten' in der chemischen und pharmazeutischen Produktion – auch einschneidende Konsequenzen auf die Entwicklung haben wird. Zum anderen auf der Erkenntnis, dass eine Neugestaltung des Kontaktes zum Patienten Veränderungen im Bereich Produktion zur Voraussetzung haben. Eine Individualisierung der Versorgung ist nicht ohne eine grundsätzliche Flexibilisierung der Produktion denkbar (Produktion als Enabler des Vertriebs). Die Voraussetzungen hierfür werden wiederum in der Entwicklung geschaffen (Entwicklung als Enabler der Produktion). Entwicklung, Produktion und Vertrieb sind also als durchgängige Prozesskette zu sehen und unterliegen denselben Gestaltungsprinzipien.

Damit propagieren wir ein völlig neuartiges Geschäftsmodell, das auf radikale und simultane Änderungen in den drei Kernbereichen der pharmazeutischen Wertschöpfungskette abzielt. Auf Basis der Darstellung in Abbildung 1.6 stellt sich also nicht mehr die Frage, ob in Einzelansätzen entweder ein alternatives Entwicklungskonzept oder ein verändertes Produktionskonzept oder neue Wege zur Gestaltung des Marktkontaktes entwickelt werden müssen. Die Autoren vertreten vielmehr die These, dass es um die Entwicklung eines neuen Geschäftsmodells für die Pharmaindustrie geht, das sämtliche Prozesse und Aktivitäten von der Entwicklung bis hin zum Vertrieb umfasst. Dieses Modell sieht dabei nicht zwingend das Vorhalten eigener Forschungseinheiten vor, sondern gibt unterschiedlichen strategischen Ansätzen Raum.

Wir werden zu gegebener Zeit immer wieder beleuchten, was die Aufgaben der einzelnen Bereiche sein sollten und wie wir glauben, dass diese Aufgaben künftig besser zu bewältigen sind. Die Veränderungen in dem Geschäftsbereich, der für Entwicklung und Produktion zuständig ist, werden wir jedoch intensiver betrachten, da die dort vorgeschlagenen Veränderungen von bisherigen Vorstellungen besonders stark abweichen. Die notwendigen Veränderungen im Marketing- und Vertriebsbereich hingegen lassen sich eher durch eine zusammenfassende Darstellung z.T. schon vorgedachter Ansätze abbilden. Zur Darstellung dieses neuen Enabling-Modells gilt es,

- zunächst die künftigen Trends mit ihrer Relevanz für die Pharmaindustrie zu benennen und zu bewerten. Beispielhafte Trends finden sich dabei in der Wettbewerbssituation und der Entwicklung von regulatorischen Anforderungen, Zunahme des Einflusses der Kunden die u.a. in Kapitel 2 behandelt werden.

- Im Anschluss daran wird – ausgehend von den Veränderungen des Marktes – die gesamte Prozesskette neu zu gestalten sein (Kapitel 4).

- Alles mündet damit in die Frage, wie die Abläufe der Beschaffung, Entwicklung, Fertigung und Distribution von neuen Produkten vereinfacht, beschleunigt und schließlich in eine bessere Versorgungskette überführt werden können.

- Einige Beispiele werden die aufgestellten Thesen abschließend unterstützen.

Bei allen diesen Überlegungen spielt das Thema Information eine wichtige Rolle. Das uns beispielsweise für die Produktion vorschwebende Bild gegenläufiger Produktions- und Informationsketten mit seinem gleichmäßigen Produktfluss entlang und Transparenz innerhalb der gesamten Pharma Supply Chain finden wir am ehesten in den Bereichen der Prozessindustrie verwirklicht, welche sich der Umsetzung von Lean-Produktionsansätzen verschrieben haben (Abbildung 1.6).

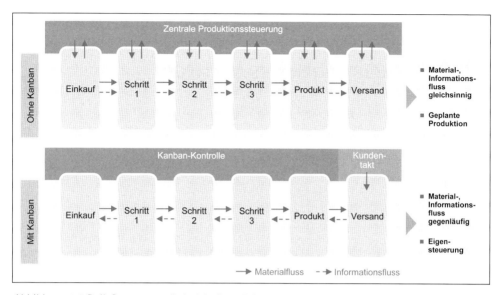

Abbildung 1.6 Pull-System am Beispiel einer Teilefertigung, basierend auf Kanban-vermittelter Produktion und gegenläufigem Informationsfluss.

Während in der zentralistischen Produktionssteuerung die Informationsweitergabe immer über eine übergeordnete Funktion geschieht und dann Informationen und Produktfluss langsam in einer Richtung erfolgen, ist es in Pull-orientierten Systemen ('Hol- oder Zuruf-Prinzip', das sich ausschließlich *am aktuellen Bedarf* einer verbrauchenden Stelle orientiert) ganz anders. Hier ist ein Prinzip verwirklicht, das die bedarfsorientierte Produktion von Teilen innerhalb einer Fertigung selbstständig vom Kundenbedarf her steuert und dazu aufeinanderfolgende Produktionsschritte miteinander beispielsweise durch 'Kanban'-vermittelte Informationsweitergabe (Karten-basierte Methode der Produktionsablaufsteuerung) verbindet. Entscheidend ist hierbei, dass der Produktfluss durch einen gegenläufigen Informationsfluss komplementiert wird ('Gegenstromprinzip'). Es wird also zu klären sein, wie dieses Bild der gleichmäßigen und stetigen Bewegung in der Pharma Supply Chain verwirklicht werden kann. Selbst wenn durchaus vorstellbar ist, dass sich in den Entwicklungsbereichen anders gelagerte Informationssysteme ausprägen werden, werden diese auf demselben Prinzip der Gegenläufigkeit beruhen.

2. Veränderungen des Umfelds

2.1 Gesellschaft

2.1.1 Mittelfristiger globaler Schwerpunkt

Für die Industrieländer und einige Schwellenländer gilt, dass viele Probleme bei der Behandlung einfacher Krankheiten relativ gut gelöst sind. Die Probleme der restlichen Welt finden gegenwärtig – unter der Maßgabe, dass sie lokal begrenzt sind – für die Entwicklung neuer Wirkstoffe oder neuer Heilungsprinzipien wenig Berücksichtigung. Dies ist im Wesentlichen darauf zurückzuführen, dass diese Märkte als ökonomisch wenig attraktiv angesehen werden.

Eine besondere Zwangssituation entsteht für die Pharmabranche immer dann, wenn – wie im Falle der Versorgung mit HIV-Medikamenten in einigen Fällen in der Vergangenheit geschehen – politisch sanktioniert der Patentschutz zugunsten billiger Anbieter aufgehoben wird. Dies hat die Diskussionen in der Branche verstärkt, wie man solchen Situationen eines staatlich verordneten Dumpings begegnen kann. All dies macht es wahrscheinlich, dass sich auch in der mittelfristigen Zukunft die Innovationen der Pharmaindustrie im Wesentlichen an den Bedürfnissen der Menschen in den westlichen Industrieländern orientieren werden. Für seltene Krankheiten (‚Orphan Drugs‘) werden allerdings zunehmend private Stiftungen (wie z. B. die Gates-Foundation) die Aufgaben zur Entwicklung neuer Arzneimittel übernehmen.

Ein weiterer Grund für die mittelfristige Beibehaltung des Fokus der Pharmaindustrie auf die Industrieländer ist die demographische Veränderung, die in einem bisher nicht gekannten Ausmaß zu einem höheren Anteil älterer Menschen in den westlichen Ländern führen wird. Eine gleichartige Entwicklung durchleben auch die wohlhabenden Schichten in den Schwellenländern. In allen diesen Ländern und Gruppen wird z. Z. die Steigerung der Lebenserwartung der Menschen nicht mehr als vorrangiges Ziel betrachtet. Vielmehr haben die Menschen die Erwartung, das statistische Lebensalter erfüllt und voll funktionsfähig zu erreichen (höhere Lebensqualität) *[Stock 2001]*. Das heißt, dass Arzneimittel – neben der aktiven Bekämpfung von Krankheiten – auch die Minderung altersbedingter Dysfunktionen einschließen sollten. Daraus wiederum folgt, dass man sich einerseits Lösungen für bisher nicht heilbare Krankheiten wünscht und andererseits weniger Nebenwirkungen für bereits prinzipiell gelöste Probleme. Dabei ist nicht zu erkennen, wie der Anspruch, auch im hohen Alter eine immer bessere Gesundheitsversorgung zu erhalten, bei der gegenwärtigen Kostenentwicklung der Gesundheitssysteme durch die sozialen Sicherungssysteme zu leisten sein soll.

Langfristig ist es natürlich eine für die Struktur und Größe der Pharmaindustrie relevante Frage, wie auf die zunehmende Bedeutung der asiatischen Länder wie Indien oder China als Märkte reagieren werden und es insbesondere den einzelnen Firmen gelingen kann, bezahlbare Medikamente für diese Märkte zu entwickeln und gleichzeitig ausreichende Margen zu realisieren.

2.1.2 Gesundheitspolitik

Betrachtet man die Gesundheitspolitik in den wichtigsten Pharmaregionen der Welt, wie Nordamerika, Europa und Japan, so gibt es unterschiedliche Ausgangsbedingungen und Trends. Wiederholt wird gefragt *[Gutjahr 2000]*:

- Was nutzt die Gesundheit dem Einzelnen und der Gesellschaft?
- Wie viel darf uns die Gesundheit des Einzelnen als Gesellschaft wert sein?
- Wo enden Solidarität und staatliche Verpflichtungen?
- Was darf Gesundheit die Gesellschaft kosten?

In Weiterführung dieser Fragen hat sich in Europa mittlerweile ein umfassendes Kosten/ Nutzen-Denken etabliert, das dazu geführt hat, dass sich die großen Pharmaunternehmen mit dem Aspekt des ‚Public Health' auseinandersetzen und diese Fragen so bei der Preisgestaltung im Rahmen der Zulassung relevant werden. Bei unserer Betrachtung sollen jedoch lokale und z. T. nur kurzfristige politische Veränderungen des Umfeldes ganz bewusst nicht berücksichtigt werden. Wir wollen uns dagegen mit zwei grundsätzlichen Szenarien für die Entwicklung der Pharmamärkte in den nächsten ca. 20 Jahren auseinandersetzen *[Gutjahr 2000]*, nämlich mit

- einem liberalen Szenario und
- einem restriktiven Szenario.

(1) Das liberale Szenario

Hierbei handelt es sich um die optimistische Variante, die vor allem von den meisten forschenden Pharmaunternehmen begrüßt würde. In diesem Zukunftsbild stellt der freie Wettbewerb die wesentliche Grenze des unternehmerischen Erfolgs dar. Das Szenario könnte folgendermaßen aussehen:

1. Die Gesellschaft hat Gesundheit als einen aktiv zu gestaltenden Wert der körperlichen und geistigen Fitness erkannt. Für die Unternehmen ergeben sich damit neue Möglichkeiten der aktiven Vermarktung ihrer Produkte, aber auch neue Wettbewerbsstrukturen in Form von Designed Food, Fitness-Urlaub etc. Die Pharmafirmen haben neben den Medikamenten zusätzliche Produkte und Dienstleistungen in ihr Angebot übernommen. In einer solchen stark Wettbewerbs-orientierten Umgebung werden sich die Verhältnisse von der Therapie zur Prävention verschieben. Die Produktpalette der Pharmaindustrie wird sich daher verändern und insbesondere verbreitern müssen.

2. Die bislang gewohnte Struktur von Pharmaunternehmen, Arzt, Apotheker und Patient wird zunehmend aufgebrochen. In den einzelnen Teilen der Prozesskette entwickelt sich mehr und mehr Wettbewerb. Wettbewerbsverzerrende Praktiken wie z. B. von Pharmafirmen gesponste Management-Informationssysteme für Ärzte, die die eigenen Produkte in den Vordergrund stellen, werden unterbunden. Daneben werden neue Vertriebswege entwickelt. Apotheken schließen sich zu Einkaufsgenossenschaften zusammen. Die Pharmaunternehmen oder Handelsorganisationen betreiben zusammen mit den Apotheken oder durch direkte Vertriebswege die Marktbearbeitung, um dem wachsenden Informations- und Kontrollbedürfnis der Patienten gerecht zu werden.

3. Die Firmen teilen sich auf in nicht-forschende Unternehmen, die nach neuen kosten-
   günstigeren Vertriebswegen suchen, und forschende Unternehmen, die sich stärker nach
   dem Research-Marketing ausrichten und neue Produkte im Wesentlichen nur noch für
   lukrative, vermutlich immer kleinere Marktsegmente entwickeln. Einige forschende
   Pharmaunternehmen werden sich auch aus der puristischen Positionierung entfernen
   und zumindest für das eigene Portfolio nach Ablauf des Patentschutzes generische Alternativen selbst anbieten oder die Kooperation mit Generika-Anbietern suchen.

(2) Das restriktive Szenario

Das restriktive Szenario beruht auf eher pessimistischen Grundüberlegungen. Dabei geht
man davon aus, dass die staatlichen Mechanismen zur Regulierung von Preisen und Erstat-
tungsansprüchen die Forschung aus den bedeutenden Pharmaregionen der Welt mittelfristig vertreibt. Die Länder mit restriktiven Pharmamärkten werden zwar moderate Kosten im
Gesundheitswesen haben. Nach wenigen Jahren droht aber der Nachteil einer veralteten
Pharmaversorgung, die überwiegend durch Generika bestimmt wird. Dieses Szenario lässt
sich so beschreiben:

1. Die forschenden Unternehmen sind an solchen Märkten nur relativ wenig interessiert
   und werden dort sehr genau abwägen, welche Produkte sie anbieten. Forschung und
   Entwicklung wird für dort ansässige Unternehmen schwieriger, und Innovation findet
   kaum noch statt.

2. Der Arzt spielt für die Pharmaunternehmen und für die Patienten keine Rolle bei der
   Wahl des Präparates, sondern ist lediglich für die Diagnose verantwortlich. Grundsätzlich
   muss das preiswerteste und nicht das für den jeweiligen Patienten am besten geeignete
   Medikament verordnet werden.

3. Da der Wettbewerb auf den Preis reduziert ist, spielt auch die Apotheke keine aktive Ver-
   triebsrolle mehr. Der Apotheker gibt die in den Rabattverträgen zwischen Krankenkassen
   und Pharmafirmen vereinbarten Medikamente zu festgelegten Preisen ab.

4. Eine weitere Aufspaltung der Märkte ergibt sich durch den höheren Eigenanteil der Pa-
   tienten an den Kosten der lebenslangen Gesundheit. Der Einzelne wird zu einem höheren
   Anteil Geld in langfristig kostengünstigere Vorsorgemaßnahmen investieren, je mehr die
   Medizin die Entstehungswege von Krankheiten aufzeigt.

 Beispiel Deutschland

In Deutschland hat es im letzten Jahrzehnt eine klare Ausrichtung der politischen Rahmenbedingungen hin zum restriktiven Szenario gegeben. Hierzu zählen die Einführung
von Preisgruppen mit Obergrenzen für die Erstattung, Rabattverträge zwischen Krankenkassen und Pharmafirmen, die Aut-idem-Regelung zur Förderung der Verschrei-
bung generischer Produkte oder auch die Gründung des Instituts für Qualität und Wirtschaftlichkeit im Gesundheitswesen (IQWiG).

Beiden Szenarien ist *ein* Aspekt gemeinsam: dass nämlich mit einer deutlichen Abnah-
me der Gewinnmargen bei etablierten Produktgruppen zu rechnen ist – selbst wenn der
Aufwand für Arzneimittel und medizintechnische Produkte nur einen Teil der Gesamtkosten ausmacht. Auch beim liberalen Szenario herrscht der Zwang zur immer schnelleren
Auffindung und Entwicklung neuer innovativer Arzneimittel, um eine Refinanzierung der
enormen Entwicklungskosten sicherzustellen.

Dies kann jedoch bei dem gegenwärtigen Übergewicht von Altpräparaten in den meisten Unternehmen nicht der alleinige Ausweg sein. Wie risikobehaftet eine solche Fokussierung ausschließlich auf Innovation durch neue Arzneimittel ist, zeigt die Gefahr massiver Kurseinbrüche, denen sich Unternehmen ausgesetzt sehen, die ein erfolgversprechendes Projekt wegen negativer Studienergebnisse beenden.

Neben erhöhten Investitionen in eine schnellere Produktentwicklung sind deshalb entsprechende Kostensenkungsstrategien für das bestehende Basisgeschäft und eine langfristige Kundenbindung, gerade unter Life-Cycle-Management-Gesichtspunkten, erfolgversprechende Ansatzpunkte. Sicherlich wird unter diesen Rahmenbedingungen, wegen der Bereitstellung von zusätzlichen Mitteln für Forschung und Entwicklung, der Kostendruck auf die Herstellung und Vertrieb von Arzneimitteln weiterhin ansteigen.

Unter der Annahme, dass das restriktive Szenario sich langfristig durchsetzen wird, ist der zeitlich befristete Ausweg über Innovationsschübe neue Marktanteile zu gewinnen, sogar äußerst unwahrscheinlich. Deshalb gibt es bereits einige wenige Unternehmen, die neben der Innovation die Produktionskompetenz als Wettbewerbsfaktor entdeckt haben. Beispielhaft soll hier das Unternehmen Novartis genannt werden, das davon gesprochen hat, bis 2010 der ‚Toyota der Pharmaindustrie' werden zu wollen.

"Novartis Aims to become Pharma´s Toyota by 2010"

At the SAP Sapphire User Conference in April, manufacturing executives from a number of drug companies, including Wyeth and Novartis, described how they are leveraging ERP and integrating it with MES to improve manufacturing agility. Perhaps the most dramatic example was that of Novartis, whose head of global tech operations IT, Ralf Haefli, discussed the company's Lean, Operational Excellence and Supply Chain Optimization strategies, and how leveraged ERP and a "service-oriented architecture" approach to IT would enable Novartis to improve in both areas.

The company's management has set new operational excellence guidelines in an ambitious "Target 2010" program focused not only on improving compliance and quality and reducing cost, but also on making the company's technical operations faster and more flexible. Novartis' role model is Toyota, Haefli said, and the company plans to reduce cycle times 75 % from 2005 levels by 2010.

...

PharmaManufacturing.Com/Articles/2007, Agnes Shanley Editor in Chief

Während Lean-Prinzipien und Lean-orientierte Ansätze in der Automobilindustrie und Teilefertigung bereits ausreichend beschrieben sind, müssen diese für die Pharmaindustrie noch adaptiert werden. Zudem kommen Änderungen auf die Pharmaunternehmen im Hinblick auf eine durchgehende Kundenorientierung zu, die wahrscheinlich einer Änderung der gesamten Branchenkultur nahe kommen. Derartige Transformationen von Unternehmen sind oft mit hohen Aktivierungsbarrieren verbunden, so dass nicht damit zu rechnen ist, dass ein solcher Veränderungsprozess auf einer kurzen Zeitachse bewerkstelligt werden kann. Nicht umsonst befindet sich das Benchmark-Unternehmen Toyota auf einer bereits mehr als 50 Jahre dauernden ‚Veränderungsreise'. Daher darf mit Spannung auf Novartis geschaut werden.

2.1.3 Regulatorische Anforderungen

Unabhängig von der Frage, ob wir es mit einem liberalen oder restriktiveren Gesundheits-system zu tun haben, gibt es einen stetig wachsenden Anforderungskatalog an Qualität und Sicherheit. Die Pharmaindustrie unterliegt neben den allgemeinen Anforderungen an die Arbeitssicherheit und den Umweltschutz (Stichwort: REACH) auch im besonderen Maße den Anforderungen der Arzneimittelsicherheit. Während in der Vergangenheit vordringlich die Balance von Wirkung und Nebenwirkung mit dem Begriff der Arzneimittelsicherheit verknüpft war, rücken mehr und mehr qualitätsrelevante Aspekte (z. B. Ausmaß zulässiger Verunreinigungen) in den Fokus. Gerade in diesem Bereich ist eine hohe Dynamik zu beo-bachten, die in zunehmendem Maße für umfassende Vorgaben für sowohl Entwicklung als auch Produktion sorgt. Beispielhaft sei auf die letzte Revision der Guideline Q3a der FDA (Impurities in New Drug Substances, Revision 2, June 2008) verwiesen, die mittlerweile die Aufklärungs- und Reportingpflicht von Verunreinigungen und insbesondere die Notwen-digkeit und den Umfang gentoxischer Untersuchungen detailliert regelt. Ein weiterer Trend sind die wachsenden Anforderungen der Behörden an die Vermeidung von Kreuzkonta-minationen zwischen verschiedenen Wirkstoffen während des Herstellungsprozesses. Bei hochwirksamen Produkten wird diese Tendenz die vermehrte Verwendung von ‚dedicated Equipment' (d. h. Anlagen, in denen nur ein einziges Produkt hergestellt wird) oder zumin-dest separierte Anlagen für einzelne Wirkstoffgruppen erzwingen. Dies hat u. a. auch dazu geführt, dass die gestiegenen Anforderungen an den Schutz von Mitarbeitern und Umwelt vor dem Produkt im Falle des Umgangs mit hochwirksamen Verbindungen mit der ‚barrier technology' eine neue Technologie und einen neuen Markt hervorgebracht haben. Gleiches gilt für die steigenden Anforderungen an die aseptische Abfüllung von Sterilprodukten. In anderen Fällen werden sich dedizierte Anlagen aufgrund der hohen Aufwendungen für Reinigung als sinnvolle Alternative anbieten. Denn gerade bei der Reinigung von Anlagen werden die Anforderungen kontinuierlich weiter steigen und haben bereits heute dazu geführt, dass die zum Zeitpunkt der Buchausgabe von 2002 absehbaren Tendenzen nun-mehr den Status verbindlicher Vorgaben haben (z. B. 1 ppm als Grenzwert bei Reinigungs-validierungen bei der Produktion hochwirksamer Wirkstoffe). Um eine Kontamination mit Schmutzpartikeln (physikalische Kontamination) beim Umgang mit Feststoffen – insbeson-dere in Wirkstoffen – zu vermeiden, wird zunehmend die Reinraumtechnik nicht nur in der pharmazeutischen Endfertigung, sondern auch bereits in Teilen der chemischen Produktion eingefordert werden. Es kann davon ausgegangen werden, dass – zumindestens für die letz-ten Stufen einer Wirkstoffsynthese – eine geschlossene Produktionsweise gefordert werden wird, bei der alle Prozessschritte vom Einfüllen der Ausgangssubstanzen bis zum Abfüllen nach der Trocknung ohne Kontakt von Mensch und Substanz ablaufen. Bereits jetzt ist es Standard, dass der letzte Schritt in der chemischen Produktion (Abfüllung des API) über dieselbe Raumqualität verfügen muss wie der Eingangsschritt der pharmazeutischen Pro-duktion. Bei Behördeninspektionen durch die FDA steht seit einiger Zeit der Systemgedanke im Vordergrund, bei dem es darum geht, das Qualitätsmanagementsystem des Herstellers als solches auf den Prüfstand zu stellen. Damit verbunden ist in der Pharmaindustrie mehr und mehr die Frage nach dem Sinn einer großen Fertigungstiefe, da dann sehr häufig diese extremen Anforderungen auch auf Prozesse angewendet werden, für die diese Anforde-rungen gar nicht gelten wie beispielsweise Herstellprozesse von Verbindungen vor dem re-gulatorischen Startmaterial. Ein Outsourcing solcher Prozessteilschritte an Zuliefererfirmen könnte hier die Kosten erheblich reduzieren. Gleichermaßen ist ein Outsourcing der Stufen nach dem ‚starting material' (Startmaterial) immer kritischer, da dort eine Kontrolle der Qualität erfolgt, dieses aber dem Kooperationspartner überlassen bleibt.

Interessanterweise gibt es seitens der Behörden aber auch zunehmend Initiativen wie die ‚Process Analysis Technology Initiative' (PAT) oder ‚Critical Path Initiative' (CPI) der FDA, die den forschenden Pharmaunternehmen Hilfestellung geben und auf eine Beschleunigung der Entwicklungsprozesse sowie auf eine Verbesserung der Effektivität und Effizienz von Arzneimitteln abzielen. Industrieseitig wird dies seit einiger Zeit aufgegriffen, wie beispielsweise die ‚Product Quality Lifecycle Implementation' (PQLI)-Initiative der ISPE zeigt, die in gemeinsamer Arbeit von Industrie und Zulassungsbehörden ein einheitliches Verständnis von ‚Quality by Design' (QbD)-Ansätzen entwickeln möchte, um dies für die Entwicklung nutzen zu können *[Garcia 2008]*.

Indirekt beschleunigt wird das schnelle Anziehen der regulatorischen Schraube durch neue Kommunikationsmedien, die eine höhere Rückmeldungsquote bei technischen Fehlern und bei Nebenwirkungen ermöglichen (z.B. Beschwerden über e-Mailadressen). Wenn eine bestimmte Schwelle dabei überschritten wird, werden sich auch die Medien eines solchen Themas annehmen. Dies kann neben rechtlichen Konsequenzen auch einen erheblichen Imageschaden bedeuten (siehe hierzu: Lipobay, Fa. Bayer in 2001; Vioxx, Fa. Merck & Co. in 2004; Yasmin, Fa. Bayer in 2009). International wirkt sich zusätzlich erschwerend aus, dass die einzelnen Staaten teilweise sehr unterschiedliche Anforderungen stellen, wie die Arzneimittelsicherheit nachzuweisen ist. Hier tut sich für die Pharmaindustrie ein weiteres Dilemma auf, die richtige Abwägung zu treffen zwischen dem Versuch, die Entwicklungskosten zu reduzieren und der Anforderung, die Arzneimittelssicherheit zu erhöhen. Wie fein der Grat ist, auf dem mitunter balanciert wird, zeigen jüngste Diskussionen um Präparate (Trasylol, Fa. Bayer 2007), die aufgrund von Nebenwirkungen vom Markt genommen werden mussten oder bei denen Schadensersatzzahlungen anfielen (Prempro, Fa. Pfizer 2009). Wie in vielen anderen Märkten wird es deshalb auch hier einen Trend zur Standardisierung geben. Für die Pharmaindustrie steht die International Conference on Harmonization (ICH) als Beispiel für einen solchen Versuch zur Standardisierung des regulatorischen Umfeldes, die in den zurückliegenden Jahren einen hohen Grad der Akzeptanz und Zustimmung gefunden hat.

Vordergründig gestaltet sich dieser Trend zum Nutzen für die Pharmaindustrie. Denn den Bemühungen der Staaten, gleiche Standards für die Zulassung von Produkten aus der Pharmaindustrie zu erreichen, kann die Pharmaindustrie z.B. mit einheitlichen Registrierungsunterlagen begegnen. Allerdings werden sich die Anforderungen am höchsten Niveau orientieren. Diese Tendenz zeigt sich insbesondere bei dem Prozess der EU-Erweiterung, bei dem die neuen Mitgliedstaaten aufgrund z.T. fehlender eigener Erfahrungen sich ebenfalls am höchsten Standard orientieren. Dies könnte für global agierende Unternehmen ein Vorteil sein, weil dort die künftig weltweit einheitlichen Sicherheitsstandards für Pharmaprodukte schon heute – wenn auch nur für bestimmte Teilmärkte – erfüllt werden. In Wahrheit aber besteht der vermeintliche Vorteil nicht, weil die internen Prozesse kompliziert und ressourcenintensiv sind. Ein Lean-orientiertes Unternehmen wird hier deutlich im Wettbewerb gewinnen.

2.2 Wettbewerb

2.2.1 Generelle Einordnung

Bei einer Betrachtung des wettbewerblichen Umfelds kann man sehr unterschiedliche Märkte erkennen, deren Produkte sich in Bezug auf die Charakteristika und im Grad der Differenzierung von einander abheben. Wir unternehmen hierzu einen Exkurs ‚Differenzierung'.

▲ Exkurs ‚Differenzierung'

Differenzierung beginnt mit der Frage, ob wir über Güter des täglichen Bedarfs (z. B. Lebensmittel) oder über höherwertige Güter (Autos, Schmuck, Kleidung etc.) sprechen. Weiterhin, was die Differenzierung im Einzelnen ausmacht, also niedrige Preise oder Qualität. Rohstoffe, Kakao oder Kaffee werden ausschließlich über den Preis verkauft (‚commodities'), während im Automarkt Oberklasselimousinen beispielsweise nach Imagefaktoren verkauft werden. Im Kleinwagensegment entscheidet dagegen die Höhe des Verbrauchs mit über Kauf oder Nicht-Kauf. Hierbei werden Kaufentscheidungen getroffen, die auch von Umfeldeinflüssen wie Inflationsauswirkungen oder allgemeinen Zukunftserwartungen beeinflusst werden. Neben rationalen Gesichtspunkten dürfen auch emotionale Aspekte nicht vernachlässigt werden, insbesondere Produkteigenschaften, die Begeisterung beim Kunden auslösen und damit ein wesentliches Wettbewerbsmerkmal darstellen. Die Möglichkeit in den USA, in den 90er Jahren Fahrzeuge über die Zahl der Becherhalter als entscheidendes Differenzierungskriterium verkaufen zu können, ist hierfür nur eines von spektakulären Beispielen.

Was bedeutet das für die Pharmaindustrie? Der grundsätzliche Vergleich mit der Autoindustrie ist insofern interessant, als sich die Frage stellt, ob die Pharmaindustrie ähnlich wie die Automobilindustrie in den USA wesentliche Trends der Zukunft verschlafen könnte. Dort hat die Verknappung der Ressource Öl über den Zeitraum der zurückliegenden 30 Jahre seit der ersten Ölkrise zu einer grundsätzlichen Verschiebung im Fahrzeugmarkt geführt, bei der das Kleinwagensegment von einem wachsenden weltweiten Nachfrageboom profitiert und zu dem Niedergang der amerikanischen Automobilindustrie beigetragen hat. Dieser zunächst langsame Prozess hat sich in den vergangenen Jahren massiv beschleunigt, wobei GM mit seiner Insolvenz nur das letzte prominente Beispiel für eine fehlende Reaktion auf eine grundlegende Änderung von Kundenerwartungen ist. Letztendlich erklärt dies den Niedergang der amerikanischen Autoindustrie, da der notwendige Strategiewechsel dort nicht vollzogen wurde, was zu dem Verlust der früheren Vormachtstellung gerade gegenüber den japanischen Wettbewerbern geführt hat. Der Analogie folgend stellt sich also für die Pharmaindustrie die Frage, ob die bisherige Blockbuster-Strategie angesichts der neuen Herausforderungen nicht überdacht und angepasst werden muss.

Für Produkte der Pharmaindustrie ist die Differenzierung bisher ins Extrem fortgesetzt. Zwar gibt es eine ganze Reihe von Produkten, bei denen die Produktdifferenzierung nur gering ausgeprägt ist. Dazu gehört sicherlich der Wettbewerb durch gleichwertige generische Produkte, die sich ausschließlich durch Preisunterschiede auszeichnen. Aber wenn ein lebensbedrohender Zustand vorliegt, der nur durch ein bestimmtes Präparat – wie z. B. Anti-Dota bei Vergiftungen – bekämpft werden kann, herrscht ein Monopol-ähnlicher Zustand vor, und es kann nicht mehr von Wettbewerb im eigentlichen Sinne gesprochen werden. Auf diesen Effekt hat die Pharmaindustrie von je her gesetzt und für den Zeitraum des Patentschutzes in einer quasi wettbewerbsfreien Zone gelebt. Natürlich zieht der Erfolg Nachahmer an. Während die Märkte in der Vergangenheit Nachahmerprodukte (‚me-too') und Produkte mit geringfügigen Innovationen zwar toleriert haben, wird dies nun in weitaus stärkerem Maße hinterfragt, da die öffentlichen Gesundheitssysteme mehr und mehr an ihre finanziellen Grenzen kommen. Ein Antrieb, dieses Ausmaß an Differenzierung unverändert beizubehalten ist, dass immer noch viele Krankheiten nicht bis zur Heilung therapierbar, jedoch unterschiedliche Ausmaße an Lebensqualitätssteigerungen zu erzielen sind. Hierauf setzt die Innovation in der Pharmaindustrie unverändert auf. Chancen sind grundsätzlich da, denn auch wenn die Innovationen vieler Unternehmen auf ähnlichen Feldern parallel stattfinden, wie z. B. im Bereich Herz-Kreislauf, wird es in Bezug auf das Verhältnis von Wirkung zu Nebenwirkung weiterhin ausreichende Differenzierungs- und Innovationsmöglichkeiten geben. Die innovationsorientierten Unternehmen versuchen, sich erfolgreich in der Nische des Innovators zu plazieren. Die Frage ist, ob dies dauerhaft gelingen kann und wenn ja, zu welchen Kosten und, ob wir sie bezahlen können und wollen.

2.2.2 Wettbewerbsdruck durch Generika

Die etablierte Strategie der forschenden Pharmaindustrie bestand bisher darin, ihre Medikamente durch möglichst lang anhaltende Patente oder auch z. B. über neue Applikationsformen patentverlängernd zu schützen. Gelegentlich gelang es sogar, eine zweite polymere Form eines Wirkstoffs als patentgeschützten Nachfolger am Markt zu plazieren. Teilweise wird dabei durch die Entwicklung neuer Darreichungsformen im Life-Cycle-Management eine real verbesserte Compliance-Situation für den Patienten erreicht.

Zudem haben auch die Generika-Anbieter begonnen, eigene Kompetenzen zu entwickeln, die ein Generikum in seiner Wirkung verbessern. Die Hauptangriffslinie der Generikahersteller ist und bleibt allerdings der Preis, da sie in einen etablierten Markt eindringen. Sie treffen hierbei auf eine steigende Akzeptanz auf der Kundenseite, bei denen Preisunterschiede zunehmend innovationsgetriebene Motive ersetzen. Staatliche Eingriffe in den Markt durch die Einführung von Preisobergrenzen oder eine Aut-idem-Regelung in Deutschland verstärken diese Tendenz nochmals. So betrug der Umsatzanteil in Deutschland, der mit neuen Wirkstoffen erzielt werden konnte, im Schnitt der letzten fünf Jahre beispielsweise nur 5,2 % des Gesamtumsatzes *[VFA 2008]*. Wenn in den nächsten Jahren weitere Medikamente aus der Pipeline der Generika-Hersteller in den Markt kommen, ist zu erwarten, dass deren Marktanteil weiter steigen wird.

Auf Seiten der forschenden Pharmaunternehmen hat sich der spätestens ab der Übernahme von Hexal durch Sandoz begonnene Trend fortgesetzt, dass im Aufbau einer eigenen Generika-Linie zunehmend eine sinnvolle strategische Ergänzung des eigenen Portfolios gesehen wird. Hier verbergen sich Bedrohung und Aussichten auf ein lukratives Geschäft gleichermaßen. Nach jüngsten Schätzungen werden in den Jahren 2009–2012 geschützte Medikamente in einem Umfang von rund 100 Mrd. US-$ aus dem Patentschutz fallen *[Läsker 2009]*. Wie im Falle von Sandoz bietet es sich an, die eigene Generika-Linie als eigenes Brand zu entwickeln, da es unwahrscheinlich ist, die Philosophie eines forschenden Arzneimittelunternehmens (Forschungsorientierung) mit der eines Generika-Anbieters (Vertriebsorientierung) in einem gemeinsamen Unternehmen sinnstiftend zu verknüpfen.

2.2.3 Qualität

Der Qualitätsbegriff kann nur vor dem Hintergrund eines konkreten Kunden diskutiert werden. Wir wollen ,Qualität' als das Ausmaß der Erfüllung von Kundenerwartungen verstehen. Aus Sicht der Behörden könnten wir also von einer ,Zulassungsqualität' sprechen. Der Patient nimmt hingegen nur das Verhältnis von Wirkung zu Nebenwirkung wahr (,funktionelle Qualität'), welches er hinsichtlich der Auswirkungen auf seine Lebensqualität beurteilt. Für die Pharmaindustrie ist dies insofern noch eine relevante Frage, da in letzter Konsequenz noch nicht geklärt ist, wer hier eigentlich Kunde ist – Arzt oder Patient? Geht man von den Marketingausgaben der forschenden Pharmaunternehmen aus, so scheint dies momentan noch der Arzt zu sein. In der Zukunft kann jedoch davon ausgegangen werden, dass sich das Machtgefüge zugunsten des Patienten verschieben wird. Dieser wird aufgrund steigender Transparenz in zunehmendem Maße selbständige Entscheidungen treffen. Insbesondere die Verringerung von Nebenwirkungen als individuelles Beurteilungskriterium wird in den nächsten Jahren als Qualitätsmerkmal deutlich an Bedeutung gewinnen. Daneben wird die Kostenfrage im Vordergrund stehen. Es besteht also eine gute Chance, künftig eine deutlich stärkere Produktdifferenzierung im Wettbewerb der Pharmaunternehmen untereinander nutzen zu können. Dieser Qualitätsaspekt von Pharmaprodukten ist eng mit den Ergebnissen der klinischen Prüfungen verknüpft. Damit bekommt also die Frage der ‚Prozessqualität' in der Entwicklung auch für die Pharmaindustrie – ergänzend zu ‚Good Clinical Practice' – eine Bedeutung, die sie in anderen prozessorientierten Industrien wie der Automobilindustrie (‚good process – good product') schon seit langem hat.

Darüberhinaus sind folgende Aspekte bei der Arzneimittelqualität zu beachten:

- Konstanz der technischen Qualität des Produktes (z. B. Vollzähligkeit der Tabletten in Blisterverpackungen bzw. Homogenität der Blister untereinander).
- Liefertreue bzw. Lieferzuverlässigkeit.
- Einfachheit der Bedienung/Anwendung.
- Fehlertoleranz in Bedienung/Anwendung.
- Fälschungssicherheit.

Diese Qualitätsmerkmale werden in der neuen Konzeption als wichtige Nebenbedingungen der Pharmaproduktion der Zukunft betrachtet und nachfolgend berücksichtigt.

Der Qualität kommt auch aus Behördensicht eine außerordentliche Bedeutung zu. Der Umfang der Dokumente, die im Rahmen eines Zulassungsantrages zu erstellen sind, wird maßgeblich durch die Prozess- und Produktqualität des neuen Produktes bestimmt. So wird beispielsweise der Umfang eines Berichtes zu ‚Impurities found' wesentlich durch die Reinheit des Wirkstoffes bestimmt. Es kann also davon ausgegangen werden, dass sich die Dauer des Zulassungsprozesses durch eine verbesserte Produktqualität erheblich verkürzen lässt.

Abschließend sei ein für die Gestaltung der Pharma Supply Chain der Zukunft relevanter Aspekt unter dem Begriff der Frische als einem Merkmal für Bestandshöhen diskutiert. Wenn es vorstellbar ist, dass sich Teile des Pharmamarktes wie z. B. Generika zu einem Käufermarkt entwickeln werden, so stellt sich die Frage, nach welchen Aspekten der Patient in Zukunft seine Kaufentscheidung ausrichten wird. Da davon ausgegangen werden kann, dass für den Patienten bei vergleichbarem Preisniveau die Wirksamkeit an erster Stelle steht, kann das Herstelldatum eines Arzneimittels zu einem relevanten Differenzierungskriterium – ähnlich wie es im Lebensmittelbereich bereits anzutreffen ist – werden. Analog wie dort der Kunde bemüht ist, dass jeweils frischeste Gut zu erwerben, kann sich ähnliches im Pharmabereich durchsetzen. Damit würde der Faktor ‚Zeit' unter Qualitätsgesichtspunkten eine enorme Bedeutung bekommen und den Druck erhöhen, möglichst kurze Lieferketten zwischen dem Zeitpunkt der Herstellung eines Medikaments und seiner Einnahme zu organisieren.

2.2.4 Kundenbindung

Als eine weitere wichtige Veränderung in den kommenden Jahren wird das Verhältnis zwischen Kunde und Lieferant gesehen. Der Lieferant hat in der Vergangenheit in der Regel ein Produkt hergestellt und ausgeliefert. Bereits seit einiger Zeit kommt eine Vielzahl von Dienstleistungen hinzu, die in der Regel kostenlos mitgeliefert werden müssen. *Boutellier et al. [1997]* beschreiben das Leistungssystem eines Anbieters mit folgenden Komponenten:

- Produkt
- Produktsystem (für Pharma: Darreichungsform)
- Sortiment
- Dienstleistungen
- Integration der Leistung
- Integriertes Projektmanagement
- Emotionales Profil, Vertrauen und Image

Einige der genannten Punkte werden vom Gesamtunternehmen erbracht, andere hingegen müssen in konkretem Zusammenhang mit dem Produkt geleistet werden. Allen Komponenten gemeinsam ist, dass die Zusatzleistungen die Gewinnmarge des Produktes drücken. Es sei denn, es gelingt, dem Kunden einen besonderen Zusatznutzen zu kommunizieren. Hier könnte das ‚Kano-Modell‘ (Modell zur Analyse von Kundenwünschen) mit seinen drei Kategorien Basis-, Leistungs- und Begeisterungsanforderungen der Pharmaindustrie Hilfestellung leisten *[Bicheno 2004]*. Dem Modell folgend gilt es letztlich, über ‚Begeisterungsfaktoren‘ eine Nachfrage und Kundenbindung zu erzeugen. Begeisterungsfaktoren sind diejenigen Attribute eines Produktes oder einer Dienstleistung, welche die Erwartungen der Kunden übertreffen und einen Zusatznutzen aus Sicht des Kunden darstellen. Dies erlaubt eine eindeutige Differenzierung im Wettbewerb und kann die Basis für langfristige Kundenbeziehungen und das Management von Preisen schaffen. Kundenbindung kann also nur dann entstehen, wenn ein klarer Kundennutzen – am ehesten über Begeisterungsfaktoren – gestiftet wird, was voraussetzt, dass dem Anbieter die Kunden und ihre Interessen bekannt sind. Für die Pharmaindustrie wird Begeisterung am ehesten im Bereich der ‚Convenience‘, also der Frage, wie nebenwirkungsarm und patientenfreundlich die Einnahme eines Medikamentes gestaltet werden kann, zu erzeugen sein. Gelingt derartiges nicht, muss das liefernde Unternehmen diese Zusatzleistungen kompensieren. Wenn ein erhöhter Fertigungsaufwand nicht über Preise weitergegeben werden kann, dann können zwangsläufig Einsparungen nur durch effizientere Abläufe bei Herstellung und Vertrieb der Produkte erzielt werden. Für Pharma entsteht ein zusätzlicher Trend hin zu Gewinnmaximierung dadurch, dass mittlerweile auch in dieser Branche eine durchgängige Vergleichbarkeit in Bezug auf Margen durch Analysten hergestellt wurde. Früher war dies von untergeordnetem Interesse. Druck entsteht also durch Anleger, gerade aus dem institutionellen Bereich.

2.3 Trends in Technologie und Therapiegebieten

2.3.1 High Throughput Screening und kombinatorische Chemie

Im Verlauf des letzten Jahrzehnts haben wir mehrere Wellen von Innovationsversuchen in der Erforschung und Entwicklung von Pharmazeutika gesehen. Das biologische High Throughput Screening und die kombinatorische Chemie sollen nur stellvertretend als zwei

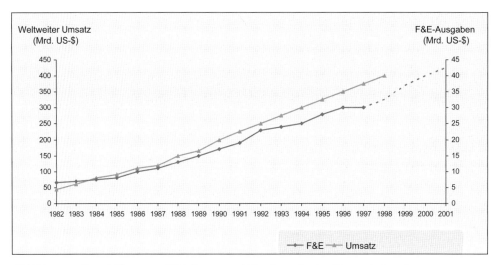

Abbildung 2.1 Entwicklung von F&E-Kosten und Umsätzen in der Pharmaindustrie.

wichtige neue Technologien für die beschleunigte Wirkstoffsuche genannt werden. Alle Versuche haben gemeinsam, dass sie kein neues Wissen schaffen, sondern eher der Tatsache Rechnung schulden, dass Versuch und Irrtum weiterhin die Entwicklung neuer Arzneimittel bestimmen. Somit gilt es also, die Findungsprozesse zu beschleunigen und durch eine Erhöhung der Zahl der Prüfungen pro Zeiteinheit die Chancen zu verbessern, eine neue Leitstruktur zu identifizieren. Die Datenmengen, die aus High Throughput Screening, kombinatorischer Chemie und Genomforschung oder ähnlichem erhalten werden, schaffen die Voraussetzung zum Erkenntnisgewinn, stellen ihn aber selbst noch nicht dar. Mit der Voraussetzung allein ist also das Ziel noch nicht erreicht; auch kann nicht vorausgesagt werden, wann es erreicht wird. Es kann durchaus einmal darauf hingewiesen werden, dass auch heute noch die besten Medikamente nicht selten durch Zufälle entdeckt werden – trotz der ungeheuren, gezielten Anstrengungen bei der Wirkstoffsuche auf Basis neuer Technologien.

Wir können somit erwarten, dass alle Pharmaunternehmen mit dem gleichen Grundwissen und den gleichen Ansätzen an die Versuche zur Lösung des Innovationsproblems herangehen, dass wesentliche Entdeckungen auf den gleichen Feldern stattfinden. Es ist somit wenig verblüffend, wenn in vielen Gebieten völlig unabhängig voneinander arbeitende Unternehmen zu ähnlichen chemischen Strukturen für einen Wirkstoff gelangen. Dies hängt u. a. damit zusammen, dass z. B. in der kombinatorischen Chemie bestimmte chemische Teilstrukturen bevorzugt – weil technisch einfacher realisierbar – synthetisiert werden. Die auf diese Weise hergestellten Libraries (Wirkstoffsammlungen mit bis zu mehreren Millionen chemischer Verbindungen) werden dann ähnlichen Substrat-Rezeptor-Tests im pharmakologischen Screening unterzogen, und es werden somit häufig ähnliche Leitstrukturen erhalten. Da überall die gleichen Techniken und das gleiche Wissen eingesetzt werden, müssen folglich ähnliche Ergebnisse erwartet werden. Nicht umsonst ist dies die Grundlage einer zunehmenden Arbeitsteilung in der medizinischen Forschung, bei der die Outsourcing-Partner große Moleküldatenbanken systematisch für große Pharmafirmen screenen. Als Folge des Innovationswettlaufs, der immer größere finanzielle Mittel notwendig macht, kann mehr Wettbewerb auf wenigen gleichartigen Feldern erwartet werden. Die Grafik in Abbildung 2.1 aus dem Jahr 1997 zeigt bereits ein Auseinandergehen der Schere zwischen F&E-Kosten und den zu erzielenden Umsätzen.

Betrachtet man parallel dazu die Anzahl von neuen Wirkstoffen im Verhältnis zur Entwicklung der F&E-Kosten, wird deutlich, dass diese Ansätze allein keine Lösung des Dilemmas der Pharmaindustrie ermöglicht haben. Die Anzahl der wirklich neuen Produkte nimmt ab, wie bereits in Kapitel 1 gezeigt wurde.

Auf Basis der Erfahrungen des letzten Jahrzehnts sollte der Stellenwert moderner Technologien – wie z. B. des High Troughput Screening – also realistisch eingeschätzt werden. Der Vorteil, große Substanzmengen in kurzer Zeit screenen zu können, wird durch nicht zu vernachlässigende methodische Defizite teilweise wieder aufgehoben. Es ist ein Ansatz, den sich alle leisten und der als Aushängeschild für die eigene Innovationsfähigkeit in Richtung Stakeholder verwendet wird. Der bisherige Nutzen scheint begrenzt zu sein.

2.3.2 Individualisierung in der Arzneimitteltherapie

Testsysteme

In der Translationsmedizin (Fraunhofer ITEM Jahresbericht 2007) wird im Bereich der präklinischen Medikamentenentwicklung nach aussagekräftigen Humanmodellen und spezifischen Biomarkern gesucht. Über stark verbesserte diagnostische Testsysteme (schnelle Gen- bzw. Proteintests) werden in naher Zukunft die spezifischen Besonderheiten eines Erregers oder des zu behandelnden Patienten beispielsweise hinsichtlich der Frage, wie er auf bestimmte Tumortherapien ansprechen wird, sicherlich besser erkannt werden. Dies wird zunächst zur Selektion des am besten wirksamen Präparates am Markt führen und später auch in der Entwicklung noch spezifischerer Medikamente enden. Damit ist aber auch zu erwarten, dass die Zahl der Medikamente für die Therapie klassischer Volkskrankheiten weiter zurückgehen wird und eher kontinuierlich kleiner werdende Kunden-/Patientengruppen in den Fokus rücken. Die Produktentwicklung wird dann anteilig immer teurer, da die Märkte für viele Produkte stetig kleiner werden. Perspektivisch also eine Situation, die der Frage des Umgangs mit seltenen Krankheiten nicht unähnlich ist.

Pharmakogenomik *[Bain & Company 2001]*

Andererseits gibt es möglicherweise neue Auswege aus der Kostenspirale. Durch Pharmakogenomik wird die genetische Ausprägung der Patienten genutzt, um diese künftig einer Vorselektion zu unterziehen. Unter Einsatz des speziell für Patienten eines genetischen Profils zugeschnittenen Medikamentes könnten die Erfolgsaussichten einer Innovation steigen, bei gleichzeitig kürzerer Entwicklungszeit, weniger Nebenwirkungen und kleinerem Studienumfang. Die Vorhersagbarkeit positiver Kosteneffekte der Individualisierung und des Einsatzes von Pharmakogenomik ist jedoch umstritten.

Unabhängig von den tatsächlichen Auswirkungen ergibt sich aus immer selektiveren und besser wirksamen Verbindungen einerseits sowie aus einer stärkeren Individualisierung der Medizin andererseits die generelle Tendenz zu geringeren Jahrestonnenmengen für zukünftige Produkte. Aus Produzentensicht steht als Vision letztlich die Chargengröße 1 am Ende einer derartigen Entwicklung, bei der für jeden Patienten individuell ein Medikament gefertigt und bereitgestellt werden muss; unter Umständen sogar direkt am Krankenbett.

Individualisierter Vertrieb

In den letzten Jahren hat sich das Internet beim Versand von Arzneimitteln zu einer ernst zu nehmenden Konkurrenz für den bislang etablierten Vertriebsweg über die Apotheken entwickelt. Dieser Bereich hat mittlerweile seine eigenen Risiken herausgebildet, da mit der steigenden Zahl von Internet-Marktteilnehmern eine wachsende Zahl von Betrugsfällen einhergeht, bei denen gefälschte Medikamente vertrieben werden. Es stellt sich die Frage, inwieweit die Individualisierungstendenzen auf Vertriebsseite mit Sicherheitstechnologien wie beispielsweise RFID, die einen beachtenswerten Reifegrad erlangt haben, gestützt werden können.

2.3.3 Prävention statt Behandlung

Selbst eine Welt, in der Biosensoren die Daten eines Menschen ständig erfassen, auswerten und Probleme frühzeitig erkennen, ist heute für viele Vordenker schon vorstellbar. Von dort aus ist der Schritt zu einer immer wirkungsvolleren Prävention vorgezeichnet. Diese ist ganzheitlich angelegt und bezieht alle Lebensaspekte des Patienten mit ein. Insgesamt wird die Hinwendung zu gesünderer Ernährung und gesünderem Lebenswandel diesen Trend verstärken und in einigen Bereichen das Wachstum der Pharmamärkte limitieren (Life-Style-Bewegung), vielleicht sogar das Geschäftsmodell des einen oder anderen bislang ausschließlich auf Forschung ausgelegten Pharmaunternehmens verändern.

2.3.4 e-Business

‚B2B‘ -Innovationen im Vertrieb sind inzwischen in vielen Branchen verwirklicht worden. Allerdings haben diese mit nicht unerheblichen Schwierigkeiten zu kämpfen, um erfolgreich zu sein. Einige zu berücksichtigende Aspekte sind in folgender Aufstellung wiedergegeben:

- Ausreichende Kompatibilität mit kundeneignen IT-Systemen.
- Klare Effizienzsteigerung auch beim Kunden.
- Intensive Analyse der Komplexität der Marktstrukturen (Zwischenhändler/Direktbelieferung; wenige große Abnehmer/viele kleine Abnehmer).
- Ausreichend hohe Angebotsbreite (genügend Produkte; ausreichende Zahl von Wettbewerbern).
- Nachhaltige Zuverlässigkeit der Technologieinhaber.
- Konzeptionelle Weiterentwicklung des B2B-Geschäfts (z. B. Sicherstellen von ‚open platforms‘).

Dabei wird die Fähigkeit, über Internet-Zugänge ein einfaches Bestellsystem zu generieren, noch deutlich weniger herausfordernd sein, als das langfristige Ziel der stärkeren Kundenbindung durch mehr Serviceleistungen. Während B2B-Lösungen im Pharmabereich mit teilweise regionalem Fokus durchaus schon vorhanden sind (z. B. *www.ecplaza.net*), im Bereich der Pharmaproduktion haben sie sich bis auf Einzelfälle (z. B. *www.pharmaceuticalonline.com*) noch nicht so weit durchsetzen können, dass sie den gesamten Markt verändert haben.

Die Darstellung in Abbildung 2.2 fasst die wesentlichen Treiber des Veränderungsdrucks in der Pharmaindustrie nochmals zusammen.

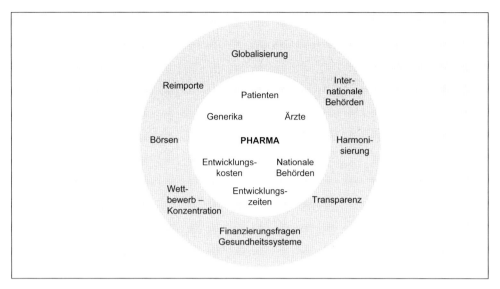

Abbildung 2.2 Herausforderungen für die Pharmaindustrie.

2.4 Fazit

Das klassische Denken in der Pharmaindustrie erscheint überholt. Anstelle der bisherigen Blockbuster-Mentalität wird es in Zukunft um das Generieren von individuellem Nutzen für den einzelnen Patienten gehen; durchaus eine Herausforderung für die bestehenden Geschäftsmodelle der Pharmaindustrie.

Veränderungen sind aufgrund unserer Beobachtungen auf folgenden Feldern zu erwarten:

- Erzeugung **gleichmäßiger Produktflüsse** und **Bestandsreduktionen in der gesamten Pharma Supply Chain.**
- Bildung von **kleineren, ggf. dezentralen unternehmerischen Einheiten.**
- Steigende Erwartungen der Kunden/Patienten an die **Vereinbarkeit von Innovation, Qualität und Bezahlbarkeit von Arzneimitteln.**
- Steigende Erwartungen der Investoren an **Gewinn** und **Wertsteigerung der Unternehmen** sowie der anderen Stakeholder an einen Beitrag der Pharmaindustrie zur **Finanzierbarkeit der Gesundheitssysteme.**
- Erosion von Gewinnen durch **generische Konkurrenz** und die aus **Billiglohnländern.**
- Steigende **regulatorische Anforderungen** im Rahmen der internationalen Zusammenarbeit auf ein globales Maximum bei stetig **verbesserter Überwachung der Compliance.**
- Vermehrte Thematisierung der **Kosten/Nutzen-Frage** und damit Erhöhung des Preisdrucks.

- Zunehmendes Dilemma aus einem Zwang zur **weltweiten Präsenz** aus Gründen der Kostenamortisation bei steigenden Komplexitätsanforderungen durch z. B. mehr **länderspezifische Aufmachungen.**

- Zunahme des Trends zur Individualisierung und damit Förderung **direkter Vertriebsmodelle mit individuell angepassten Dosierungen** sowie steigende Bedeutung der Diagnostik.

3. Standortbestimmung der Pharmaindustrie

3.1 Orientierungshilfe

Erfolgsfaktoren in anderen Branchen

Bei den Überlegungen mit Blick auf eine Umsetzung der Vision einer Pharma Supply Chain der Zukunft wäre es nachlässig, die fortgeschrittenen Erfahrungen anderer Branchen zu ignorieren. Ein wesentliches Fazit aus der Beobachtung anderer Industriezweige ist, dass Stärke und Flexibilität in der Supply Chain über alle Branchen hinweg ein wichtiges Element für den Erfolg sind. Dabei verfügen Unternehmen wie bespielsweise Porsche in der Automobilindustrie offenbar über die niedrigste Fertigungstiefe und stärkste Segmentierung, was nicht notwendigerweise eine generelle Voraussetzung für unternehmerischen Erfolg sein muss, wie das Beispiel Toyota im Gegensatz hierzu zeigt. Vielmehr haben wir im Sinne kritischer Erfolgsfaktoren bei der Betrachtung verschiedener Industriezweige folgende Merkmale registrieren können:

- Beschreiten neuer Wege zu einer abgestimmteren **Beschaffung** – insbesondere durch Integration der Lieferanten in eigene Prozessabläufe.
- **Durchgängige** Kundenorientierung im Unternehmen.
- **Verzahnung** von Entwicklung und Produktion.
- Verschmelzen von **Produktions- und Informationstechnologien** zur Ausbildung einer durchgängigen Supply Chain – insbesondere durch eine verbesserte **Rückkopplung des Marktes** für Zwecke der Produktionsplanung.
- Stärker werdender Trend zur **direkten** Distribution, unterstützt durch moderne Informationstechnologien.

Hieraus schließen wir, dass nicht notwendigerweise der Zukunftstrend für die Pharmaindustrie in Richtung Reduktion der Fertigungstiefe und Segmentierung gehen muss. Vielmehr wird die Zukunft in einem ganzheitlichen Unternehmensansatz liegen, welcher die Teilbereiche Entwicklung/Produktion/Distribution zu einem sinnvollen Ganzen umgestaltet und die oftmals noch vorherrschende ‚Silo-Mentalität' durchbricht. Insbesondere wird es darum gehen, einheitliche Prinzipien als Leitlinien für gemeinsames Handeln in den Unternehmen zu entwickeln. Schon in der Vergangenheit sind andere Autoren *[z. B. Pisano 1997]* zu ähnlichen Schlüssen mit Blick auf die künftigen Herausforderungen der Pharmaindustrie gekommen. Trotzdem hat auch in den zurückliegenden Jahren bisher niemand das gegenwärtig gelebte System von Entwicklung und Produktion in der Pharmaindustrie als solches in Frage gestellt. Wir fühlen uns deshalb motiviert deutlich zu machen, aus welchen Gründen wir den Zeitpunkt für eine Neuausrichtung der Pharma Supply Chain als nahezu überfällig ansehen. Anschließend soll aufgezeigt werden, was diejenigen erreichen können,

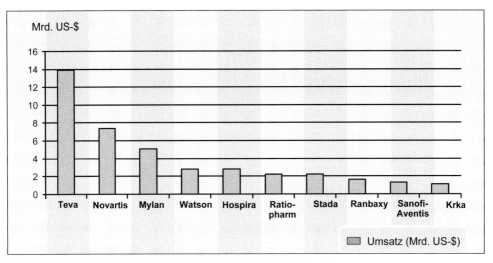

Abbildung 3.1 Die größten Generika-Unternehmen nach Umsatz 2009 [Quelle: Handelsblatt v. 18.03.2010].

die sich den Herausforderungen stellen. Die Frage, mit welchen Auswirkungen jene rechnen müssen, die den notwendigen Veränderungsprozess unterlassen oder zu spät einleiten, wird der Markt beantworten.

Begrenzte Wirkung von Konzentrationstendenzen

Die Antwort auf die Frage ‚warum jetzt der Zeitpunkt gekommen ist', hat mit dem typisch mittelständischen Charakter der Pharmaindustrie noch vor 10 Jahren zu tun. Damals war den Autokonzernen bereits klar, dass nur derjenige überleben wird, der im Jahr 2000 global aufgestellt ist. Zu diesem Zeitpunkt hatten die größten Pharmakonzerne der Welt eine Größe, die gemessen an den größten Autokonzernen bei 10 % der Umsatzes und der Mitarbeiterzahl lag. Alle waren quasi Nischenanbieter und betrachteten sich mehr oder weniger wohlwollend in ihren Nischen. Erst in der zweiten Hälfte des letzten Jahrzehnts sind durch Firmenaufkäufe aus einigen Pharmaunternehmen Weltkonzerne entstanden, die zunehmend Schwierigkeiten mit ihren Wachstumsperspektiven haben. Erst jetzt, wo die meisten Schwachen gekauft sind, stellt sich für die neu entstandenen Konzerne mit ihrer globalen Präsenz die Frage nach globalen Konzepten für die gesamte Supply Chain.

Eine ungeahnte Dynamik hat den Generika-Markt erfasst. Hier gibt es eine sehr hohe Tendenz zur Konzentration, wie die Käufe der letzten Jahre (Kauf von Ranbaxy durch Daiichi-Sankyo, Übernahme von Barr durch Teva) zeigen. Teva war bereits 2009 der größte Generika-Hersteller der Welt und hat sich mit der Übernahme von Ratiopharm in Deutschland einen Marktanteil von 30 % erobert. Hier ist es insbesondere das schnelle Wachstum durch die Erschließung neuer Märkte, was im Vordergrund des Interesses steht (Abbildung 3.1).

Schiere Größe allein ist also kein Garant für ein Überleben in der Pharmaindustrie, sondern kann eher dazu führen, dass – wenn eine ‚kritische Größe' überschritten ist – die entstehende Lähmung durch die überproportional angestiegenen Komplexitätsanforderungen alle durch eine Fusion geschaffenen Skalengrößenvorteile überwiegt. Daher sind neue Konzepte gefragt.

3.2 Künftige Erfolgsfaktoren

Ziehen wir eine erste Bilanz aus den Trends, so lassen sich zwei Faktoren aufzeigen, die in Zukunft einen wesentlichen Anteil an einer Optimierung der Pharma Supply Chain haben werden (Abbildung 3.2). Dies sind

(1) Verbesserung der Kostenstruktur und Flexibilität der Supply Chain.

(2) Klare Kundenorientierung in allen Bereichen.

Nachfolgend sollen die beiden Faktoren näher erläutert werden.

Verbesserung der Kostenstruktur und Flexibilität der Supply Chain

Wir haben erwähnt, dass die forschenden Pharmaunternehmen bei steigenden F&E-Kosten und gleichzeitigem Innovationsstau in ein Dilemma geraten sind. Daher auch der zunehmende Kostendruck in der Pharmaindustrie. Diesem Kostendruck versuchen auch jetzt schon die Pharmaunternehmen durch Verbesserungen entlang der gesamten Prozesskette zu begegnen. Überwiegend wird dabei jedoch auf altbekannte Ansätze zurückgegriffen. So wird versucht, durch Optimierung der vorhandenen Batch-Prozesse dem Kostendruck zu begegnen. Typisch hierfür sind die Verbesserungsmaßnahmen bei Abfüllungen *[Mühlenkamp 2001]* oder die Automatisierung von Analysenverfahren *[Jehle 2001]*. Ein Grund scheint zu sein, dass die Pharmaindustrie – typisch für innovationsorientierte Industriezweige – nur geringe Kompetenz in der Produktionskostenoptimierung (Prozesskompetenz) aufweist und hier bisher in der Geschichte keine radikalen Veränderungen durchlebt wurden.

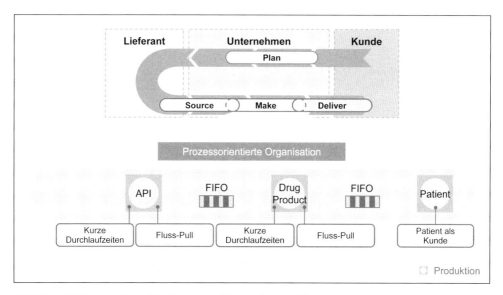

Abbildung 3.2 Integratives Bild der neuen Pharma Supply Chain.

Ein weiteres Problem ist, dass in der streng funktionalen Aufteilung der Pharmaprozesse in scheinbar unabhängige Schritte eine abteilungsübergreifende Optimierung von Prozessen nur selten durchgeführt wird. In vielen Fällen führt aber die Prozessverbesserung in nur einer Abteilung zu suboptimalen Bedingungen für das Gesamtsystem. Eine nachhaltige Kostenverbesserung wird nach unserer Ansicht aber nur durch eine Ausrichtung an Lean-Prinzipien gelingen, die aufsetzend auf den Kundeninteressen den Wertstrom in den Fokus nehmen und übergreifend den Gesamtprozess optimieren. Dies kann eben auch bedeuten, dass innerhalb eines Unternehmens verschiedene Supply Chain- und Management-Strukturen entstehen, die jeweils auf die unterschiedlichen Anforderungen der einzelnen Produktgruppen zugeschnitten sind (Orientierung an Produktfamilien). Weg also von einem zentralistisch geprägten Supply Chain-Ansatz und hin zu individuelleren, flexibleren Strukturen, die eine bessere Übereinstimmung von Produkten und Supply Chain-Organisation ermöglichen *[Fisher 1997]*.

Eine besonders gute Chance wird mittel- und langfristig daher für diejenigen Unternehmen bestehen, die neben einer hohen Produktkompetenz auch eine Vorrangstellung in Bezug auf die Gestaltung ihrer Kernprozesse entwickeln. Dabei erscheint es den Autoren unbedeutend, ob man die Vorrangstellung in einzelnen Bereichen im Unternehmen oder netzwerkartig im Verbund mit Suppy Chain-Partnern erreicht.

Nach dem Ablauf des Patents besteht im Wesentlichen der Unterschied in den Kosten der Supply Chain. Eigentlich sollte sich das vom Patentablauf bedrohte Pharmaunternehmen aufgrund des eigenen Know how in Entwicklung und Produktion in einer recht guten Ausgangssituation befinden. Unserer Wahrnehmung nach wird das vorhandene Wissen jedoch nicht ausreichend genutzt oder ist als solches vielleicht nicht in genügendem Maße verfügbar. Die bereits angesprochenen Strategien einiger Pharmafirmen, eine eigene Generika-Linie aufzubauen oder eine konsequente Partnerschaft mit einem anderen auf Generika spezialisierten Unternehmen einzugehen, bestätigen ein erstes Umdenken.

Und während diese Unternehmen in der Forschung immer wieder die Frage stellen, was man braucht, um eine Herausforderung bewältigen zu können, so wird in der Produktion, aber auch in der Entwicklung oft umgekehrt gehandelt. Dann richtet sich der Blick kurzfristig allzu oft nur auf das, was zur Verfügung steht, um die aktuelle Herausforderung bewältigen zu können, während der Innovationsgedanke – wie beispielsweise die konsequente Etablierung kontinuierlicher Produktionsprozesse – zu kurz kommt. In anderen Industriezweigen hat die Produktion längst den Stellenwert eines entscheidenden Wettbewerbsfaktors bekommen. Doch gilt dies merkwürdigerweise – mit wenigen Ausnahmen – bisher nicht für die Pharmaindustrie, wo die Produktion überwiegend nur als Kostenfaktor wahrgenommen wird. Auch der Verweis auf die besondere Komplexität des Fertigungsprozesses als Hemmschuh der Veränderung wirkt nicht länger überzeugend. In vielen Fällen haben die Hersteller anderer Produkte mit höheren Komplexitäten zu tun. Die Autohersteller z.B. müssen heute Fahrzeuge in einer Unzahl von Varianten produzieren. In der Pharmaindustrie hat man teilweise sehr komplexe Synthesen, dafür aber ein sehr stark standardisiertes Produkt. Unabhängig hiervon ist eines jedoch klar: der Kunde der Zukunft will sein Produkt schnell geliefert bekommen. Unsere Prognose geht dahin, dass ein Bestandssystem – wie es derzeit noch in der Pharmaindustrie zu finden ist – oder sogar ein weiterer Ausbau der Lagerhaltung, durch den zunehmenden Preiskampf nicht mehr möglich sein wird.

Eine tragfähige Perspektive kann deshalb nur darin bestehen, eine kostengünstige Produktion mit beherrschbarer Komplexität zu erreichen. Diese muss darüber hinaus auch eine flexible Anpassung an die Marktbedürfnisse leisten können. Ohne einen Wandel in der Einstellung zur Produktion wird das jedoch nicht möglich sein.

Klare Orientierung in allen kundennahen Bereichen

Der Patient wird in Zukunft einen besseren Service voraussetzen. Er erwartet, dass er entweder direkt beim Arzt Hilfe erhält oder die Arznei – zumindest bei chronischen Krankheiten – unmittelbar zu ihm geliefert wird. Aus Sicht der Supply Chain bedeutet dies, dass nicht mehr wie bisher Krankenhäuser oder der Pharmagroßhandel als Kunde der Pharmaindustrie gesehen werden. Vielmehr wird der einzelne Patient für die Pharmaindustrie und somit für jedes einzelne Unternehmen wichtig. Diese Patienten sind künftig durch das Fortschreiten der Informationsgesellschaft auch besser informiert und werden das, was technisch möglich ist, auch einfordern.

Zusätzliches Interesse bekommt der Vergleich mit der Automobilindustrie aus unserem Blickwinkel, weil es sich beim Automobil – ähnlich wie beim Pharmaprodukt – um ein sehr emotionales Produkt handelt. Die persönliche Betroffenheit z. B. bei Versagen des Produktes ist als sehr hoch einzuschätzen. Auch wenn die Automobilindustrie und die Pharmaindustrie von anderen Positionen ausgehen, so ist doch das mittelfristige Ziel für beide Branchen gleich. Es muss ein persönliches oder gar individuelles Produkt für den jeweiligen Kunden hergestellt werden, das dennoch bezahlbar bleibt. Auf dem Weg dahin scheint die Automobilindustrie einen erheblichen Vorsprung gegenüber der Pharmaindustrie zu haben.

3.3 Sondersituation Pharmaindustrie?

Spätestens an dieser Stelle wird in Diskussionen mit Managern häufig auf die Einzigartigkeit der Prozesse in der Pharmaindustrie hingewiesen. Insbesondere, wenn es darum geht, Erfahrungen aus anderen Produktionszweigen wie z. B. der Automobilindustrie für die Pharmabranche zu adaptieren. Trotz aller Unterschiede stellt man fest, dass überwiegend die gleichen Prinzipien gelten und damit auch ähnliche Basis-Werkzeuge zur Verfügung stehen. Herausforderungen entstehen dadurch, dass industriespezifische Transformations- und Adaptionsleistungen zu erbringen sind. Wir möchten daher mit zwei einfachen Argumenten die generelle Gültigkeit der von uns gewonnenen Erkenntnisse aufzeigen:

(1) Die Vernetzung zwischen Lieferanten und Markt findet stets mit Hilfe von Internet-Technologien statt. Die Anforderungen und der Nutzen dieser Technologien ist in allen Industriezweigen gleich (z. B. Internet-Plattformen für Rohstoffe, Kundenportale für produktspezifisches Feedback auf der Firmen-Homepage).

(2) Die langfristige Kundenbindung über zusätzlichen Service, die Pflege von Marken in globalen Märkten bei gleichzeitig möglichst niedrigen Kosten werden für alle Branchen immer wichtiger.

Anhand dieser Aussagen ist zu erkennen, dass die Pharmaindustrie sich nicht in einer speziellen Situation befindet, sondern lediglich spät von einem generellen Wandel erfasst wird. Dieser Wandel sollte aktiver gestaltet werden. In den nächsten Kapiteln sind die Bausteine, die sich für den Aufbau eines neuen Gesamtbildes der Pharma Supply Chain verwenden lassen, dargestellt. Wir werden uns dabei auf diejenigen Aspekte konzentrieren, durch deren Berücksichtigung sich in einem auf ‚Prozess-Exzellenz' ausgerichtetem Modell deutliche wirtschaftliche Vorteile erreichen lassen.

Die Vision

*Die Antworten zu unseren Problemen kom-
men aus der Zukunft und nicht von gestern.*

Frederic Vester

4. Blueprint für ein Pharmaunternehmen der Zukunft

4.1 Einführung in das Gesamtbild ('Leuchtturm')

Begriffsklärungen und Vorbemerkungen

Der von uns verwendete Begriff ‚*Pharma Supply Chain*' bezieht sich zunächst einmal auf bestehende Supply Chain-Strukturen und umfasst die gesamte Prozesskette von Beschaffung über Produktion bis zum Vertrieb. Den Begriff Pharma Supply Chain wollen wir also als Synonym für ‚*Marktversorgung*' verstanden wissen.

In allen Phasen der Arzneimittelentwicklung (Toxikologie bis zur Phase III) stellen sich vergleichbare Aufgaben wie in einer bestehenden Supply Chain: Es müssen Studien geplant, Rohmaterialien beschafft, Kapazitäten in Produktion und Klinik geplant und die benötigten Substanzmengen in Chemie und Pharmazie bereitgestellt werden. Es ist daher auch berechtigt, für den Bereich der Arzneimittelentwicklung von einer ‚Pharma Supply Chain' zu sprechen. Wir wollen sie ‚*Entwicklungs-Supply Chain*' nennen. Ein wesentlicher Hebel für die Optimierung der bestehenden Pharma Supply Chain liegt für die Autoren in der Erkenntnis, dass dann zwangsläufig in der Entwicklung anders gedacht und gehandelt werden muss als bislang üblich. Der Weg von der ‚Vision zur Praxis' beinhaltet also die Neugestaltung aller Entwicklungsprozesse, d.h. erfordert die Konzeption einer neuen Entwicklungs-Supply Chain. Was dies bedeutet, werden wir in den einzelnen Kapiteln zu Chemie (Kap. 6), Pharmazie (Kap. 7), Analytik (Kap. 8) und Biotechnologie (Kap. 9) ausführlich diskutieren.

Da es aus den Erfahrungen unserer Beratungspraxis zudem den Bedarf gibt, Wege aufzuzeigen, wie eine bestehende Supply Chain-Organisation auf einer kürzeren Zeitachse als dem evolutionären Weg über die Entwicklung verbessert werden kann, haben wir ein Kapitel zum Thema ‚*Komplexitätsmanagement*' (Kap. 10) eingefügt. Dort wird auch dessen zentrales konzeptionelles Element, das ‚*Linienkonzept*', am Beispiel der Wirkstoffproduktion vorgestellt (Kap. 10.3). Erst danach werden wir uns mit den nachgelagerten Supply Chain-Prozessen sowie einer Kostenbetrachtung für das neue Konzept beschäftigen.

Abschließend bleibt zu sagen, dass es aufgrund der parallelen Diskussion von Entwicklung und Produktion grundsätzlich nicht zu vermeiden ist, dass sich Begriffe und Argumente wiederholen. Wir sehen darin auch einen Vorteil, können sich doch uns wichtige Themen wie Modularisierung, Standardisierung, Parallelisierung oder Zeitorientierung als Handlungsmaxime dem Leser nachhaltig einprägen.

Leuchtturm

Im vorangegangenen Kapitel haben wir versucht, eine Standortbestimmung der Pharmaindustrie vorzunehmen. Das hat vor Augen geführt, welche Bedeutung der Frage einer effektiven Pharma Supply Chain zukommt. Wir benötigen also eine Vorstellung, wie eine Pharma Supply Chain unter Exzellenz-Gesichtspunkten aussehen könnte. Dies ist eine Idee, die zwar intuitiv überzeugt, aber viel Spielraum für Lösungsansätze lässt. Daher sind konkrete Lösungsansätze gefragt, die sich in die Gesamtstrategie der einzelnen Unternehmung einpassen (‚strategischer Fit der Einzelkomponenten'). Für die weitere Diskussion soll unter Effektivität dabei der Grad verstanden werden, zu dem

- eine Verbesserung der Kostenstruktur und Flexibilität der Supply Chain erreicht sowie
- eine klare Kundenorientierung in allen Bereichen aufgebaut wird.

In den vergangenen Jahren haben einige Pharmaunternehmen erste Schritte zur Optimierung ihrer Supply Chain unternommen. Leider zielt die Optimierung der Einzelprozesse wie Produktion, Analytik, Distribution usw. oftmals nur auf eine schnelle Kostenersparnis und erreicht dann vielfach nicht die gewünschte Nachhaltigkeit. Zudem verhindert der funktionale Fokus oftmals eine effektive Verbesserung der gesamten Supply Chain, da dem Aspekt *Prozess* nicht genügend Rechnung getragen wird (‚Silo versus Prozess'). So ist immer wieder festzustellen, dass Supply Chain-Ansätze, die nicht auf eine Neudefinition der internen Prozesse als ‚end-to-end'-Prozesse ausgerichtet sind, keine wirklichen Verbesserungen und damit nur kurze Verschnaufpausen erzeugen. In vielen Fällen erscheint angesichts der Erfahrungen aus anderen Branchen deshalb der Sprung als zu kurz. Es ist an der Zeit, die vorhandenen Systeme in einem Gesamtbild – im Sinne eines Leuchtturms, der als Orientierung für die zukünftige Weiterentwicklung dienen soll – zusammenzuführen.

Entscheidend hierfür ist, dass dies nur durch die Betrachtung von Gesamtprozessen erfolgen kann. Es sollen dabei insbesondere diejenigen Kommunikations- und Schnittstellenaspekte betrachtet werden, die typischerweise als Supply Chain-Optimierung bezeichnet werden (Abbildung 4.1). Darüber hinaus sollen jedoch auch die internen Strukturen und Abläufe von Grund auf neu gestaltet werden, um die Optimierung an den Schnittstellen des Unternehmens zu Markt und Lieferanten erst effizient zu machen.

Ferner ist zu prüfen, inwieweit das Gedankengut aus der Welt des Lean Thinking *[Womack et al. 1991]* wirkungsvolle Entwicklungsimpulse für die Gestaltung der zukünftigen Pharma Supply Chain geben kann.

Es wurde bereits darauf hingewiesen, dass langfristige Verbesserungen nur zu erzielen sind, wenn es gelingt, auch die bisherigen Entwicklungsprozesse so umzubauen (Stichwort neue Entwicklungs-Supply Chain), dass eine Transformation von Produktion und Vertrieb möglich wird. Daher werden auch Impulse und Erkenntnisse aus dem Bereich Lean Development der Automobilindustrie für die Pharmabranche relevant sein *[Morgan et al. 2006]*. Unserem Ansatz liegen also folgende Gedanken zu Grunde:

- Neugestaltung aller Entwicklungsprozesse, deren technologische Basis auch die zukünftige Produktionstechnologie abbildet (Enabling-Modell; s. Kap. 1).
- Bildung einer Einheit aus Beschaffung, Produktion und Vertrieb unter Berücksichtigung von planerischen Aspekten (prozessorientierte Organisation; Abbildung 4.1).
- Gestaltung aller Prozesse mit der Ausrichtung auf den Kunden unter dem Aspekt ‚Zeit' als Leitmotiv.

Lange Zeit standen wir mit einem solchen Konzept scheinbar im Gegensatz zum Branchentrend in der Pharmaindustrie und verwandten Branchen. Dies hat sich in den zurückliegenden Jahren erkennbar geändert in sofern, als die Notwendigkeit, in Prozessen zu denken, mittlerweile weitgehend akzeptiert, aber noch lange nicht umgesetzt ist. Soll heißen, dass

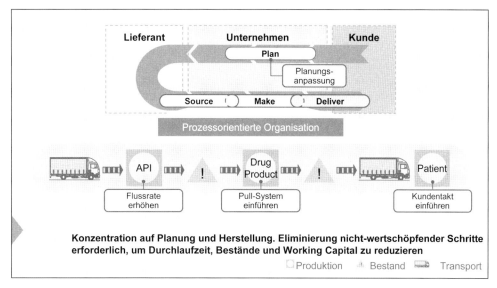

Abbildung 4.1 Prozessorientierte Organisation innerhalb der neuen Pharma Supply Chain.

sich diese Sichtweise oftmals nur auf funktionale Bereiche wie bespielsweise die Produktion erstreckt, aber nicht im Sinne eines durchgängig gültigen Wirkprinzips bei dem Versuch gesehen wird, ein neues Geschäftsmodell für die Pharmaindustrie zu schaffen. Dieses muss ganzheitlich angelegt sein.

Wir verbinden diese geänderte Blickrichtung mit drei Hauptzielen, nämlich:

(1) Signifikante Verbesserung von Kostenstruktur und Fertigungszeit in der Produktion.

(2) Erzeugung von neuen Serviceleistungen zur langfristigen Kundenbindung.

(3) Deutliche Verkürzung der Entwicklungszeiten.

Als zentrale Maßnahmen wird dies

- die Entwicklung eines alternativen Entwicklungs- und Produktionskonzepts,
- neue Konzepte zur Gestaltung des Marktkontaktes sowie
- eine Veränderung des vorherrschenden Mindsets innerhalb der Pharmaindustrie

erforderlich machen.

An dieser Stelle darf daran erinnert werden, dass Produkte nach Analysen von Unternehmensberatern üblicherweise zu ca. 98 % der Zeit in der Supply Chain ruhen *[Wassermann 2001]*. Es liegt deshalb auf der Hand, zur Steigerung der Effizienz der Supply Chain zunächst diese Liegezeiten in Angriff zu nehmen. Bei der Lösungsfindung werden sich insbesondere die Sichtweise – d. h. in Produktfamilien und Wertströmen zu denken – sowie etablierte Werkzeuge der Lean-Production – wie Wertstromanalyse und Wertstromdesign – als hilfreich erweisen. Eine sinnvolle Anpassung der Supply Chain bedeutet aber nicht nur, die Durchlaufzeiten deutlich zu reduzieren, sondern die einzelnen Schritte auch besser auf die Bedürfnisse der internen und externen Kunden zuzuschneiden. Dies ist insbesondere auch ein Thema der Neuausrichtung einer vorherrschenden Unternehmenskultur und der Kommunikation nach innen und außen (Thema ,Mindset').

Auf Prozessebene werden dabei bis heute vorrangig die Schnittstellen und Transferprozesse optimiert, aber nicht die eigentlichen Prozesse in Frage gestellt. Wir wollen über diesen Schritt hinausgehen und zusätzlich den Bereich innerhalb der einzelnen Verantwortungsbereiche ansehen. Unser Ziel ist es, alle Liegezeiten von Produkten zu betrachten. Dieser Unterschied ist wichtig, da in der Pharmaindustrie die Liegezeiten in den einzelnen Bereichen aufgrund der sehr vielstufigen Herstellungsvorgänge und der hohen regulatorischen Anforderungen extrem hoch sind. Deshalb ergibt sich hier gerade aus Kostengesichtspunkten ein zusätzliches Potential, das nicht unerschlossen bleiben darf. In unserem Ansatz sollen dabei die ,lessons learned' aus den vorangegangenen Kapiteln eingearbeitet werden. Dies bedeutet:

1. Wir werden den Gedanken einer deutlichen Reduktion der Komplexität sowohl bei Vorgängen in der Entwicklung als auch in der Produktion und Marktversorgung von Arzneimitteln aufgreifen.

2. Wir folgen der natürlichen Historie eines Produktes, d.h. wir beginnen mit der Entwicklung, folgen den Anforderungen an die Produktion und münden in eine moderne Versorgungskette. Dabei soll der Übergang von der Entwicklung zur Produktion möglichst ökonomisch gestaltet werden.

3. Unser Gesamtbild soll sich durch ein hohes Maß an Flexibilität auszeichnen, sodass vorhandene Marktunsicherheiten sogar eher als Chance dieses Unternehmensmodells gesehen werden können. Zugleich soll es nicht nur offen für zukünftige (Kunden) Anforderungen und technologische Weiterentwicklungen sein, sondern diese gerade zu befördern.

4. In der Entwicklung sollen getrennte Verfahrensentwicklung und Substanzversorgung gegenüber integrierten Lösungen bevorzugt werden, wenn dadurch in der Versorgungskette eine deutliche Beschleunigung der Entwicklung und letztlich in der Produktion eine Verkürzung von Distributions- und Beschaffungswegen erreicht werden können. Wir werden die Erkenntnisse aus anderen Industriezweigen einfügen, sofern dies möglich ist, aber auch eigene Lösungsalternativen anbieten.

5. Wir werden eine Kostenbetrachtung bewusst an den Schluss dieser Überlegungen stellen, um der Gefahr einer Suboptimierung der Gesamtheit durch Teiloptimierungen von einzelnen Einheiten zu entgehen.

6. Wir werden klären, inwieweit Ansätze zur Neugestaltung von Aufgabenbereichen und Verantwortlichkeiten von Mitarbeitern sowie die Gestaltung von betrieblichen Hierarchien aus Lean-orientierten Branchen auf die Pharmaindustrie übertragen werden können.

4.2 Neuer Fokus der Supply Chain

Wie muss man sich diese Bildung einer Einheit aus Entwicklung, Produktion und Vertrieb und der stärkeren Fokussierung auf den Kunden vorstellen? Bei der Beantwortung sollen uns zwei Grafiken unterstützen. Die Abbildung 4.2 zeigt zunächst in einem vereinfachten Schema den bisherigen Status der Supply Chain.

Es gibt drei wesentliche Teilbereiche, die Herstellung der Wirkstoffe (hier mit ,Chemieproduktion' bezeichnet), die ,Bulk-Produktion', in der aus Wirkstoffen Arzneimittel werden,

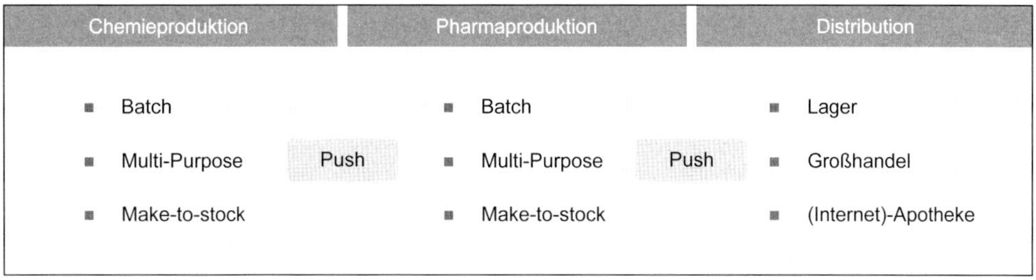

Chemieproduktion		Pharmaproduktion		Distribution
▪ Batch		▪ Batch		▪ Lager
▪ Multi-Purpose	Push	▪ Multi-Purpose	Push	▪ Großhandel
▪ Make-to-stock		▪ Make-to-stock		▪ (Internet)-Apotheke

Abbildung 4.2 Die Supply Chain der Pharmaindustrie mit ihren Merkmalen heute.

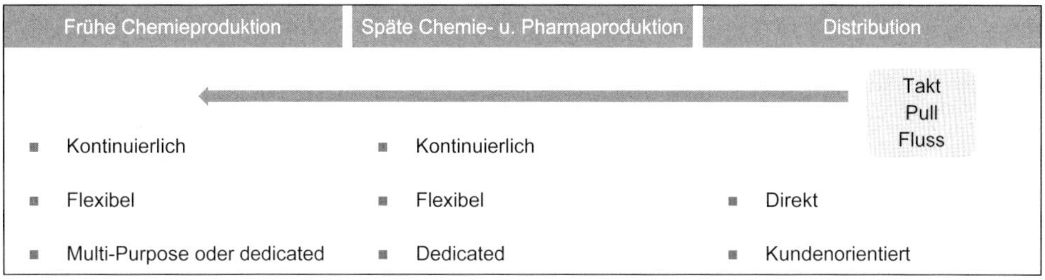

Frühe Chemieproduktion	Späte Chemie- u. Pharmaproduktion	Distribution
		Takt Pull Fluss
▪ Kontinuierlich	▪ Kontinuierlich	
▪ Flexibel	▪ Flexibel	▪ Direkt
▪ Multi-Purpose oder dedicated	▪ Dedicated	▪ Kundenorientiert

Abbildung 4.3 Die Supply Chain der Pharmaindustrie in der Zukunft.

sowie den Verpackungs- und Vertriebsbereich. Letzterer ist zwischen Pharmaunternehmen und Handelsorganisationen aufgeteilt. Zwar ist die Pharmaindustrie eine stark vertikal integrierte Industrie mit hoher Fertigungstiefe, jedoch operieren die wesentlichen Teilbereiche oftmals relativ eigenständig nebeneinander. Zum Beispiel verfügt jedes der Teileelemente der Fertigung über eigene Läger. Darüber hinaus sind unterschiedlichste Produkte in den Produktionsbereichen in aller Regel kapazitativ als Multi-Purpose-Produktionen miteinander eng verzahnt.

Diese Konzepte der Pharmaproduktion entstammen einer Zeit, in der der Patient als Kunde so gut wie keine Rolle spielte. Wettbewerb mit anderen Unternehmen fand in der Regel in der Forschung statt, bei der es darum ging, möglichst als erster neue Wirkstoffe aufzufinden. Nachdem die Anlagen in Chemieproduktion und Pharmaproduktion vorhanden waren, ging es hauptsächlich darum, diese auszulasten. Der Druck durch Generika-Hersteller war bei weitem noch nicht in dem heutigen Ausmaß spürbar.

Die immer stärkere Kundenorientierung zwingt allerdings alle Branchen dazu, die Fertigungstiefe auf das für den Kunden gerade notwendige Maß zu reduzieren (Lösung durch Reduktion) oder eben eine völlig neue Kompetenz in Planung und Gestaltung der Supply Chain aufzubauen (Lösung durch Prozess- und Gestaltungskompetenz). Wir wollen deshalb die Grafik im Sinne der Bildung einer Einheit dieser Teilbereiche modifizieren (Abbildung 4.3).

Die Versorgungskette der Pharmaindustrie sehen wir weiterhin dreiteilig, jedoch mit deutlich schwächer ausgeprägten Schnittstellen. Zum einen gelingt dies zwischen Chemieproduktion und Pharmaproduktion durch eine gemeinsame Ausrichtung auf eine schnelle, aufeinander abgestimmte Produktion. In der Automobilindustrie würde man dies eine fließende Produktion nennen, bei der die einzelnen Bereiche beispielsweise mittels des ‚Pull-Prinzips' flussorientiert miteinander verbunden sind. Zum anderen verschmelzen die Interessen späterer Teilschritte der pharmazeutischen Produktion und der Distribution durch das gemeinsame Ziel einer klaren Kundenorientierung. Diese manifestiert sich in einer Ausrichtung der gesamten Supply Chain auf die entsprechenden Kundenanforderungen hinsichtlich benötigter Mengen, dazugehörigem Versorgungstakt und den Qualitätsanforderungen an die Produkte, welche den Herstellrhythmus und damit auch die Bestandshöhe innerhalb der Versorgungskette bestimmen.

Der Bereich Distribution wird nach unserem Modell analog zur Computerindustrie zum Kerngeschäft der Pharmaindustrie werden. Die Pharmaformulierung wird dann zum ersten Supplier, der Bereich der Chemieproduktion zum vorgelagerten Supplier des Unternehmens. Zumindest formal bleibt für die Supply Chain der Zukunft damit eine Teilung in drei Bereiche erhalten:

- Frühe Chemieproduktion vor dem Startmaterial.
- Regulatorisch relevante Stufen der Chemieproduktion und Pharmaformulierung.
- Kundenorientierter Bereich mit Marktkontakt (Drug Product-Supplier/Health Care Supplier-Bereich) – zuständig für Verpackung, Vertrieb und Service.

Für den von uns beschriebenen Prozess ist es dabei unwichtig, ob sich die drei Bereiche in einer Organisation – z. B. unter dem Dach einer AG oder einer Holding – befinden, oder ob es sich um drei tatsächlich getrennte Unternehmen handelt. Dies gilt insbesondere dann, wenn eine enge Abstimmung über integrierende IT-Systeme gewährleistet ist (z. B. IT-basierte ‚Kanban-Systeme'). Bei einer Trennung in eigenständige Unternehmen würde sich sicherlich der bereits schon vorhandene Trend der Pharmaunternehmen zur gegenseitigen Lohnfertigung von Wirkstoffen und Lohnformulierung deutlich verstärken. Hier muss natürlich sichergestellt sein, dass sich alle Teilbereiche nach denselben Arbeitsprinzipien ausrichten. Diese gemeinsame Prinzipienbasis mit klaren Aufgabenzuordnungen und einer funktionierenden Verknüpfung der Einzelbereiche entspräche auch viel mehr den Lean Production-Konzepten der Automobilindustrie im Sinne einer ‚Lean Enterprise'. Wenn man innerhalb der drei Unternehmen eine auf ‚just-in-time'-Versorgung ausgerichtete Vernetzung erreicht, erhält man eine Supply Chain, die auf den Kunden optimal ausgerichtet ist. Das setzt natürlich eine durchgängig wirksam werdende Prozesskompetenz voraus. Unter dem Gesichtspunkt der ‚just-in-time'-Vernetzung würde bei Vorhandensein der erforderlichen Voraussetzungen (stabile Prozesse, durchgängig ausgetaktete und vernetzte Prozesse) auch die Verbindung der drei Teilunternehmen der Prozesskette mit anderen eventuellen Mitbewerbern möglich. So könnte jedes Unternehmen entsprechend dem eigenen optimalen Portfolio Wirkstoffe verkaufen und zukaufen, Formulierungen für andere Unternehmen in Lohnfertigung durchführen bzw. bei anderen durchführen lassen oder ganze Produkte ein- bzw. auslizensieren. Ein Nebeneffekt dieses Prozesses wäre auch, dass der Unterschied zwischen sog. Originalpräparate-Herstellern und den Generika-Herstellern bei Präparaten ohne Patentschutz weitgehend verschwände. Das spiegelt auch die Erwartungen der Pharmaindustrie selbst wieder, die ja unabhängig von unterschiedlichen Detailperspektiven eine Zunahme des Kostendrucks erwartet *[Gutjahr 2000]*.

⚠ Exkurs ‚Health Care Supply'

In einem visionären Modell kann es für Pharmaunternehmen von Interesse sein, Produkte auch von Wettbewerbern in einer „Mehrpräparate-Box" zusammen mit eigenen Produkten zu vertreiben, wenn dies einen besseren Service für den Kunden darstellt. Besonders für Patienten mit chronischen Krankheiten, Allergien oder bei Langzeitanwendung von Arzneimitteln kann sich für beide Seiten daraus ein Vorteil ergeben. Die Kunden profitieren in erster Linie von der Belieferung mit einer für sie persönlich zusammengestellten Box. Für das Unternehmen bedeutet ein auf diese Weise zufriedener Kunde eine feste Bindung an sein Produkt und damit einen Zuwachs an Planungssicherheit in einem ansonsten immer unsicherer werdenden Umfeld. Dies umso mehr, wenn es gelingt, eine durchgängige Versorgung des Patienten mit Medikamenten auch bei Änderung der Medikation aufrecht zu erhalten.

Die Veränderungen führen nach unserer Ansicht für die Wirstoffherstellung und für die Formulierung sowie für den Health Care-Bereich zu drastischen Veränderungen, die am ehesten mit den Bedingungen von Start up-Unternehmen zu vergleichen sind. Hier liegt der Schwerpunkt oft auf der klinischen Entwicklung, während anfangs die Entwicklung von Drug Substance und Drug Product sowie die spätere Marktversorgung und der Vertrieb in dritter Hand liegen. Bei den Herstellungsbereichen sehen wir neben den Änderungen von Abläufen auch Änderungen bei den Technologien.

Die drei Teilbereiche behalten in der Versorgungskette ihre klar definierten Aufgaben. In der Produktion verschiebt sich jedoch der Fokus von der Batch-Produktion zu einer flexiblen, dann quasi-kontinuierlichen bis hin zu einer kontinuierlichen Produktion. Damit können erstmalig die Pendelausschläge zwischen einerseits hohen Bestandsmengen oder andererseits verspäteter Marktversorgung wirksam verhindert werden. In der Realität finden sich diese in

- entweder hohen Beständen, in denen teilweise eine Jahresproduktion des Wirkstoffs als Sicherheitsreserve lagert, oder
- in einer gedrosselten Pharmafertigung, bei der Vertriebsausweitungen (z. B. die Einführung des Produktes in einem neuen Land) nur verzögert möglich sind, um nicht in Lieferengpässe (,out of stock') zu geraten.

Beide Varianten sind in der Pharmaindustrie offenbar gängige Praxis. Teilweise gelangt dies auch in das öffentliche Bewusstsein, wenn beispielsweise flächendeckend benötigte Grippeschutzimpfungen nicht im erforderlichen Umfang zur Verfügung stehen. In den folgenden Kapiteln werden wir für die chemische bzw. für die pharmazeutische Entwicklung und Produktion ein Konzept vorstellen, mit dem sowohl die Entwicklung beschleunigt als auch eine flexible und kostengünstige Produktion ermöglicht wird.

Die letzten Teilschritte der pharmazeutischen Produktion sowie die Distribution werden auf der Basis dieses neuen Produktionskonzeptes die Voraussetzungen für einen völlig veränderten Marktkontakt liefern, bei dem im Idealfall erst nach Eingang der Bestellung produziert wird.

Bei der Erstellung unseres Konzeptes haben wir bewusst die Frage gestellt, inwieweit die technische Machbarkeit für eine solche grundsätzlich andere Vorgehensweise gegeben ist. Unser Geschäftsmodell lässt sich zu einem alternativen Ansatz zusammenfassen, der auf Basis bestehender Technologien einerseits ein neues Produktionskonzepts liefert und andererseits den Marktkontakt eines sehr erfolgreichen Geschäftsmodells aus der Computerindustrie adaptiert.

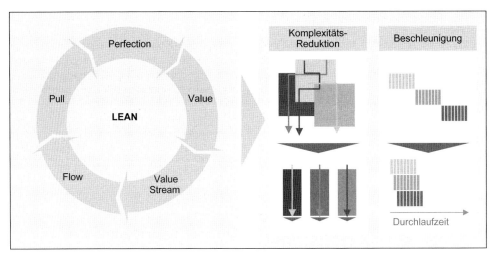

Abbildung 4.4 Gestaltungsprinzipien für die neue Pharma Supply Chain [Quelle: D.T. Jones, J.P. Womack: LEAN Thinking; Simon & Schuster 1996].

4.3   Segmente der Supply Chain

Für die drei Bereiche bzw. ‚drei Unternehmen' der Pharma Supply Chain soll zunächst das neue Konzept grob vorgestellt und dann im Verlauf der nächsten Kapitel im Detail erläutert werden. Wie schon erwähnt, ist der Fokus darauf ausgerichtet, die *Komplexität von Prozessen und Strukturen zu reduzieren* und gleichzeitig eine grundsätzliche *Beschleunigung aller Prozesse* zu ermöglichen. Dies erfordert eine neue Herangehensweise, bei der es sich anbietet, die allgemeinen Lean-Prinzipien der Prozessindustrie als Orientierungshilfe heranzuziehen (Abbildung 4.4).

Produktion von Wirkstoffen

Die Anforderungen zielen auf ein Höchstmaß an Kosteneffizienz, an Fertigungsqualität sowie an Anpassungsgeschwindigkeit bei wechselndem Bedarf ab. Zudem soll der nachfolgende Schritt der Bulk-Produktion immer bedarfsorientiert, d. h. entsprechend Kundentakt, erfolgen.

Selbstverständlich wird bei steigendem Bedarf an Wirkstoffmengen eine gleichbleibende Qualität erwartet und muss auch geliefert werden. Jede Art von Kapazitätsanpassung sollte außerdem zeitnah erfolgen. In der konkreten Ausgestaltung von Wirkstoffproduktion und Formulierung sollten daher konsequent Lean-Prinzipien (Pull, Flow, Takt) umgesetzt werden.

Aus all diesen Forderungen ergibt sich, dass das Pharmaunternehmen der Zukunft auch über hoch standardisiertes und auch ‚dedicated Equipment' verfügen muss. Für den Fall einer Produktionsausweitung folgt, dass die Multiplikation der Produktionsanlage (‚numbering-up') den bisherigen Scale-up-Prozess ersetzen wird. Ein wesentlicher Grund liegt darin, dass nur auf diese Weise eine konstante Qualität und kurze Entwicklungszeiten zu garantieren sind. Verzögerungen würden, wenn sie denn auftreten, eher durch technische

Fehler als durch chemische oder regulatorische Probleme verursacht. Die größte Herausforderung gerade bei der Transformation einer vorhandenen Produktionslandschaft wird in der Frage liegen, inwieweit sich derartige Konzepte (standardisiertes, modulares Equipment) in bestehenden Anlagenkonfigurationen realisieren lassen. Auch auf diese Frage wollen wir im Rahmen der Praxisbeispiele an anderer Stelle eingehen.

Durch diese neue Produktionssystematik wird z. B. die Herstellung von Wirkstoffen von zeitaufwendigen und kostentreibenden Bereitstellungsaktivitäten entlastet. So ist leicht vorstellbar, dass sich um unser Produktionswerk eine Anzahl von Zulieferern etabliert hat. Statt bisher selbst z. B. Extraktionslösungen bereitzustellen, fahren in regelmäßigen Abständen Tanklastzüge mit verschiedenen vorgefertigten Lösungen auf den Hof. Die Bestellung dazu erfolgt online (e-Kanban), wenn in den Bereitstellungstanks ein bestimmtes Niveau unterschritten ist. Im Falle der Versorgung von Tanks mit Flüssigstickstoff ist dies bereits heute Realität. Auch die Standard–Feststoffreagenzien werden separat verwogen und in Spezialbehältern geliefert, die einen schnellen Eintrag in die Produktionsanlagen erlauben. Den Anforderungen der GMP-Regeln wird dabei durch einen Identitätscheck per NIR und eine Gewichtskontrolle durch die Einfülleinrichtung entsprochen. Die Ansetzeiten können so drastisch verkürzt werden.

In diesem Modell der flexiblen Produktion wird analog zu den aktuellen Entwicklungen in der Automobilindustrie ein ausgewogenes Zusammenwirken von Mensch und Maschine (,Autonomation') gefunden werden müssen. Es geht keinesfalls darum, den Menschen aus der Pharmaproduktion der Zukunft zu verbannen.

Wir wollen also von einer ,vernetzten, modularen Pharmafabrik' sprechen. Auch wenn dies zunächst schwer vorstellbar ist, erwarten wir bei den Kosten der Herstellung, dass die Kosten des Wirkstoffs in vielen Fällen sinken oder zumindest nicht höher sein werden. Insbesondere zur Zeit einer Übergabe von der Entwicklung an die Produktion erwarten wir einen besonders großen Anteil des Einsparpotentials in der Chemie. Auch aus der Standardisierung von Equipment und Gebäuden werden entscheidende Beiträge zu Kosteneinsparungen z. B. durch eine Reduktion des Aufwandes beim Engineering erwachsen. Dieser Bereich wird später detailliert betrachtet (Kapitel 6).

Entscheidend werden jedoch die durch diesen Ansatz erzielbaren Zeitgewinne sein, die uns dem Ziel einer dramatischen Verkürzung der Gesamtentwicklungszeiten näherbringen.

Pharmaformulierung

Beispiel Solida-Produktion: Hier werden ein oder mehrere Granulate in eine Vielzahl von Produkten überführt (Tabletten unterschiedlicher Konzentrationen, Blister, Verpackungsgrößen, länderspezifische Aufmachungen). In unserem Konzept entspricht das Granulat am ehesten der Funktion der Plattformtechnologie in der Automobilindustrie. Denkbar wäre, dass ausgehend von einem einzigen Granulat verschiedene Tablettenkonzentrationen hergestellt werden, was der Idee der Plattform sehr nahe käme. Unserer Idealvorstellung folgend würden die Roh- und Hilfstoffe bedarfsorientiert beschafft und taktorientiert formuliert. In der Prozessindustrie würde man dabei von einer Fertigung in Tageslosen sprechen. Die typische Durchlaufzeit soll bei wenigen Tagen liegen. Es wird nach dem Prinzip der ,just-in-time'-Fertigung mit ,dedicated Equipment' gearbeitet. Es kann redundantes Equipment vorgehalten werden, falls die gewünschte Zeitachse für das Reagieren auf Marktveränderungen sehr kurz sein muss (modularer Ansatz). Zusätzlich muss auch Engpass-orientiert gearbeitet werden, was wiederum einen größeren Park an Equipment voraussetzt. Damit ergibt sich automatisch, dass Bestände in der ,pseudo-kontinuierlichen' oder auch kontinuierlichen Supply Chain auf der Stufe des Wirkstoffs liegen müssen. Die Bestandshöhe hängt davon ab, wie gut Chemie- und Pharmaproduktion miteinander vernetzt sind und wie es um die Reaktionsfähigkeit der Chemie bestellt ist. Der Formulierer erhält seine Aufträge vom Health Care Supplier.

In einigen Spezialbereichen – wie beispielsweise ‚tissue engineering' – wird es u. U. eine Fertigung (Formulierung) und Applikation in direktem Patientenkontakt geben müssen. Dies lässt völlig neue Herausforderungen an die Fertigung und Qualitätssicherung innerhalb der Prozesse entstehen; von klinischen Entwicklungsaspekten, wenn es über den Bereich Züchtung von Haut in den Bereich Organentwicklung geht, ganz zu schweigen.

4.4 Marktkontakt

Langfristig ist zu erwarten, dass die derzeit noch gültigen Wettbewerbsbeschränkungen für Humanarzneimittel innerhalb der EU fallen werden, wie dies bereits vor mehr als einem Jahrzent in den Vereinigten Staaten geschehen ist. Parallel hierzu wird der Begriff ‚Kundenpflege' (Customer Relationship Management) für die Pharmaindustrie selbstverständlich werden, dabei über den Arzt hinausgehen und den Patienten in den Blickpunkt rücken. Die im Vergleich zu anderen Industrien noch bestehenden Lücken werden in naher Zukunft geschlossen werden *[Alt et al. 2003]*. Dabei wird das Internet für die Patientenkommunikation eine zunehmend wichtige Rolle spielen. Es gibt bereits erste Beispiele für chronische Erkrankungen, die eine intensive Mitarbeit des Patienten erfordern wie der Multiplen Sklerose, wo Internet-Portale für spezifische Patienteninformationen eingerichtet werden und die es auszuweiten gilt. Das Aufkommen von Versandapotheken und die Zulassung der Verschickung selbst rezeptpflichtiger Arzneimittel per Post in Deutschland – wenn auch unter Auflagen – zeugt von der Dynamik, die in diesem Bereich stattfindet.

Die Kunden werden zwar unterschiedliche Anforderungen an die Prozesskette und deren Sicherheit stellen; es ist jedoch sicher, dass sich an der Schnittstelle zwischen Kunden und Markt deutliche Veränderungen hin zu höherem Kundennutzen einstellen müssen. Das Argument allein, ein beratungsbedürftiges Produkt zu vertreiben, wird den Apotheker nicht vor dem Wettbewerb bewahren. Bevor wir uns auf die Ebene der technischen Machbarkeit begeben, möchten wir nachfolgend eine Vision aus der Sicht des Kunden/Patienten entwerfen.

Kundenservice in der Zukunft

Wir erwarten, dass das Pharmaunternehmen der Zukunft neben dem Arzneimittel auch weitere Dienstleistungen zur Verfügung stellen wird. Dazu gehören neben der Beratung auch die Bereitstellung von Informationen oder z. B. die Beschaffung von Hilfsmitteln. Am fortgeschrittensten ist dies bislang auf dem Gebiet chronischer Erkrankungen wie beispielsweise der Multiplen Sklerose zu erkennen, wo ein individuelles Versorgungspaket – bestehend aus Informationen und Medikamenten – ‚geschnürt' wird und auch diverse Internet-Plattformen zur eigenständigen Information für den Patienten vorhanden sind. Aber selbst bei den Alltagserkrankungen ist ähnliches zu erwarten, insbesondere dass dem Patienten Versorgungskonzepte angeboten werden, die auf seine individuelle Lebenssituation zugeschnitten sind und aus denen er das für ihn Wünschenswerte oder Erforderliche wählen kann.

Exkurs ‚Akutversorgung'

Gehen wir einmal davon aus, dass ein Patient mit einer Grippe und Fieber zum Arzt kommt. Derzeit wird der Arzt dem Kranken ein Rezept überreichen und den bereits gegen eine Virusinfektion kämpfenden Patienten auf den Weg zur Apotheke schicken. Der gleiche Arzt wird künftig den Patienten nach seiner Handy-Nr. fragen und ihn nach Hause schicken. Der Apothekenservice erhält den Auftrag des Arztes in elektronischer Form. Gegebenenfalls ermittelt der Dienstleister den Aufenthaltsort des Patienten anhand einer Handy-Ortung, wenn dieser damit einverstanden ist.

Zu dem Auftrag kann nun weit mehr gehören als nur die Auslieferung eines Arzneimittels. Wenn der Arzt sich mit dem Patienten darauf verständigt hat, kann die Apotheke dem Kranken zusätzlich einen Kasten Mineralwasser mitbringen lassen. Im Falle von Heilwässern ist dies bereits heute üblich. Vom Arzt bekommt er gleich ein Online-Übertragungsgerät zur Übermittlung von Bio-Daten ausgehändigt. Der Patient kann sich problemlos über einen Fingerabdruck oder ähnliches identifizieren. Krankenkassen bieten teilweise heute schon einen übergeordneten Health Care Service an, der Patient, Arzt, Apotheke und Pflegedienste zusammenbringt und auch kurzfristig benötigte Hilfsmittel, wie z. B. Rollatoren, organisiert. Hier könnten zunehmend Präventionsaspekte im Sinne einer umfassenden, vorbeugenden Gesundheitsvorsorge eingebaut werden, wie sie bereits im Bereich Zahnerhaltung praktiziert werden. Die wird mittels attraktiver Anreizeffekte gefördert (Boni für Arzt und Patient). Für den Arzt ergibt sich eine gute Gelegenheit zur Bindung an seine Patienten. Für die Krankenkassen kann ein Anreiz geschaffen werden, Behandlungskosten durch eine zielgerichtete Betreuung und Therapie sowie durch einen Einstieg in die Prävention zu minimieren. Für den Apotheker bietet der Bereich Life-Style neue Betätigungsfelder.

Gerade in Europa wird der Patient der Zukunft in weitaus größerem Umfang als bisher üblich zu seinem eigenen Gesundheitsmanager werden müssen, der sowohl Präventionsmaßnahmen als auch Umfang der Versorgungsleistungen bei der Behandlung aktueller Erkrankungen in Form eines für ihn stimmigen Gesamtpaketes managen muss. Hier spielen nicht nur finanzielle Aspekte, sondern auch individuelle Ansprüche, die sich aus den Risiken der eigenen Lebenssituation (Familie, Beruf, Freizeit) ergeben, eine maßgebliche Rolle.

Im Gleichklang mit der steigenden Eigenverantwortung werden auch die Erwartungen an alle Vertreter innerhalb der Supply Chain hinsichtlich der Unterstützung bei Prävention und Behandlung steigen. Wie hoch die Anforderungen an das Thema Compliance in der Arzneimitteltherapie sind, zeigen Schätzungen aus dem Jahr 2008, nach denen ca. 65 Millionen Menschen in den Vereinigten Staaten an Bluthochdruck leiden (Tendenz wahrscheinlich steigend), von denen sich jedoch nur die Hälfte an die vorgeschriebenen Therapieregimen hält.

 Exkurs ‚Life-Cycle-Konzept'

Arzt und Pharmaunternehmen verfügen über eine kontinuierlich wachsende Datenbank an Patienteninformationen, die an jedem Ort der Welt zugänglich ist. Der Patient bekommt bislang sein Medikament stets nur auf Anforderung. In Zukunft wissen Arzt und Pharmaunternehmen, wann und – wenn der Kunde das will – auch wo der Patient seine nächste Arzneimittellieferung benötigt. Die Vorteile derartig langfristiger Beziehungen können noch erheblich weiter gehen. Um derzeit bei den Dosierungen ‚auf der sicheren Seite zu sein', bedeutet dies in aller Regel eine unnötig höhere Dosierung. Künftig wird die Datenbank es dem Betreuungsteam aus Arzt und Pharmaunternehmen ermöglichen, immer möglichst nahe an der Grenze der minimalen Belastung für den Patienten zu operieren. Damit sind wir bei der ‚individuellen Medizin'. Zusätzliche Serviceleistungen lassen sich relativ einfach realisieren. Bei Patienten, deren Arzneimitteldosierung z. B. vom Klima abhängig ist, könnte anlässlich einer Urlaubsreise eine höhere Dosierung per Handy mitgeteilt werden. Da das Medikament hierbei schneller verbraucht ist, wird automatisch nachgeliefert. In der Stadt geschieht dies durch den Fahrrad-Kurier, in ländlichen Regionen über Zustellerdienste. Dies erlaubt es auch, die Sicherheit in der Lieferkette einzuhalten und z. B. Temperaturanforderungen während des Transports zu erfüllen

Für den Patienten ergeben sich verschiedene Optionen, von der zunehmenden Planungssicherheit des Herstellers zu profitieren. Ein konkretes Beispiel für eine Verbesserung der Patientenbindung kann man sich bereits heute bei Langzeitanwendungen wie den oralen Kontrazeptiva vorstellen: Hier werden bereits heute modische Accessoires (Behältnisse) eingesetzt.

Daneben erfolgt die Überwachung der individuellen Vorsorgestrategie des Patienten durch den Arzt, in die aktuelle Untersuchungsergebnisse kontinuierlich einfließen und in deren Folge der Patient Online-Aufforderungen zu regelmäßigen Check-ups sowie aktuelle Empfehlungen erhält. Die im Rahmen der Prävention wichtigen Daten wie Puls, Blutdruck oder Blutzuckerwerte werden durch den Patienten erhoben, online an den Arzt übermittelt und gleichzeitig zu Visualisierungszwecken für den Patienten aufbereitet, sodass er jederzeit über seinen aktuellen Gesundheitszustand informiert ist. Bestimmte Werte wie z. B. Blutdruck können auch automatisch überwacht und an Arzt, Health Care Provider oder Pflegedienst übermittelt werden und erlauben somit, den Patienten telefonisch zu kontaktieren, sobald seine Werte aus den vorgesehenen Bereichen hinauslaufen.

‚Managed Care' wird sich also für alle Marktteilnehmer auszahlen. Nur derjenige, der die Prävention vernachlässigt, wird – wie auch ein Spätbucher bei einem Linienflug – weiterhin den vollen Preis zahlen. Die anderen Kundengruppen, die den Hersteller durch konstante Verträge Planungssicherheit geben, werden dafür einen Vorteil erhalten müssen. Dabei sind die bekannten Bonus-Systeme denkbar, die von besserem Service über Preisnachlässe bis hin zu speziellen Bonus-Packages wie einer passenden Körperpflege zur Therapie o. ä. gehen. Hier schafft der Gesetzgeber Realitäten (Hausarzt-Modell in Deutschland).

Für einen derartigen Marktkontakt könnte man sicherlich auch mit der derzeitigen Produktionstechnologie, einem aktuellen Logistiksystem und der momentanen Lagerhaltung arbeiten. Allerdings nur unter der Voraussetzung, dass angesichts langer Durchlaufzeiten entsprechend hohe Bestände in der gesamten Kette vorhanden sind. Denn nur diese ermöglichen es, die gewünschte Flexibilität in Bezug auf die Marktversorgung zu gewährleisten. Wir sehen daher die Notwendigkeit (und auch die Möglichkeit), nicht nur die Kommunikation zwischen Unternehmen-Arzt-Patient zu verändern, sondern die gesamte Kette aus Entwicklung, Produktion und Vertrieb auf das gleiche Niveau der Flexibilität zu heben.

In den folgenden Kapiteln wird diese Vision mit Blick auf eine technische Umsetzung für die Bereiche Wirkstoff-, Bulkproduktion, Analytik und Biotechnologie näher erläutert. Dabei werden wir auf der Detailebene aufzeigen, dass schon heute Technologien zur Verfügung stehen, um einen solchen Ansatz zu realisieren. Die durchzuführenden Maßnahmen bestehen aus:

- einem Reenginering des Entwicklungsprozesses (unternehmensintern),
- einem Reenginering des Produktionsprozesses (intern) und
- der Erstellung einer neuen Supply Chain (Logistiknetzwerk intern und extern).

Für denjenigen Leser, für den die fachlichen Daten zur Neugestaltung der internen Prozesse zunächst nicht bedeutsam sind, bietet sich ein Sprung zu Kapitel 14 an. Dort wird das Bild eines Pharmaunternehmens nach dem Veränderungsprozess aus Reenginering, Supply Chain-Optimierung und Neuausrichtung auf den Kunden aufgezeigt.

4.5 Mindset

Die Anforderungen, die sich auf Basis unserer Vision an die Mitarbeiter und das Management des Pharmaunternehmens ergeben, lassen sich folgendermaßen darstellen:

(1) Von der Technikorientierung zur durchgehenden Kundenorientierung

Das Ausmaß der Veränderung ist anschaulich einem Zitat zu entnehmen, das Marketing als „die ganzheitliche Ausrichtung (...) eines Unternehmens auf den Markt" beschreibt *[Düssel 2006]*. Für das Pharmaunternehmen der Zukunft wird naturwissenschaftliche und technische Kompetenz natürlich weiterhin eine hohe Bedeutung haben. Trotzdem wird es auf der Ebene des einzelnen Mitarbeiters verstärkt darum gehen, seine (internen/externen) Kunden und deren Bedürfnisse zu kennen und diese tagtäglich zu befriedigen. Die erwartete Transparenz innerhalb des Marktes wird es in Zukunft den Patienten leichter machen, sich über die Qualität der angebotenen Produkte und Leistungen ein eigenes Urteil zu bilden und somit qualifizierte Entscheidungen zu treffen. Die Stärke erfolgreicher Unternehmen in der Automobilindustrie macht es aus, dass sie eine hohe Effizienz und Effektivität innerhalb ihrer Supply Chain-Prozesse sowie eine hohe Erfolgsrate ihrer Entwicklungsprojekte durch eine konsequente Ausrichtung des gesamten Unternehmens auf den Kundennutzen erzielen. Dies sollte auch für die Pharmaindustrie möglich sein. Damit wird natürlich nicht die grundsätzliche Wissenschaftsorientierung in Frage gestellt, sondern eine entsprechende Erweiterung der Perspektive befürwortet.

(2) Von der Funktion zum Prozess

Das Denken in durchgängigen Prozessketten (‚Wertströmen') mit ihrer Ausrichtung auf den (internen/externen) Kunden ersetzt das vorherrschende Denken in Funktionen und deren Einzeloptimierung. Die notwendige Flexibilität und kontinuierliche Anpassung an Veränderungen ist nur dann möglich, wenn jenseits der bisherigen funktionalen Orientierung an den Teilbereichen Produktion (Chemie, Pharma) und Distribution in Prozessketten gedacht und ein Management etabliert wird, das die Gesamtverantwortung für einen von der Produktion bis zum Patienten durchlaufenden Prozess übernimmt und in der Lage ist, die hierfür notwendig werdenden Veränderungen hinsichtlich Einstellung und Verhalten auf allen Unternehmensebenen herbeizuführen.

(3) Denken in Qualität

Die Qualität des pharmazeutischen Produkts wird künftig einen noch höheren Stellenwert als Differenzierungskriterium haben. Eine 100%-Produktqualität im regulatorischen Sinne (jede Verunreinigung < 0,05 %) wird die Erstellung von Zulassungsunterlagen entscheidend beschleunigen, da wesentliche Entwicklungsaufgaben in Chemie, Pharmazie und Analytik, die mit der Aufklärung und Nachverfolgung von Verunreinigungen befasst sind (‚impurity tracking'), sowie deren Abbildung in regulatorisch relevanten

Berichten entfallen werden. Die Geschwindigkeit in der Erstellung und die Qualität von Zulassungsdokumenten werden hierdurch steigen, was sich positiv auf die Erfolgsrate von Zulassungsanträgen auswirken wird. Zudem sollten derartige Zulassungsanträge schneller durch die Behörden zu bearbeiten sein. Im generischen Wettbewerb oder auch als Life Cycle Management-Ansatz bietet eine Fokussierung auf 100%-Produktqualität die Chance, wichtige Hürden für Wettbewerber zu errichten; zumal wenn es gelingt, eine derartige Qualität in den Pharmakopöen zu verankern.

Eine hohe Produktqualität wird allerdings erst durch eine hohe Prozessqualität ermöglicht, bei der die Produkte in standardisierten und wohl verstandenen Prozessen hergestellt werden. Dieser Aspekt eines ‚right-first-time' und eines Erzeugens von Qualität durch den Prozess anstele des Hineinprüfens von Qualität in das Produkt sind in besonderem Maße mit den Erwartungen von Zulassungs- und Kontrollbehörden vereinbar. Gerade hier kann das Methodenarsenal der Lean Production in Kombination mit der Six-Sigma-Philosophie im Alltag entscheidende Verbesserungsbeiträge leisten. Wichtig ist jedoch, dies nicht nur im Sinne einer kontinuierlichen Beseitigung von Fehlern zu verstehen, sondern ein ‚right-first-time' gerade als die richtige Auslegung eines Prozesses bereits in der Entwicklung verbunden mit einem auf den individuellen Prozess optimal angepasstem Equipment aufzufassen. Von anderen Industriezweigen lernen heißt hier auch, leistungsfähige Werkzeuge wie z. B. ein Design für Six-Sigma-Ansatz (DFSS) in der Pharmaentwicklung zu etablieren.

(4) Zeitorientierung als Handlungsmaxime

Gerade weil es in der Pharmaindustrie aufgrund der langen Entwicklungszeiten von bis zu 14 Jahren völlig unstrittig ist, dass der Entwicklungszeit (‚time to market') eine entscheidende Bedeutung zukommt, ist umso überraschender, dass eine generelle Zeitorientierung als Handlungsmaxime in den Unternehmen kaum gelebt wird. Die Unternehmenskultur des Pharmaunternehmens der Zukunft muss sich – neben dem Denken in Qualität, welches keine Kompromisse duldet – an der ‚Zeit' als Kriterium ausrichten und die bisherige Orientierung an Funktionen und Budgets überwinden. Mitarbeiter und Management haben die Aufgabe, an einer kontinuierlichen Verkürzung der auf die Kunden zugeschnittenen Prozesse (Produktfamilien, Wertströme) zu arbeiten. In der Gedankenwelt des Lean Management manifestiert sich dies in der Überzeugung, dass eine unternehmensweite und konsequente Ausrichtung auf Qualität und Zeit automatisch auch zu einer Steigerung von Effizienz und Effektivität führen wird, da in einem solchen System ‚Verschwendungen' konsequent bekämpft und Verluste reduziert werden. Das muss bereits in der Entwicklung beginnen, denn nur so wird es möglich sein, neben der ‚time to customer' auch die ‚time to market' zu verkürzen.

In der hiermit aufgezeigten Neuausrichtung der Unternehmenskultur (‚neuer Mindset') liegt die eigentliche Herausforderung.

Die Umsetzung

Es gibt nichts Gutes, außer man tut es.

Erich Kästner

5. Veränderungen im Produktionsprozess

Nachfolgend soll zunächst schrittweise ein neues Bild von der Entwicklung und Fertigung eines Pharmaproduktes gezeichnet werden, bevor ein Vergleich zwischen alter und neuer Supply Chain vorgenommen wird. Um das Konzept verständlich und nachvollziehbar zu machen, werden wir ein fiktives Produkt einführen, das wir entwickeln wollen und schließlich produzieren sowie vertreiben werden. Unser Produkt soll dabei den Vergleich der bisherigen Multi-Purpose-Prozesse mit den von uns verfolgten alternativen Prozessketten einer modularen Produktion und der vorgelagerten Entwicklung veranschaulichen.

Manchem mag dabei der eine oder andere Aspekt dieser neuen Prozesskette nicht unbekannt vorkommen. Wir machen deshalb ausdrücklich darauf aufmerksam, dass erst die Zusammenstellung zu einem Gesamtbild für Entwicklung und Produktion sowie ein Einbau in die Supply Chain den radikalen Wechsel ermöglichen. Das gilt insbesondere vor dem Hintergrund, dass zwar einzelne Probleme auch auf andere Weise sinnvoll angegangen werden können, sich aber oftmals nicht in die alternative Gesamtbetrachtung der Pharma Supply Chain einpassen lassen.

Die Modellsubstanz soll über eine chemische Synthese erhalten werden. Die chemische Synthese stellt noch immer den typischen Weg zur Gewinnung von Wirkstoffen dar. Wir haben einerseits den Eindruck, dass sich dies nicht kurzfristig ändern wird. Andererseits aber würde z.B. eine biotechnologische Herstellung von Wirkstoffen noch viel stärker von unserem Konzept profitieren, da oft durch den Herstellprozess das Verunreinigungsprofil und damit die Qualität der Wirksubstanz festgelegt werden. Eine Multiplizierung (‚numbering up') von Anlagen stellt hier teilweise den einzig realisierbaren Weg zur Marktzulassung des Wirkstoffs dar. Wir sind somit der Ansicht, den ‚worst case' mit dem Beispiel der Chemieproduktion angenommen zu haben. Wenn unser Vorschlag somit bei diesem Beispiel sinnvoll ist, dann wird eine Zunahme von z.B. biotechnologischen Produktionselementen unser Konzept weiter begünstigen. Für unsere Modellsubstanz haben wir eine Reihe von Vereinfachungen vorgenommen:

(1) Unser Wirkstoff wird in einer 10stufigen Synthese erhalten und soll – als Ausgangspunkt unseres Beispiels – gerade von der Forschung an die Entwicklung übergeben worden sein. Die Forscher haben bisher nur ca. 25 g Substanz hergestellt. Bei jeder chemischen Stufe ist eine Ausbeute von 80 % erhalten worden.

(2) Alle chemischen Umsetzungen sollen nach anschließender Reinigung zu 100%iger Reinheit der jeweiligen Zwischenstufe bzw. des Endproduktes führen.

(3) In der Entwicklung sollen ca. 100 kg Substanz benötigt werden, wobei die frühe Entwicklung zeitkritisch ist. In dieser Phase werden für Formulierungsversuche und toxikologische Untersuchungen insgesamt ca. 15 kg benötigt. Der spätere Marktbedarf soll mit ca. 500 kg Wirkstoff pro Jahr angenommen werden (geschätzter Marktbedarf für die ersten drei Jahre nach Markteinführung).

(4) Die Ausbeute der einzelnen Stufen verbessert sich im Verlauf der Entwicklung mit jedem gleichartigen Ansatz der Entwicklung bis auf einen Maximalwert von 90 % Ausbeute pro Stufe. Die Anfangssteigung der Lernkurve für die ersten fünf Wiederholungen soll zu einer 2%igen Verbesserung der Ausbeute pro Wiederholung eines Schrittes führen. Die Verbesserung zwischen der 5. und 10. Wiederholung soll noch 1 % betragen. Danach findet keine weitere Verbesserung mehr statt, dafür verbessert sich jedoch die Reproduzierbarkeit der Ergebnisse kontinuierlich. Bei jedem Scale-up wird bei der erstmaligen Durchführung im neuen Equipment die Ausbeute um 10 % schlechter. Danach setzt die übliche Lernkurve wieder ein.

(5) Für den alten Prozess stehen unterschiedliche Rührwerke in begrenzter Anzahl zur Verfügung. Beim neuen Prozess werden Standardrührwerke in den Dimensionen 100 l, 250 l und 1 200 l in unbegrenzter Anzahl zur Verfügung gestellt.

(6) Jede chemische Reaktion soll max. 3 Tage dauern. Alle chemischen Reaktionen sollen in 5facher Menge Lösemittel stattfinden.

(7) Das Fertigprodukt entsteht aus der pharmazeutischen Formulierung als eine 10 % wässrige Lösung unter Verwendung von 2 Hilfsstoffen. Die Formulierung soll in 2 Tagen erfolgen. Für die pharmazeutische Formulierung gilt analog, dass man bei jedem Wechsel des Equipments 10 % der Ausbeute verliert. Als Anfangsausbeute sollen 90 % angenommen werden. Die Verbesserungen durch die Wiederholung betragen für die ersten 5 Wiederholungen nur je 1 % und ab dann je 0,5 % für die nächsten 5 Wiederholungen.

(8) Für die Reinigung der chemischen und pharmazeutischen Anlagen in der Entwicklung werden 2 Tage bzw. 1 Woche angesetzt. Dedizierte Anlagen in der Produktion werden zwischen den Ansätzen nicht gereinigt. Hier erfolgt lediglich eine Reinigung nach 6 Monaten.

(9) Die Analytik von Zwischenstufen soll entweder in-line/on-line erfolgen oder bei isolierten Zwischenstufen nach höchstens 2 Tagen abgeschlossen sein. Für die Prüfung der Endstufe (inkl. mikrobiologische Freigabe) werden 3 Wochen angesetzt. Die Zwischenproduktprüfung in der Formulierung soll entweder im Labor 2 Tage in Anspruch nehmen oder alternativ online durchgeführt werden.

5.1 Modulare statt Multi-Purpose-Produktion

Ausgangspunkt unserer Überlegung ist die Etablierung einer Fertigung auf Bestellung (‚make to order'). Wir gehen also davon aus, dass wir die Rohmaterialien auf einer ausreichend kurzen Zeitachse beschaffen können, sodass Bestellung und Produktion erst gestartet werden, wenn ein Auftrag vorliegt. In allen Fällen, wo die Beschaffung zeitlimitierend ist, muss ein Bestand an Rohmaterialien vorgehalten werden (‚assemble to order'). Einerseits bedeutet dies, sich großen Herausforderungen an Geschwindigkeit und Flexibilität des Systems zu stellen. Denn eigentlich spricht bereits die Zeitdauer von chemischen Prozessen und die Komplexität der Synthese gegen eine Fertigung auf Bestellung und befürwortet eher eine Lagerhaltung (‚make to stock'). Andererseits ist eine Fertigung auf Bestellung aber auch das Modell, das bei erfolgreicher Realisierung höchste Planungssicherheit ermöglicht. Da die Liefertreue aus Kundensicht (‚on time in full') im Wesentlichen von der Planungssicherheit abhängt, bietet dieses Modell die besten Chancen für die Zukunft.

Die Herausforderung, eine Fertigung so schnell und dabei gleichzeitig so effizient wie möglich zu gestalten, lässt sich wiederum nur durch eine an Lean Production-Prinzipien orientierte Herstellung mit ihrer ‚just in time'-Fertigung erzielen. Es ist aber immer noch Gegen-

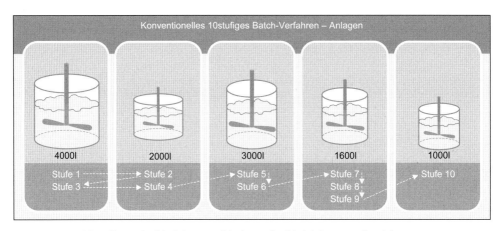

Abbildung 5.1 Verteilung der Verfahren auf Anlagen im Multi-Purpose-Betrieb.

stand zahlreicher Diskussionen, ob und wenn ja, in welchem Ausmaß eine ‚just in time'-Philosophie auf die Herstellung von Pharmazeutika übertragbar und dort ökonomisch sinnvoll anwendbar ist. Die verhaltene Adaption von Lean Production-Ansätzen rührt einerseits daher, dass es in der Pharmawelt Fragestellungen wie Ansatzgröße und den Zusammenhang mit Scale-up-Effekten zu lösen gilt, die es in dieser Form in der Teilefertigung nicht gibt. Zudem erfordert der Transfer von Fertigungsprinzipien wie beispielsweise eine Fertigung entsprechend ‚Single piece flow' pharmaspezifische Lösungen, die sich in einer Multi-Purpose-Produktion nicht unmittelbar erschließen. Hierbei sind vielfältige regulatorische Randbedingungen zu beachten, die ein abgestimmtes regulatorisches Changemanagement erfordern. Insbesondere bei der Herstellung von Wirkstoffen ergibt sich auf den ersten Blick kein ökonomischer Vorteil, da aufgrund des relativ geringen Mengenbedarfs an Wirkstoff auch komplexere Synthesen durch wenige Ansätze in großen Anlagen abgedeckt werden können. Dies führt dann in der Praxis normalerweise zu einer kampagnenbezogenen Produktion im Batch-Verfahren. Dabei wird eine Produktionsanlage jedes Jahr für 20 bis 50 verschiedene Produkte verwendet (Multi-Purpose-Anlage) und muss außerdem den besonderen Anforderungen all dieser und denen künftiger Produkte gewachsen sein. Es wird also bewusst ein Kompromiss zwischen Flexibilität und Spezifität geschlossen, da die Anlage aufgrund des vielfältigen Anforderungsspektrums zwangsläufig für keines der Produkte bzw. für keinen der Produktionsprozesse optimal ausgelegt ist (Abbildung 5.1).

Im Gegensatz dazu werden in der Chemieindustrie großtechnische Prozesse für einzelne Syntheseschritte als kontinuierliche Produktion in dediziertem Equipment gestaltet. Wir haben die Dauer von chemischen Prozessen und die Komplexität als wesentliche Argumente gegen eine Fertigung auf Bestellung aufgeführt. Deshalb wollen wir bei der Modifizierung des bisherigen Ansatzes zunächst eine Beschleunigung der Fertigung bei gleichzeitiger Reduzierung der Komplexität in den Vordergrund stellen.

Alternative Vorgehensweise bei der Durchlaufzeit

Unser Konzept will eine Alternative zu der bisherigen Vorgehensweise im Kampagnen/Batch-Verfahren aufzeigen. Wir möchten prüfen, ob eine signifikante Verkürzung der Durchlaufzeit (Zeit, die ein Molekül benötigt, um den gesamten Transformationsprozess

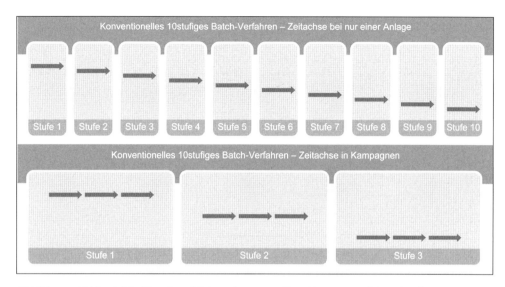

Abbildung 5.2 Vergleich Einzelbatchfahrweise gegenüber Kampagnenfahrweise (→ entspricht 3 Tagen).

vom Rohstoff zum Endprodukt zu durchlaufen) und der Resonanzzeit (Zeitbedarf, um einen Substanzabfluss wieder auszugleichen) prinzipiell erreicht werden kann. Unter der Annahme einer Kampagne mit durchschnittlich einem Ansatz pro Stufe ('Single batch flow') und jeweils 3 Tagen Bearbeitungszeit pro Stufe werden in unserem Modellprozess bei nur einer Anlage insgesamt 30 Tage Durchlaufzeit (10 Stufen à 3 Tage Bearbeitungszeit) benötigt (Abbildung 5.2).

Dies stellt gewissermaßen den Idealfall dar, da jede Stufe hintereinander produziert wird: auf Stufe 1 folgt unmittelbar Stufe 2, dann Stufe 3 etc. Die Realität in der Produktion sieht jedoch anders aus, da ökonomische Prinzipien wie Skalengrößeneffekte ('economies of scale') die Produktionsstrategie treiben. Man könnte auch sagen 'big is beautiful'. Dieses Denken führt in der Regel dazu, dass in Kampagnenfahrweise mehrere Ansätze einer Stufe hintereinandergefahren werden, bevor die Folgestufe gestartet wird: z. B. 5 Ansätze Stufe 1, 5 Ansätze Stufe 2 usw. Dadurch entstehen bei gleicher Bearbeitungszeit von 3 Tagen pro Stufe beträchtliche Verschiebungen bei der Gesamtdurchlaufzeit (5 x 3 x 10 = 150 Tage) im Vergleich zum geschilderten Idealfall von 30 Tagen.

Der Abbildung 5.2 liegt die Annahme einer aus drei Chargen bestehenden Kampagne zugrunde, was folgende Konsequenzen hat:

(1) Zwei Drittel der Substanz müssen liegen bleiben, das erste Drittel für 6 Tage und das zweite Drittel für 3 Tage. Im Falle unseres Beispiels einer Kampagnenfahrweise erhöht sich deshalb die Durchlaufzeit auf 90 Tage. Dies ist mit einem größeren (x 3) Bestand verbunden, der eingelagert werden muss.

(2) Die Zwischenlagerung stellt in vielen Fällen zusätzliche Anforderungen an die Behandlung der Substanz, da erst diese Lagerung in vielen Fällen das Entfernen von Lösungsmittelresten erforderlich macht, um Abbaureaktionen, die zu einer verschlechterten Qualität führen, während der Lagerung zu vermeiden. Die dafür notwendige Zeit veranschlagen wir pro Ansatz mit mindestens einem Tag. Darüber hinaus ist bei der Verwen-

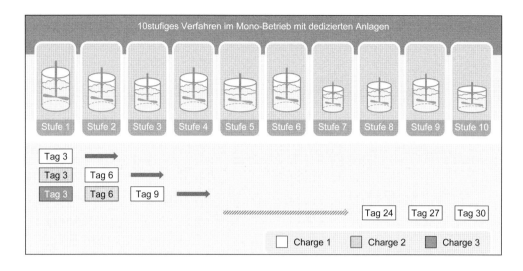

Abbildung 5.3 10stufiges Verfahren in einer dedizierten Produktionsanlage (10 Anlagen).

dung von ‚nicht dedizierten'-Anlagen, wie es für die kampagnenorientierte Vorgehens-weise gilt, ein deutlich höherer Reinigungsaufwand beim Wechsel der Synthesestufen einzuplanen. Für den erhöhten Reinigungsaufwand nehmen wir nach den 3 Ansätzen einer Stufe weitere 2 Tage in Anspruch.

(3) Das macht in Summe für die 10stufige Synthese eine Durchlaufzeit von 118 Tagen (90 Tage + 10 Tage für Trocknung + 18 Tage für Reinigungen).

Unter der Voraussetzung, dass alle Schritte einer 10stufigen chemischen Wirkstoffsynthese gleichzeitig durchgeführt werden sollen, können alternativ auch 10 Ansätze in entsprechend vielen dedizierten Teilanlagen ablaufen und damit synchronisiert durchgeführt werden (Abbildung 5.3). Auf der Zeitachse entstehen dann folgende Effekte:

Der erste Ansatz würde eine Durchlaufzeit von 10 x 3 = 30 Tagen benötigen, während an jedem dritten Folgetag eine weitere Charge produziert werden könnte. Analog der Darstellung in Abbildung 5.2, bei dem 3 Wirkstoffchargen zu produzieren wären, kämen wir aufgrund der Parallelisierung der Fertigung auf eine Gesamtdurchlaufzeit von 30 + 3 + 3 = 36 Tagen für alle 3 Chargen mit jeweils 10 Syntheseschritten. Dabei ändert sich zunächst jedoch nicht die Durchlaufzeit des einzelnen Substanzmoleküls, das in beiden Fällen jeweils 30 Tage benötigt. Berücksichtigt man diese Veränderungen in einem synchronisierten Verfahren in 10 ‚dedicated' Anlagen, so ergibt sich eine Durchlaufzeit von 31 Tagen pro Charge (30 Tage + 1 Tag Trocknung). Reinigungsaufwände, die über ein Nachspülen der Reaktoren hinausgehen, fallen zwischen den Ansätzen nicht an. Bei einem solchen Vergleich stehen also mit Blick auf die Durchlaufzeit 31 Tage für eine synchronisierte Fertigung 118 Tagen der konventionellen Vorgehensweise gegenüber (Abbildung 5.4). Deutlich erkennbar ist die Kontinuität des Prozesses. Nach 30 + 1 Tag wird in diesem Modell alle drei Tage eine neue Produktcharge erzeugt (‚Single Batch Flow').

Ein weiteres Problem der Substanzbereitstellung liegt in dem Mangel an Flexibilität bezüglich wechselnder Mengenanforderungen. Die absoluten Wirkstoffmengen schwanken

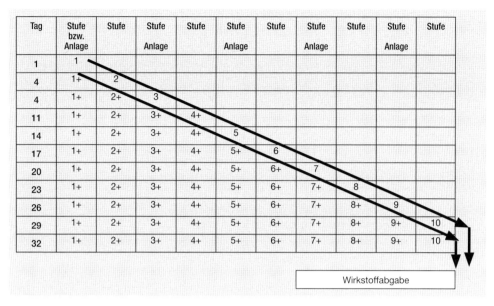

Tag	Stufe bzw. Anlage	Stufe	Stufe Anlage	Stufe	Stufe Anlage	Stufe	Stufe Anlage	Stufe	Stufe Anlage	Stufe
1	1									
4	1+	2								
4	1+	2+	3							
11	1+	2+	3+	4						
14	1+	2+	3+	4+	5					
17	1+	2+	3+	4+	5+	6				
20	1+	2+	3+	4+	5+	6+	7			
23	1+	2+	3+	4+	5+	6+	7+	8		
26	1+	2+	3+	4+	5+	6+	7+	8+	9	
29	1+	2+	3+	4+	5+	6+	7+	8+	9+	10
32	1+	2+	3+	4+	5+	6+	7+	8+	9+	10

Wirkstoffabgabe

Abbildung 5.4 Produktion einer Wirkstoffmenge der 10stufigen Synthese über der Zeitachse in Tagen nach neuer Vorgehensweise. Die Pfeile zeigen den Substanzfluss.

je nach Wirkstoffsynthese in Abhängigkeit von der Wirksamkeit des Wirkstoffs – sprich der Dosierungsmenge – und von den Absatzmengen, die sich wiederum aus der Anzahl der zu behandelnden Patienten oder dem Marktanteil des Arzneimittels ergeben. Eine sichere Abschätzung des künftigen Bedarfs, insbesondere in den Jahren vor und nach der Einführung, ist sehr schwierig. Deshalb werden für neue Produkte entweder vorausschauend entsprechende hohe Kapazitäten aufgebaut und zwischenzeitlich mit alternativen Produkten aufgefüllt oder zunächst nur kleinere Kapazitäten bereitgestellt und diese bei Steigerung des Bedarfs ergänzt. Beide Vorgehensweisen als Untervarianten der kampagnenbezogenen Batch-Fertigung bieten Vor- und Nachteile, die noch zu diskutieren sein werden.

Eine echte Alternative bietet nur der Wechsel auf kontinuierliche Verfahren, bei denen durch einfache Steuerung des Produktflusses die entsprechend notwendige Flexibilität erreicht werden kann. Solche Möglichkeiten finden sich in den kontinuierlichen Prozessen der chemischen Großindustrie oder der Lebensmittel- und Waschmittelproduktion. Auch für die Produktion von Arzneimitteln sind manchmal solche Prozessschritte etabliert. Wir werden auf die Möglichkeiten im Kapitel 7 zur Pharmazie eingehen. Im Bereich Wirkstoffproduktion ist die Hochdruckflüssigkeitschromatographie ein gutes Beispiel. Hier werden durch die sich ständig wiederholende Chromatographie von kleinen Einsatzmengen abhängig von der Prozessdauer insgesamt sehr große Mengen eines Produktes gereinigt. Hierbei handelt es sich um Abläufe, die durch permanente Wiederholung quasi einen kontinuierlichen Prozess erzeugen. Eine analoge technologische Umsetzung ist für die Mehrzahl der Teilschritte einer chemischen Synthese in dieser Ausprägung bisher so nicht durchführbar. Jedoch kann das beim Chromatographie-Prozess zugrundeliegende Prinzip ('Flussprinzip') auch auf alle anderen Prozesse übertragen werden. Eine Ansatzgröße von z. B. 8 000 l kann ebenso durch 4 Ansätze à 2 000 l abgebildet werden. Wenn diese 4 Ansätze zeitlich so verschoben wer-

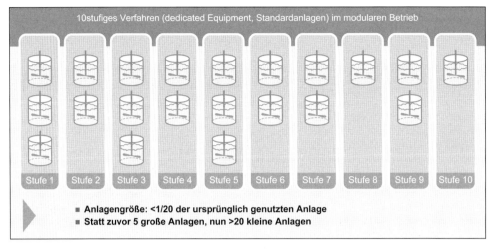

Abbildung 5.5 Quasi-kontinuierlicher Prozess in einem modularen Betrieb.

den, dass der fünfte Ansatz in den Geräten des ersten Ansatzes erfolgt, entsteht ebenfalls ein quasi-kontinuierlicher Prozess (Abbildung 5.5). Ein weiterer Aspekt dieser ‚Multiplizierung' ist, dass ein intelligentes Engpass-Management (‚de-bottlenecking') betrieben werden kann.

Für den Ausgangspunkt unseres Beispiels der 10stufigen Synthese bedeutet dies einen Bedarf von 40 Anlagen. In der realen Umsetzung wären es allerdings sehr viel weniger als 40 Anlagen, weil durch Ausbeuteverluste und der damit verbundenen sinkenden Materialmengen normalerweise die notwendige Anlagengröße abnimmt. Bei 10 Stufen ergibt sich in vielen Fällen eine Ausbeute von < 15 % (100 kg x 0,8 x 0,8 x 0,8 x … = 13,4 kg). Zudem sind hier diejenigen Sonderfälle noch nicht berücksichtigt, wo sich im kleineren Maßstab bessere Selektivitäten (z. B. bei Dosierprozessen) und damit höhere Ausbeuten erzielen lassen als im größeren Produktionsmaßstab. Es ist leicht nachvollziehbar, dass schnelle Kapazitätsanpassungen in einem solchen Modell von kleinen und dedizierten Anlagen durch einfachen Anlagenanbau oder -abbau erreicht werden können. Damit könnte erstmals ein effektives Instrument der Kapazitätssteuerung gefunden sein, welches das herzustellende Produkt flexibel über seinen gesamten Lebenszyklus begleitet. Zudem könnte es sich zu einem interessanten Instrument des Investitionsmanagements entwickeln, bei dem Investitionen über einen längeren Zeitraum gestreckt und besser der realen Marktentwicklung d. h. Nachfrage angepasst werden können (‚Scheibenmodell'). Ferner ließen sich auf diesem Wege Fehlinvestitionen in zu große Anlagen vermeiden, die nicht ausgelastet werden können und den ursprünglich erwarteten *return on invest'* (ROI) nicht einspielen.

Veränderung der Resonanzzeit

Wir haben als Resonanzzeit diejenige Zeit definiert, die benötigt wird, um einen Substanzabfluss wieder auszugleichen. Im Multi-Purpose-Betrieb ist die beste Zusammenstellung von Kampagnen dann gegeben, wenn eine Kampagne eine möglichst hohe Losgröße besitzt.

Aus Sicht der Logistik ergibt sich die optimale Losgröße aus der Balance von Rüstkosten und den Kosten für vorhandene Bestände. Für den Produzenten ist die Welt einfacher, hier liegt die ideale Losgröße dann vor, wenn ein Produkt nur einmal im Jahr mit möglichst langer Kampagnendauer zu fertigen ist. Die Kehrseite der Medaille ist jedoch, dass eine für den Produzenten ideale Produktionsweise zu einer Resonanzzeit von einem Jahr führt, die zudem – aufgrund des notwendigen Aufbaus an Sicherheitsbeständen – einen Gesamtbestand für ca. 1,5 Jahre zur Folge hat (Annahme 50 % Sicherheitsbestand). Diese Produktionssystematik steht damit im Gegensatz zu dem Bemühen, die hohen Bestandsmengen und die damit verbundenen negativen Effekte auf das ‚working capital' sowie die negativen Auswirkungen auf den ‚cash flow' zu reduzieren. Diese Vorgehensweise ist aber unter dem Gesichtspunkt einer vermeintlich höheren Sicherheit bisher von der Pharmaindustrie akzeptiert worden. Es handelt sich deshalb um eine *vermeintliche* Sicherheit, da bei fehlerhaften Produkten auch das halbe Jahr an Sicherheitsbestand kaum zur Wiederbeschaffung des nun fehlenden Produktes ausreicht. Zudem führt die dann notwendig werdende Planungsänderung aufgrund der gegenseitigen Abhängigkeiten bei anderen Produkten des Multi-Purpose-Betriebes zu Verzögerungen, die wiederum zu Substanzengpässen führen können. Da das Umstellen der Planung auch mit Kapazitätsverlust einhergeht, ist bei knapper Gesamtkapazität (Resultat der Minimierung von Leerkapazitäten) der Weg in eine Eskalationsspirale vorgezeichnet. In einem Multi-Purpose-Betrieb kann verlorene Kapazität eben nicht mehr aufgeholt werden.

Dieser Konflikt ist durch die quasi-kontinuierliche Fertigung lösbar. Denn nun wird jede Woche mindestens einmal ein Produkt ausgebracht. Das heißt: die Resonanzzeit bis zur nächsten Ausbringungsmenge verkürzt sich auf weniger als 7 Tage. Es ist also nachvollziehbar, dass eine synchronisierte Vorgehensweise deutliche Zeitvorteile bringt. Die Erfahrung zeigt zudem, dass der interne Kunde (Bulk-Produktion) die von ihm benötigte Menge an Wirkstoff in der Regel nicht ‚auf einen Schlag' formuliert, sondern dies über einen längeren Zeitraum erfolgt. Insofern stellt die innerhalb des vorgestellten Zeitraums von einer Woche hergestellte Ausbringungsmenge nicht notwendigerweise eine Gefährdung der Versorgungssicherheit dar, sondern erlaubt vielmehr den Einsteig in eine kontinuierlichere Versorgung der Pharmafertigung. Im Idealfall wird also der Wirkstoff in einer Lösgröße und einem Produktionstakt produziert, der mit dem direkten Bedarf der Pharmafertigung synchronisiert ist.

Um dem Argument einer Explosion der Investitions-, Unterhalts- sowie Personalkosten für die vergleichsweise große Anlagenzahl zu begegnen, sei auf folgende Aspekte hingewiesen: Die hinter dieser deutlich höheren Anlagenzahl zunächst vermuteten hohen Investitionen relativieren sich erheblich, wenn die Ansatzgrößen auf einen Standardanlagentyp normiert werden. Den Investitionsaufwendungen für eine bisher individuelle Anlage stünden dann die Kosten für eine größere Anzahl von gleichartigen und relativ preiswerten Anlagen gegenüber. Hier ist zu erwarten, dass der Engineering-Aufwand mit der Zahl der Anlagen gleichen Typs sinken wird, während für individuelle Anlagen kaum ein Rationalisierungseffekt geltend gemacht werden kann. Ein zusätzlicher positiver Effekt ergibt sich hinsichtlich des technischen und chemischen Qualifizierungs- und Validierungsaufwands, wenn eine exemplarische Qualifizierung einer Anlage stellvertretend für die restlichen Anlagen möglich wird. Gerade in solchen Fällen kann die chemische Verfahrensvalidierung, die in einer Standardanlage durchgeführt wurde, im Sinne der Multiplizierung vorteilhaft genutzt werden. Bei der Verfahrensvalidierung ergäbe sich somit kein Mehraufwand. Das vor Ort tätige Personal kann auch für andere Aufgaben wie z. B. analytische Untersuchungen eingesetzt werden und damit einen Beitrag zur Verkürzung der Durchlaufzeit leisten.

Wir wollen das Prinzip der Herstellung in vielen kleinen dedizierten Anlagen als ‚modulare Produktion' bezeichnen. Die Vorteile für Entwicklung und Produktion werden in den folgenden Kapiteln erläutert. Dabei soll das Prinzip detailliert für die chemische Entwicklung und Produktion aufgezeigt werden. Dort werden wir auch ein Konzept für eine Fabrik der Zukunft vorstellen, die die Lücke zwischen Entwicklung und Produktion schließt. Für den Teil der Pharmazie werden wir auf den entwickelten Grundlagen aufbauen und eine Konzeption für Entwicklung und Produktion vorstellen. Am Beispiel der Solida-Fertigung werden wir insbesondere auch auf Ansätze zur kontinuierlichen Produktion eingehen. Eine Kostenbetrachtung erfolgt in Kapitel 12.

6. Chemie (Wirkstoffe)

6.1 Chemische Entwicklung

6.1.1 Aufgaben und Ziele

Für die chemische Entwicklung in einem Pharmaunternehmen gelten unabhängig von in weiten Bereichen variierenden Unternehmensstrukturen im Prinzip unverändert die gleichen Abläufe *[Manager Magazin 10/99: Das Erfolgs-Pharmaunternehmen Pfizer Inc.]*. Selbst wenn die Bedarfsmengen bei der frühen Entwicklung durch neue Technologien (z. B. ‚Lab on chip') geringer werden sollten, so bleibt dennoch das in Abbildung 6.1 dargestellte prinzipielle Szenario für den Substanzbedarf von der Findung eines Wirkstoffs bis zur Marktbelieferung bestehen. Für die gesamte Entwicklung eines Produktes in der Pharmaindustrie ergibt sich damit im Mittel bei vielen Unternehmen die in Abbildung 6.2 dargestellt Zeitachse.

Zahlen des Bundesverbandes der Pharmazeutischen Industrie (BPI) aus dem Jahr 2007 zeigen, dass für Forschung und Entwicklung immer noch bis zu 14 Jahren Zeit vergehen, bis ein Medikament an den Markt kommt. Zeitkritisch für die Gesamtabläufe sind hierbei die chemische und pharmazeutische Entwicklung, woran sich in den zurückliegenden Jahren wenig geändert hat. Generell befindet sich die Entwicklung in mehrfacher Hinsicht auf kritischem Pfad. Die chemische Entwicklung ist typischerweise an zwei Punkten (Belieferung der Toxikologie mit ersten Substanzmengen und Transfer in die Produktion) zeitkritisch und

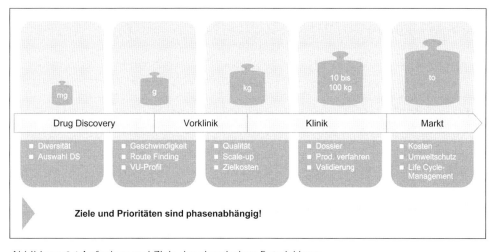

Abbildung 6.1 Aufgaben und Ziele der chemischen Entwicklung.

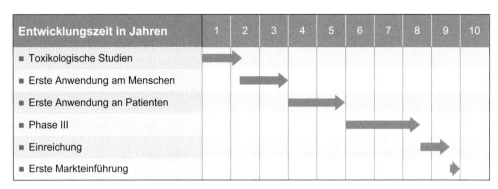

Entwicklungszeit in Jahren	1	2	3	4	5	6	7	8	9	10
■ Toxikologische Studien										
■ Erste Anwendung am Menschen										
■ Erste Anwendung an Patienten										
■ Phase III										
■ Einreichung										
■ Erste Markteinführung										

Abbildung 6.2 Typische Entwicklungszeiten für ein neues Produkt in der Pharmaindustrie (Mittelwert über ca. 130 Produkte aus ca. 25 Pharmaunternehmen).

führt an diesen Stellen immer wieder zu Verzögerungen des Gesamtprozesses. Es kommt darauf an, drei wesentliche Probleme zu bewältigen:

Problem 1: Hohe Komplexität

Der Gesamtentwicklungsprozess enthält eine enorme Komplexität, da mit wenigen Chargen aus der chemischen Entwicklung viele verschiedene Aufgaben in anderen Entwicklungsfunktionen (Toxikologie, pharmazeutische Entwicklung, Klinik etc.) abgedeckt werden müssen. Das System ist zudem wenig flexibel, da die wenigen großen Chargen, die gerade für die Materialversorgung der klinischen Studien II und III anfallen, in der Regel in einem begrenzten Geräte-Park hergestellt werden müssen. Bei unvorhergesehenem zusätzlichem Substanzbedarf in anderen Funktionen (z.B. größere Tierspezies in der Toxikologie oder Schwierigkeiten bei der Formulierung in der Pharmazie) ist eine schnelle Herstellung einer weiteren Charge kaum möglich, da die großen Rührwerke und Apparaturen inzwischen wieder mit einer anderen Synthese belegt sind. Die grundsätzliche Diskussion um die Resonanzzeit im vorangehenden Kapitel hat die Herausforderungen, die sich in hochvernetzten Multi-Purpose-Einheiten ergeben, deutlich gemacht. Die Abbildung 6.3 zeigt ein typisches Beispiel für einen derzeitigen Entwicklungsablauf. Die Pfeile im unteren Teil der Abbildung stellen die Herstellungskampagnen in der chemischen Entwicklung dar.

Ein Kernproblem besteht darin, dass in der frühen Entwicklung mittels toxikologischer Bewertung des Produktes die Qualität festgelegt wird. Die Tox-Studie setzt hier sozusagen den Maßstab. Alle Veränderungen am Prozess müssen dann immer wieder zu der gleichen Qualität (Reinheit/Gehalt und Verunreinigungsprofil) führen, wie sie durch die toxikologischen Studien abgesichert wurde. Neue Nebenprodukte, die im Verlauf der weiteren Verfahrensentwicklung durch Syntheseänderungen entstehen können und nicht in der ursprünglichen Tox-Charge enthalten waren, sind daher problematisch und führen entweder zu einer notwendigen Wiederholung bestimmter toxikologischer Studien oder zu zeit- und kostenintensiven Aufreinigungen in der Chemie. Eine einmalige Wiederholung der Tox-Studie wäre ggf. aus Kostensicht noch vertretbar, der damit verbundene Zeitverlust kann jedoch nicht mehr aufgeholt werden. Bei dem derzeitigen Vorgehen wird indessen der Herstellungsprozess an ‚einigen tausend Punkten' im Laufe der Entwicklung geändert. Im Vertrauen darauf, die Themen hinsichtlich Qualität schon noch in den Griff zu bekommen', wird darauf verzichtet, die Tox-Studie zu wiederholen.

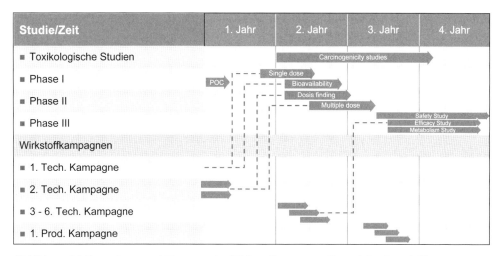

Studie/Zeit	1. Jahr	2. Jahr	3. Jahr	4. Jahr
■ Toxikologische Studien		Carcinogenicity studies		
■ Phase I	POC	Single dose / Bioavailability		
■ Phase II		Dosis finding / Multiple dose		
■ Phase III				Safety Study / Efficacy Study / Metabolism Study
Wirkstoffkampagnen				
■ 1. Tech. Kampagne				
■ 2. Tech. Kampagne				
■ 3 - 6. Tech. Kampagne				
■ 1. Prod. Kampagne				

Abbildung 6.3 Herstellung und Nutzung der Wirkstoffmengen während der Entwicklung.

In einigen Pharmaunternehmen ist das Problem der Komplexität der frühen Entwicklung erkannt worden. Es wird ein zweiter Ansatz zur Reduzierung der Komplexität verfolgt, der darin besteht, vor allem in den frühen Phasen die Bedarfsmengen an Wirkstoff zu reduzieren (z.B. durch den Einsatz von Trinklösungen für die Einmalanwendung am Menschen, den Einsatz von Kapselformulierungen für Phase I-Studien). Bei diesen Unternehmen wird bereits heute in erheblichem Maße der Substanzbedarf für Tox- und z.B. Phase I-Studien im Labor hergestellt. Wir glauben, dass solche Wege unseren Ansatz einer Trennung von Entwicklung und Substanzbereitstellung zusätzlich unterstützen werden. Es soll indessen nicht nur auf den Kosteneffekt, sondern auch auf das Verbesserungspotential im Gesamtsystem eingegangen werden.

Problem 2: Viele Scale up-Schritte

Nachdem in der Forschung ein Zielmolekül identifiziert wurde, beginnt die Entwicklung mit dem schrittweisen Scale up. Die Wirksubstanz, die im Forschungslabor in der Regel klassisch im Glaskolben hergestellt wurde, wird in einen etwas größeren Glaskolben, dann ins Glasrührwerk, ins Technikumsrührwerk und schließlich in den Maßstab des Produktionsrührwerks übertragen. In der Produktion erfolgt bei steigendem Bedarf der Transfer in noch größere Rührwerke oder in einen anderen Produktionsbetrieb. Die derzeitigen Scale up-Schritte sehen folgendermaßen aus:

1. Labor/Forschung: 100 mg bis wenige Gramm

2. Labor/Forschung: Erstes Scale up für frühe Präklinik (10–50 g)

3. Entwicklungslabor: Scale up für erste Formulierungs- und Analytikversuche (50–500 g)

4. Technikum: Scale up für Tox- und Phase I-Studien (1–20 kg)

$$\Downarrow$$

5. Technikum: Scale up für klinische Studien der Phasen II/III und Chargen für Stabilitätseinlagerungen (50–100 kg)

$$\Downarrow$$

6. Produktionsbetrieb: Scale up für Marktbelieferung (> 100 kg)

$$\Downarrow$$

7. Produktionsbetrieb: evtl. Scale up für Marktausweitung (> 1 000 kg)

Es ist zu erkennen, dass bereits im Labor ein bis zwei Scale up-Schritte durchgeführt werden. Bis zur Herstellung der Substanz für erste klinische Tests an gesunden Probanden (Phase I) sind sogar teilweise bereits drei Scale up-Schritte vorgenommen worden. Dabei wurde mehrfach das Equipment gewechselt. Der typische Verlauf stellt sich wie folgt dar:

$$1\,l \text{ Kolben} \rightarrow 25\,l \text{ Glasrührwerk} \rightarrow 500\,l \text{ Technikum} \rightarrow\ \rightarrow 1\,000\,l \text{ Produktion}$$

Bei jedem der oben beschriebenen Scale up-Schritte sind Veränderungen am Prozess nötig. Als Beispiel sei die Durchmischung der Reaktion durch Rühren erwähnt, die oft einen extremen Einfluss auf die Reaktionsgeschwindigkeit und damit auf die Ausbeute und Qualität des gewünschten Produkts ausübt. Im Glaskolben wird in der Regel ein Magnetrührer verwendet. Beim Übergang in den größeren Glaskolben kommt ein (Glas-)Rührer zum Einsatz. Dieser Rührer-Typ wird im Betriebsmaßstab zwar beibehalten, jedoch verändert sich in aller Regel die Rührgeschwindigkeit und aufgrund der Veränderung des Oberfläche/Volumenverhältnisses im Reaktionskessel sowie der Rührergeometrie auch die Durchmischung. Ferner ist zu bedenken, dass in den Versuchs- und Produktionsbetrieben Rührwerke häufig mit unterschiedlichen Rührern ausgestattet sind und somit weder reproduzierbare noch rational zu berücksichtigende Einflüsse hinzukommen, wenn von einem Rührwerk in ein anderes gewechselt wird. Einhergehend mit den Veränderungen der Durchmischung gibt es beim Scale up eine Veränderung des Wärmeaustauschverhaltens, das durch eine Veränderung des Oberflächen/Volumenverhältnisses hervorgerufen wird. Dieses kann die bekannten Selektivitätsänderungen beispielsweise von exothermen Dosierprozessen verursachen, welche im Zuge des Scale up zu Änderungen der Produktqualität führen. Bedingt durch die beiden sich überlagernden Effekte und die Tatsache, dass Rührwerke keine normierte Geometrie haben, sind die jeweiligen Veränderungen komplex, und der Einfluss dieser Veränderungen auf Qualität und Ausbeute ist somit nicht einfach vorhersagbar. Obwohl man sich dieser Tatsache bewusst ist, führt der bereits oben geschilderte Zeitdruck in der frühen Entwicklungsphase scheinbar immer und überall zu dem hier beschriebenen Problem, dass jede Produktcharge in der Entwicklung eine völlig eigenständige Historie hat und in wesentlichen Punkten häufig nicht vollständig geklärt ist, warum im einen Fall ein chemischer Schritt funktioniert hat und ein anderer eventuell nicht.

Dieser Scale up-Prozess ist in den Pharmaunternehmen sehr ähnlich. Unterschiede ergeben sich beim Einsatz der Glasrührwerke und beim Zeitpunkt der Übergaben in die Produktion sowie in der Betreuung der Technikumsansätze. Es gibt Unternehmen, die bewusst im Technikum mit 25 l- bis 50 l-Glasrührwerken arbeiten, um mehr Erfahrung mit der Synthese zu sammeln. Andere lassen diesen Schritt bewusst aus und versuchen, direkt in das Technikum mit 100 l bis 500 l zu übertragen, um Zeit zu sparen. Einige Unternehmen betreiben ein Technikum mit Spezialisten in organischer Chemie, die für die Ansätze verantwortlich sind. Andere Firmen unterhalten ihr Technikum mit einer Betriebsmannschaft und einer Technikumsleitung. In diesem Fall sind die Laborchemiker, die die Synthese im kleinen Labormaßstab optimiert und die Vorschrift erstellt haben, für die Durchführung der Ansätze im Technikum verantwortlich. Der Übergang in die Verantwortung der Produktion findet je nach Unternehmen und Produkt zwischen dem 50 l- bis 100 l- sowie dem > 1 000 l-Maßstab statt.

Es ist also wichtig zu erkennen, dass durch die Art der Herangehensweise – d. h. den Scale up – eine Komplexität und Problemwelt in der Entwicklung erzeugt wird, die sich durchaus zeitkritisch auf das übergeordnete Ziel der Bereitstellung von Wirkstoff für (vor-)klinische Untersuchungen auswirken kann. Natürlich stellt sich dabei die Frage, ob dies so sein muss. Wie sehen die Probleme im Detail aus?

- Die Qualität ändert sich von Batch zu Batch, die Prüfverfahren der Analytik müssen analog ständig überarbeitet werden.
- Dies führt zu häufigem Wechsel der analytischen Spezifikationen der zu produzierenden Substanz hinsichtlich Art und Menge der auftretenden Begleitsubstanzen und damit zu einer erheblichen Komplexität der Charakterisierung der Wirksubstanz. Da sich Projekte in multinationalen Konzernen mit Standorten, die häufig über den gesamten Globus verstreut sind, in unterschiedlichen Entwicklungsstadien befinden können, folgt aus dieser Vorgehensweise bei der Maßstabsvergrößerung häufig, dass die analytischen Spezifikationen nicht rational festgelegt werden können, sondern punktuell immer komplexer werden. Dies erhöht zum einen den Zeit- und Kostenaufwand für analytische Untersuchungen und lässt zum anderen den Zusammenhang zwischen der Qualität eines Intermediates und des Endproduktes immer weniger erkennen.
- Chemiker in der „Verfahrensentwicklung" sind ständig mit dem Nachstellen des Prozesses beschäftigt, um einmal gesetzte Spezifikationen nach Möglichkeit einzuhalten. Da die Dokumentation der chemischen Entwicklung Bestandteil der einzureichenden Zulassungsunterlagen ist, gehen die Behörden davon aus, dass ein Minimum an Verunreinigungen, welches während der Verfahrensentwicklung erreicht wurde, auch in größeren Maßstäben der Produktion realisiert werden muss.

Problem 3: Fehlender Lernprozess

Im Prinzip wird dies als nicht besonders problematisch empfunden, da im Allgemeinen argumentiert wird, dass es sich bei den ersten Versuchen um einen überlagerten Lernprozess handelt. Wie oben beschrieben, findet dabei allerdings eine ständige Veränderung des chemischen Prozesses statt. Die Statistik lehrt aber, dass die Bezeichnung eines Prozesses ohne Wiederholungen als Lernprozess nicht zulässig ist. Reproduzierbarkeitstests sind notwendiger Bestandteil eines ‚Versuchsplans' *[Otto 1996]*, um die ‚natürliche' Variationsbreite des Prozesses zu ermitteln. Dieser Reproduzierbarkeitstest wäre auf jeder Vergrößerungsstufe des Prozesses notwendig. Da ‚selten bis nie' reproduziert wird, ist auch die Existenz einer Lernkurve eher anzuzweifeln. Das Ergebnis dieser Vorgehensweise wird sichtbar, wenn man den Verlauf der Gesamtausbeuten einer Synthese über den Entwicklungszeitraum betrachtet.

In der Abbildung 6.4 ist an einem konkreten Beispiel gezeigt, wie die Ausbeuten der einzelnen Kampagnen beim Wechsel vom Labor in den Betrieb und bei der späteren Übergabe an einen anderen Bearbeiter zunächst einbrechen und dann erst wieder mühevoll auf das Vorniveau zurückgeholt werden müssen.

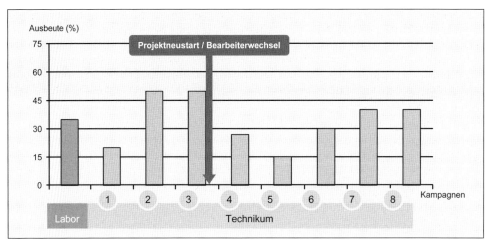

Abbildung 6.4 Lernkurve am Beispiel eines Scale up-Prozesses über die Projektdauer von ca. 5 Jahren. Gezeigt wird die Gesamtausbeute eines chemischen Herstellverfahrens mit 6 chemischen Stufen.

6.1.2 Der neue Weg

Ein häufiger Wechsel von Apparaten in der frühen Entwicklung sowie häufige Syntheseanpassungen sind maßgebliche, komplexitätsbestimmende Faktoren im Entwicklungsprozess. Man kann sich vorstellen, dass bereits der Ausschluss nur eines Faktors eine deutliche Vereinfachung und daher mehr Stabilität in die laufenden Prozesse bringen sollte. Als ersten Schritt haben daher einige Unternehmen mit der Segmentierung der Entwicklung begonnen. Zunehmend werden Arbeitsgruppen aufgebaut, die nur eine spezielle Aufgabe haben, z. B. die Substanzherstellung für frühe Entwicklungsphasen. Ein Beispiel für eine Neuorientierung in den Organisationsstrukturen zeigte Bristol-Meyer-Squibb *[Cimarusti 1999]*. Idealerweise möchte man möglichst nie Apparate wechseln und auch keine Syntheseänderungen vornehmen. So kann man sich beispielsweise vorstellen, dass ein Chemiker in der Entwicklung mit vielen kleinen Rührwerken und einigen Labor- bzw. Technikumsmitarbeitern eine zum Produktionsszenario analoge ‚Fließband'-Produktion aufbaut und dort zunächst nach nur einem Verfahren permanent produziert. Dieser Chemiker würde für die Substanzbereitstellung in der frühen Entwicklungsphase einen solchen Idealzustand erreichen.

Die Situation ändert sich völlig, wenn man einen bewussten Schnitt in der Entwicklung einzieht und eine Produktionsentwicklung aufbaut, in der nach modernen Methoden der statistischen Produktionskontrolle entwickelt wird.

Reduktion der Komplexität

Die Alternative besteht also in der konsequenten Teilung des Prozesses zur Reduzierung der Komplexität in zwei einfache Prozesse. In einem ersten Prozess wird die Herstellung der Substanz für die Durchführung der ersten Tox-Studie, der ersten klinischen Studie und dem ‚Proof of Concept' mit einem möglicherweise noch wenig optimierten Laborverfahren durchgeführt. Unabhängig davon erfolgt in einem zweiten Prozess die Verfahrensoptimierung. Zur Bereitstellung der Substanzmengen für weitere toxikologische Untersuchungen und die klinische Phase I wird die Produktion im Technikum vorgenommen. Ein Scale up im Vergleich zu den in der Forschung üblichen Ansatzgrößen geschieht nur einmalig mit Blick auf die erwarteten Mengen für diese Entwicklungsphase. Die Produktion der Substanzmengen erfolgt dann durch permanente Wiederholung der Reaktionen in demselben Equipment. Im Gegensatz dazu wird derzeit das Scale up noch in mehreren Schritten durchgeführt; neue Erkenntnisse über das Verfahren werden direkt eingebracht.

Der hier vorgeschlagene Weg bedeutet ein größeres erstmaliges Scale up. Dafür wird dieser Prozess dann aber anschließend stabil in immer gleicher Weise durchgeführt. Bisher versucht die chemische Entwicklung jedoch, mit jedem Arbeitsschritt immer ‚zwei Herren' zu dienen. So ist einerseits eine Maßstabsvergrößerung notwendig, um die Substanzversorgung zu gewährleisten, und andererseits wird versucht, das Verfahren weiter zu optimieren und dabei auch noch für das endgültige Scale up in den Produktionsmaßstab zu lernen. Die Realität ist vermutlich eher durch die Tatsache gekennzeichnet, dass weder das eine noch das andere aus Kapazitätsgründen richtig gemacht werden kann. Ein Restrisiko der neuen zweigeteilten Vorgehensweise besteht allerdings darin, dass die Verfahren zu völlig unterschiedlichen Verunreinigungsprofilen führen können und eine toxikologische Neubewertung des zweiten Prozesses vorgenommen werden muss. Die Kosten, die hierbei entstehen können, sind jedoch in Ausnahmefällen vertretbar, zumal sie das bestehende Risiko der Zeitverzögerung reduzieren. Diese erneute toxikologische Bewertung findet zu einem Zeitpunkt statt, zu dem keine Verzögerung der Gesamtentwicklung zu erwarten ist.

Wir zeigen nachstehend Möglichkeiten auf, die sich aus einer Trennung von Substanzbereitstellung und Verfahrensentwicklung ergeben:

 Case Study

(Verfremdetes Beispiel eines realen Projektes aus einer frühen Entwicklungsphase)

Aufgabe ist die Produktion von 15 kg eines Wirkstoffs über 10 Stufen für eine Tox-Studie. Hierbei unterliegt die Wirkstoffherstellung keinen GMP-Anforderungen. In den Pharmaunternehmen ist dieser Schritt jedoch zeitkritisch, da zunächst abgewartet werden muss, bis die Substanz in ausreichender Menge zur Verfügung steht und weil die Tox-Studie selbst eine Dauer von mindestens einem halben Jahr in Anspruch nimmt.

Es ist nicht zwingend erforderlich, die gesamte Substanzmenge zu einem bestimmten Tag zu liefern. Theoretisch ist auch denkbar, kleinere Teilmengen jeweils ‚just in time' für die einzelnen Tests an den Versuchstieren bereitzustellen. In vielen Unternehmen wird die Herstellung in einer Charge allerdings gefordert, um das Verunreinigungsprofil über die gesamte Studie konstant halten zu können. Zudem will man das Risiko, die finanziell aufwendige Tox-Studie wegen Substanzmangel abbrechen zu müssen, nicht eingehen. Aus diesen Überlegungen ist das derzeitige Vorgehen zur Substanzbereitstellung entstanden.

In einer Laborabteilung wird eine Syntheseroute für den Wirkstoff entwickelt und in der Regel im 1 l-Kolben hergestellt. Eventuell wird man einen ersten Ansatz im ca. 25 l-Glasrührwerk durchführen. In der Regel wird jedoch an diesem Punkt bereits der Auftrag zur Herstellung der 15 kg-Charge als eine Charge an das Technikum mit ca. 500 l-Rührwerken übergeben.

Die Durchlaufzeit inkl. Verzögerungen durch Wartezeiten in einem solchen Betrieb liegt für eine ca. 10stufige Synthese bei ca. 6 Monaten. Da die Synthese erstmalig in einem meist zu großen Equipment mit unerfahrenem Personal und häufig mit Rohstoffen von neuen Lieferanten durchgeführt wird, hat man mit relativ niedrigen Ausbeuten zu rechnen. Die Kostensätze in einem Betrieb liegen aufgrund der Abschreibungskosten für teure Anlagen dagegen um den Faktor 2 bis 5 über denen der Laborentwicklung. Da die Entwicklungsbetriebe auf jeden Fall auch Produkte zur Anwendung am Menschen (d. h. unter GMP-Bedingungen) herstellen müssen, ist der Aufwand für Reinigung und Dokumentation bei der Durchführung von Kampagnen für non-GMP-Zwecke ebenfalls entsprechend hoch, weil anschließend im selben Rührwerk direkt wieder ein GMP-Ansatz einer anderen Verbindung durchgeführt werden könnte und Kreuzkontaminierung unbedingt vermieden werden muss. Zudem kann dem Betriebspersonal nicht vermittelt werden, dass es einmal unter non-GMP- und einmal unter GMP-Bedingungen produzieren soll. Somit ist ein erheblicher Aufwand für die GMP-Schulung des Personals erforderlich, selbst wenn dies inhaltlich nicht in allen Fällen notwendig wäre.

Die in der frühen Phase benötigte Menge von 15 kg könnte statt in einem großen Betriebsansatz auch in einem 25 l-Glastechnikum in Form von 15 Ansätzen zu je einem Kilogramm hergestellt werden. Das erste Kilogramm wird dabei bereits deutlich früher (nach ca. 6 Wochen) erhalten. Wenn man annimmt, dass in diesem Fall drei Arbeitsgruppen parallel arbeiten, ist es möglich, innerhalb von ca. 7,5 Monaten die gleiche Menge an Substanz abzuliefern. Die drei Arbeitsgruppen haben die Synthese jeweils 5mal durchgeführt. Es gibt jetzt aus der Summe der Erfahrungen aus 15 Durchführungen einen erheblichen Informationsgewinn im Vergleich zu nur einem Betriebsansatz nach der alten Methode. Die Tox-Untersuchung könnte bereits deutlich früher mit der ersten Menge beginnen. Die anfallenden Kosten wären – verglichen mit den Herstellkosten des bisherigen Ansatzes – deutlich geringer (ca. ein Viertel der Kosten einer typischen Technikums-Produktion).

Wir haben in diesem Fall zwar mehr Mitarbeiterkapazität eingesetzt, die Kostensätze im non-GMP-Labor sind jedoch niedriger als im Betriebsmaßstab. Zu den Vorteilen zählt zudem auch der gesammelte Erfahrungsschatz der Mitarbeiter, die diese Synthese durchgeführt haben. Jeder, der mit komplexen Fertigungsprozessen zu tun gehabt hat, weiß um das Ausmaß an Verbesserungen, die durch vielfaches Wiederholen eines Ablaufes erreicht werden können.

In den bisherigen Ausführungen haben wir einen kritischen Aspekt vernachlässigt: Das Labor, das die Bereitstellung der Substanzen für präklinische und toxikologische Studien vornimmt, unterliegt keinen GMP-Anforderungen. Häufig ist die für die klinische Phase I benötigte Wirkstoffmenge relativ klein. Daher könnte sie eigentlich Teil einer solchen Laborcharge sein. Die Bedenken einiger Kollegen gehen dahin, dass das Verfahren für die Klinikcharge in einen Produktionsbetrieb transferiert werden müsste, um eine kleine Menge an Wirkstoff von 50 g bis 1 kg herstellen zu können. Wir halten diese Befürchtung für ein Missverständnis. Denn: für das Material der klinischen Phase I werden keine Masterdokumente benötigt. Frühe Stufen, die keine Berührung mit dem Menschen haben, können recht problemlos als Chemieproduktion betrachtet werden. Auch für die letzten Stufen sind keine unüberwindbaren GMP-Forderungen für uns erkennbar (Abbildung 6.5). Wir sehen hinsichtlich der Argumentation gegenüber einem GMP-Inspektor sogar Vorteile:

● Das Equipment wird vom gleichen Voransatz übernommen. Es besteht somit kein Reinigungs- und vor allem auch kein Problem einer Kreuzkontamination.

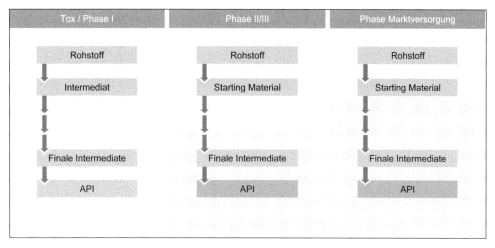

Abbildung 6.5 Anstieg der GMP-Anforderungen im Verlauf der Entwicklung. Je dunkler die Flächen, desto höher sind die Anforderungen an den Wirkstoff. Grau hinterlegt ist der von den ICH-Guides geforderte Bereich für die Anwendung des vollen GMP-Umfangs.

- Der Umstand, dass das Material aus dem 15. gleichartig produzierten Batch stammt, gilt unserer Ansicht nach ebenfalls als weiteres Qualitätskriterium. Die Diskussion über die Qualifikation der Anlagenbetreiber sollte sich zudem leicht erledigen, da die Mitarbeiter durch die ersten Batches, die nicht in die Klinik gehen, gelernt haben.

- Eine umfassende Dokumentation muss auch schon deshalb gefordert werden, weil wir die Ergebnisse aus diesen Erfahrungen für das spätere Scale up benötigen.

Die Aufgabe der Entwicklungsabteilung besteht also nicht mehr im Scale up des Verfahrens auf ‚große' Dimensionen unter Beibehaltung des Verunreinigungsprofils der Synthese, sondern in der Transformation eines Batch-Prozesses in einen kontinuierlichen oder pseudo-kontinuierlichen Produktionsprozess (Stichwort ‚Multiplizierung') unter Berücksichtigung regulatorischer Forderungen an die Qualität pharmazeutischer Endprodukte. Das Ziel bisheriger Entwicklungskonzepte lag in der Festlegung einer Produktionsbatchgröße. Diese Batchgröße wurde den Behörden im Registrierungsdossier als Herstellungsprozess genannt. Eine Änderung in der Ansatzgröße führte bisher häufig zu neuen Optimierungsaktivitäten, falls die notwendige Qualität nicht wieder erreicht werden konnte, auf jeden Fall aber zu einer Änderungsmeldung bei den Behörden. Ziel der künftigen Entwicklung wird die Festlegung eines Standardproduktionssystems sein. Zusätzlich zur Chemie wird nun auch die Produktionsgröße durch die Festlegung der Anlage, in der produziert wird, bestimmt.

Vermeidung von Scale up im Technikum

Die Verfahrensentwicklung baut auf diesem Wissen der frühen Entwicklung auf und wird konsequent nach modernen Produktionsmethoden durchgeführt. Hierbei wird auf die gleiche Technologie zurückgegriffen, wie sie in der Großchemie höchst effizient entwickelt ist. Der Unterschied besteht lediglich darin, dass die Pharmaindustrie aufgrund der geringeren Substanzbedarfsmengen auf kleinere Dimensionen setzt.

Bei vielen Reaktionen wird man die übliche Rührwerksreaktion auch weiterhin als sinnvolle Variante nutzen. Zu diesem Zweck wird dann der Transfer in drei Standardrührwerksgrößen vorgenommen. Die Standardrührwerksgrößen haben in der ersten Annahme 100 l-, 250 l- und 1 200 l-Rührwerksvolumen. In diesen Rührwerken werden ausschließlich Reaktionen durchgeführt. Für Aufarbeitungen werden entsprechende Ausrührgefäße u. ä. verwendet. Die Auswahl der Dimension erfolgt nach dem erwarteten Wirkstoffbedarf für die ersten drei Jahre nach Markteinführung. Als möglicher Produktionszeitraum werden 45 Wochen pro Jahr angenommen. Für die folgenden Phasen der Entwicklung wird man die benötigte Anzahl der Batches in diesem Equipment herstellen.

Bei der Konzeption dieses Aufbaus wird man an einigen Punkten anders vorgehen als bisher. Derzeit sind Substanzisolierungen und Trocknungen wichtige Schritte, um eine Substanz lagerfähig zu machen. Dies ist notwendig, weil man in einem Multi-Purpose-Betrieb einen ständigen Wechsel der Anlagen vornimmt und es dabei zu ungeplanten Kollisionen kommen kann. In solchen Situationen ist die kostbare Substanz in einer stabilen Lagerform sicher und kann dann gelagert werden, bis wieder geeignete Anlagenteile verfügbar sind, um die Reaktionssequenz fortsetzen zu können. Diese Lager- und Sicherheitsmentalität ist in einem fließenden System nicht mehr notwendig. In vielen Fällen können daher Isolierungen und Trocknungen, teilweise sogar ganze Stufen entfallen.

Aus einem Plausibilitätsansatz (20 kg Ausbringungsmenge pro Tag x 250 Produktionstage p. a. = 5 to API) ergibt sich, dass das 100 l- und 250 l-Rührwerk für viele Produkte mit einem Mengenbedarf von bis zu 5 to Wirkstoff p. a. zu Standardrührwerken werden könnten. Im Bereich von Wirkstoffmengen < 1 to p. a. werden wahrscheinlich sogar nur Standardrührwerke von 20 l–100 l zur Anwendung kommen (siehe Kapitel 6.2.2).

Derzeit wird standardmäßig ein 4 000 l-Rührwerk in der Pharmaproduktion eingesetzt. Dieses wird in einer 3er Kampagne in der Regel 3mal pro Stufe verwendet. Es ergibt sich somit ein Volumen von 12 000 l. Da wir allerdings anstatt 3 Wochen maximal 45 Wochen produzieren, ergibt sich ein Volumen von (12 000/45) ca. 260 l. In vielen Fällen jedoch wird der Bedarf für mehr als ein Jahr hergestellt. Daraus folgt, dass bei vielen Produkten das kleinere Standardrührwerk ein ausreichendes Volumen zur Verfügung stellt. Das größere 1 200 l-Standardrührwerk wird am ehesten für die Synthese des regulatorischen Startmaterials und der frühen Zwischenstufen eingesetzt werden können, da hier in der Regel größere Substanzmengen zu bewegen sind. Natürlich ist durchaus vorstellbar, dass in Abhängigkeit von Marktbedarf und Wirksamkeit andere Standardgrößen in Bezug auf die Rührwerksvolumina von z. B. 20 l, 50 l und 100 l gewählt werden können. Für unsere Diskussionen spielt dies aber nur eine untergeordnete Rolle.

Ausgehend von der Grafik in Abbildung 6.2 ergibt sich nun ein Prozess mit zwei definierten Scale up-Schritten:

(1) Labor/Forschung: 100 mg bis wenige Gramm

⇓

(2) Labor/Forschung: erstes Scale up für frühe Präklinik

Mehrfache Durchführung des Verfahrens für Formulierungsentwicklung, Tox- und Phase I-Studien

⇓

(3) Entwicklungslabor: Scale up für klinische Phase II/III und Stabilitäts-Batches und Produktion

Nach Transfer in Produktion mehrfacher Aufbau der gleichen Anlage für die Deckung des Marktbedarfs

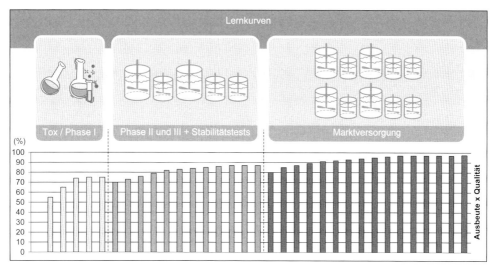

Abbildung 6.6 Lernkurve des neuen Produktionsprozesses.

Im 1. Schritt wird das Scale up des Verfahrens der Forschung durchgeführt. Ziel dieser Maßstabsvergrößerung ist lediglich, die Substanzmengen für die frühe Entwicklung bereit zu stellen. Es wird keine Verfahrensentwicklung angestrebt. Im 2. Schritt findet der Transfer in den Produktionsmaßstab statt. Es ergibt sich nur an diesen beiden Stellen ein Verlust an Know how. Beim 2. Schritt ist dieser weniger stark ausgeprägt, da ihm eine qualitativ bessere Wissensbasis aufgrund der bereits großen Zahl durchgeführter Ansätze zu Grunde liegt. Im Bereich der Entwicklung werden für die klinische Phase II/III, für Stabilitätseinlagerungen u. a. Wirkstoffmengen benötigt, die nur in einer ‚relativ' großen Zahl von Ansätzen hergestellt werden können. Dies ermöglicht eine neue Lernkurve auf dem Weg zum Produktionsprozess (Abbildung 6.6).

Eine konkrete Abschätzung des Bedarfs am Markt muss zum Zeitpunkt der Beendigung der klinischen Phase I vorgenommen werden. Diese Entwicklungsstandardanlage wird bei der Übergabe in die Produktion nur repliziert. Aus ökonomischen Gründen sollte diese Standardanlage zwischen 10 und 50 % des späteren Marktbedarfs produzieren können. Die Anlage wird dann in der Produktion typischer Weise zwischen 1- und 5mal nebeneinander aufgebaut und kann bei positiver Marktentwicklung um weitere parallele Anlagen ergänzt werden. Zu diesem frühen Zeitpunkt ist allerdings noch keine sichere Aussage möglich. Es kann daher nur der erwartete Marktbedarf in den ersten drei Jahren abgeschätzt und die Produktion in diesen Maßstab vergrößert werden. Steigt der Bedarf im weiteren Verlauf des Produktlebenszyklus, dann wird diese Anlage einfach repliziert. Wächst der Bedarf nicht gemäß den Erwartungen, wird eine Anlage im Extremfall für die gesamte Lebensdauer des Produktes ausreichen.

Umsetzung mit vorhandenen Techniken

Der vorgestellte neue Prozess hat unmittelbar Konsequenzen für die praktische Umsetzung eines Entwicklungsprozesses in einen Produktionsprozess. Bei den bisherigen Multi-Purpose-Anlagen wurde die Rührwerksperipherie jeweils als Umrüstung am Tag vor dem

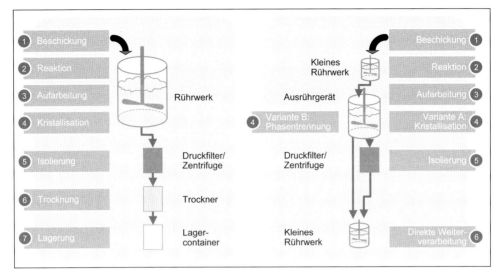

Abbildung 6.7 Vergleich zwischen Batch- (links) und semi-kontinuierlichen Prozessen (rechts).

Betriebansatz ans Rührwerk gefahren, mit Schläuchen angekoppelt, gereinigt und schließlich verwendet. Dieser Prozess war nicht durchoptimiert worden, eine feststehende Verknüpfung der Anlagen war auch nicht sinnvoll. Da im Multi-Purpose-Equipment wegen des hohen Planungsrisikos auch nie sicher war, wann die nächste chemische Umsetzung stattfindet, bestand sogar ein starkes Interesse an der Überführung einer Stufe in eine feste Lagerform. In dem neuen Modell hingegen sind sowohl das nächste Rührwerk bekannt als auch der Zeitpunkt der nächsten chemischen Umsetzung sicher und somit eine deutlich vereinfachte Prozessführung möglich.

Insbesondere ergibt sich die Chance, ggf. auf die für die Lagerung notwendige Trocknung der Intermediate verzichten zu können und nach der Isolierung gleich die Synthese der Folgestufe anzuschließen. Dies beschleunigt die Gesamtdurchlaufzeit der Synthese, ist ein Beitrag zur Senkung der Gestehungskosten und vermeidet die Belegung von Trockeneinrichtungen, die in Entwicklungs- und Produktionsbetrieben häufig Engpassaggregate sind. Die Abbildung 6.7 zeigt eine Gegenüberstellung der Abläufe für beide Varianten mit heutigem Equipment.

Insgesamt gesehen stellen sich neue Herausforderungen an ein effizientes Projektmanagement. Dabei ist zu erwarten, dass eine Übertragung der Lean Development-Ansätze aus der Automobilindustrie positive Impulse für die Ausgestaltung eines neuen Projektmanagements in der Pharmaindustrie und das Management von Entwicklungsprojekten erzeugen wird.

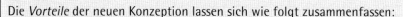

6.1.3 Fazit

Die *Vorteile* der neuen Konzeption lassen sich wie folgt zusammenfassen:

● Die Komplexität des Prozesses nimmt ab (Verringerung der Komplexität ist ein Merkmal fast aller erfolgreicher ‚Turnarounds', bei denen Unternehmen in wirtschaftlichen Schwierigkeiten saniert wurden *[Winter 2000]*).

● Die Spezifikation für das Marktprodukt wird mit dem kontinuierlichen Prozess zu einem Zeitpunkt eines weit besseren Kenntnisstandes festgelegt.

● Aus regulatorischer Sicht ist es leichter, einen Prozess mengenunabhängig zu definieren. Die Vergrößerung der Produktion wird lediglich aus der Addition einer weiteren ‚baugleichen' Produktionslinie bestehen.

● Die Analytik kann direkt in den Prozess integriert werden. Die Zulassungsbehörden, wie z. B. FDA, unterstützen dies (siehe PAT-Initiative). Bei auftretenden Schwierigkeiten, die zu einem nicht spezifikationskonformen Wirkstoff führen, wird eine Produktionslinie einfach abgeschaltet. Somit kann für das Produkt die gleiche Qualität gesichert werden, und das Abschalten der Linie behindert keine andere Produktion.

● Die Anpassung an veränderte Marktbedürfnisse ist relativ einfach durchführbar, da bei steigendem Bedarf die Replikation einer vorhandenen Produktionslinie vorgenommen wird. Bei sinkendem Bedarf wird eine Linie abgeschaltet. Im Falle standardisierter Apparate kann sie zerlegt und für andere Produktionen verwendet werden.

● Im Zusammenhang mit dem letzt genannten Punkt ist auch das Problem von Spezialprodukten mit kleinem Mengenbedarf lösbar, die derzeit wenig rentabel produziert werden, da eine Charge in der Chemie für viele Jahre reicht und bis zu einer Neuauflage der Synthese regelmäßig Know how verloren geht. Im Falle einer Jahre später produzierten Charge muss die Linie kostenintensiv neu aufgebaut werden. Durch den kontinuierlichen Betrieb einer kleinen, an diesen Bedarf angepassten Anlage wäre auch dieses Problem zu lösen.

● Mit einem zweigeteilten Entwicklungsansatz entfällt ein Teil der Vorlaufzeit in der chemischen Entwicklung, da die Forschungssynthese nicht zwangsläufig in größeren Rührwerken übernommen werden müsste. Dadurch lässt sich der Start der Entwicklungsaktivitäten in verschiedenen Bereichen besser synchronisieren. Beispielsweise finden pharmazeutische Entwicklung und Stabilitätstests der ersten hergestellten Formulierungen derzeit noch aus Zeitgründen teilweise parallel zur Entwicklung von Prüfverfahren in der analytischen Entwicklung bzw. Qualitätssicherung und den dort durchzuführenden Stresstests statt. Dies geschieht, weil die chemische Entwicklung zunächst relativ viel Zeit zur Syntheseoptimierung benötigt und dann versucht, diese Verzögerung wieder einzuholen, indem sie verhältnismäßig große Substanzmengen zur Verfügung stellt. Für den Gesamtentwicklungsprozess wäre allerdings eine kontinuierliche Bereitstellung von kleineren Mengen aus den genannten Gründen besser. Der Gesamtentwicklungsprozess könnte auf diese Art beschleunigt werden (Abbildung 6.8).

● Ein Vorteil des modularen Ansatzes, nämlich eine höhere Flexibilität des Modells für die Entwicklung, ist bisher noch nicht behandelt worden:

Bei der bisherigen Vorgehensweise wurde in relativ großen Mengen produziert. Eine Hoffnung der Pharmaindustrie besteht darin, dass neue ‚Lab on chip'-Konzepte den

Substanzbedarf für frühe Entwicklungen deutlich reduzieren. Bei den bisherigen Konzepten würde dies ein Umdenken notwendig machen, da oftmals völlig unklar bleibt, wie eine kontinuierliche ,Lab on chip'-Produktion mit dem bestehenden Produktionsequipment verknüpft werden kann. Das gleiche Problem tut sich auf, wenn eine kontinuierliche Reaktion, die beispielsweise in einem Strömungsrohr durchgeführt werden soll, mit konventioneller Großtechnologie kombiniert werden muss. Für das Konzept mit einer modularen Produktion ist die Herausforderung wesentlich geringer, da aufgrund des geringeren Scale eine Verzahnung einer derartigen Produktionsstufe mit dem Rest der Synthese leichter möglich wird. Auch andere technologische Veränderungen, die z.B. den Mengenbedarf auf der Zeitachse an anderer Stelle entstehen lassen, sind durch ein Konzept mit einer höheren Zahl kleinerer Ansätze deutlich leichter abzufangen.

- Die technische Produktionslinie selbst wird sich gemäß unserer Erwartungen zu 80% aus Standardbausteinen und zu 20% aus speziellen Bauelementen zusammensetzen, da die verfahrenstechnischen Grundoperationen der Chemie sich auf eine relativ kleine Zahl beschränken. Beim Aufbau einer neuen Produktionslinie kann somit in der Regel auf vorhandene Elemente zurückgegriffen werden. Sollte tatsächlich der umgekehrte Fall auftreten, dass ein Marktbedarf zunächst völlig überschätzt wurde, wäre der zusätzliche Kostenaufwand für den Abbau einer Anlage damit noch vertretbar.

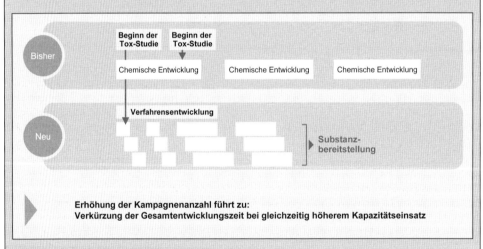

Abbildung 6.8 Vergleich des Zeitbedarfs in der chemischen Entwicklung für den bisherigen und den neuen Prozessablauf, dargestellt am Beispiel der Bereitstellung einer Substanz für toxikologische Untersuchungen.

Als *Nachteile* der neuen Vorgehensweise sollen Erwähnung finden:

- Jede Änderung der chemischen Synthese kann zu einem völlig anderen Verunreinigungsprofil führen und damit die Wiederholung der Experimente in der Toxikologie zur Folge haben. Diesem Risiko soll jedoch durch die größere Erfahrung mit der Synthese aufgrund der höheren Zahl durchgeführter Ansätze (vgl. Lernkurve) entgegengewirkt werden. Dennoch bleibt dieser Aspekt ein potentielles Risiko.

- Die Kosten der Entwicklung fallen bei parallel arbeitenden Abteilungen an. Sollte sich im Rahmen klinischer Studien herausstellen, dass das Therapieprinzip nicht ausreichend tragfähig ist, muss durch ein effektives Kostencontrolling sichergestellt werden, dass die Arbeiten an dem Wirkstoff in allen beteiligten Abteilungen sofort konsequent eingestellt werden. Da man hier parallel tätig war, müssen in kürzerer Zeit als bisher mehr Aufträge abgearbeitet worden sein. Aufgrund des höheren Personaleinsatzes bei parallelem Arbeiten bedeutet dies bei einem Scheitern des Projektes aber auch, dass zu diesem Zeitpunkt möglicherweise bereits höhere Kosten entstanden sind.

▲

6.1.4 Modellbeispiel I

Nach klassischer Vorgehensweise ist die 10stufige Synthese von der Wirkstoffforschung an die chemische Entwicklung übergeben worden. Dort wird sie im Labor optimiert. Dabei erhält man die erwähnte Ausbeuteverbesserung auf 90 % je Stufe. Dann überträgt man in den Entwicklungsbetrieb und verliert beim Scale up auf jeder der Stufen in etwa wieder das, was die Laboroptimierung erreicht hatte. Auf Basis des Beispiels von benötigten 15 kg Wirkstoff werden diese in einem Ansatz hergestellt. Alle Beteiligten sind glücklich und zufrieden, die benötigte Bedarfsmenge ‚in time' hergestellt zu haben. Insgesamt sehen jedoch alle das Defizit des Transfers in das größere Equipment.

Die Frage stellt sich, wie eine Alternative im Labor aussehen könnte.

Zunächst eine Antwort auf die zu bewegenden Mengen: Die benötigten 15 kg werden vorab in 10 Ansatzgrößen auf den jeweiligen Zwischenstufen zerlegt, die für die letzte Stufe eine Zielausbeute von 1 kg erbringen. Die Rechnung erfolgt auf Basis der bisherigen Forschungsausbeuten. Für den ersten Ansatz mit 80 % Ausbeute je Stufe ergibt sich, dass in die erste Stufe 7,5 kg Startmaterial eingesetzt werden müssen. Im zweiten Schritt ist dann für jede errechnete Ansatzgröße auf der jeweiligen Stufe die jeweils günstigste Anlagenkonstellation zu reservieren. Die Obergrenze der Anlagenvolumina sollte sinnvollerweise 20 l nicht überschreiten, um die Reaktionen weiterhin in handelsüblichen Laborausstattungen betreiben zu können. Für die erste Stufe bedeutet dies, bei 7,5 kg Startmaterial und unter Berücksichtigung der üblichen angestrebten Konzentrationen, zwei Ansätze in einem Glasrührwerk mit 20 l Volumen durchführen zu müssen. Schon nach wenigen Folgestufen wird allerdings aufgrund von Ausbeuteverlusten die Ansatzgröße von 20 l unterschritten. Die letzte Stufe wird mit 5 l Volumen in einem Ansatz in einem 10 l-Rührwerk bearbeitet.

Zur Durchführung der einzelnen Stufen wird nun mit der ersten Anlage und der ersten Stufe begonnen. Sobald die gewonnene Zwischenstufe in die zweite Anlage zur weiteren Umsetzung in der zweiten Stufe überführt ist, beginnt in der ersten Anlage erneut die Umsetzung von weiterem Startmaterial. Bei einer Gesamtzielmenge von 15 kg ist deshalb für die erste Stufe mit insgesamt 30 Ansätzen (2 x 15 Ansätze) zu rechnen. In einem solchen Prozess von vielen, direkt hintereinander geführten Ansätzen ist die Lernkurve jedoch leicht nachvollziehbar. Wir nehmen wie oben diskutiert an, dass jede Wiederholung zu einer Verbesserung der Ausbeute führt. Dies führt beim 10. Ansatz zu einer Durchschnittsausbeute von ca. 95 % pro Ansatz. Als Ergebnis ergibt sich aus der letzten Ansatzkaskade eine kumulierte Ausbeute von mehr als 4 kg statt der ursprünglichen 1 kg. In der Tabelle 6.1 sind die Ausbeuten pro Stufe für den ersten und den letzten Ansatz für jede Stufe zusammengefasst.

Tabelle 6.1 Vergleich der Ausbeuten einer 10stufigen Synthese mit 80 % und 95 % Ausbeute pro Stufe.

	Bei 80 % Ausbeute pro Stufe	Bei 95 % Ausbeute pro Stufe
Stufe 1	7,5 kg	7,5 kg
Stufe 2	5,9 kg	7,2 kg
Stufe 3	4,8 kg	6,6 kg
Stufe 4	3,8 kg	6,2 kg
Stufe 5	3,0 kg	5,9 kg
Stufe 6	2,4 kg	5,6 kg
Stufe 7	2,0 kg	5,3 kg
Stufe 8	1,6 kg	5,0 kg
Stufe 9	1,25 kg	4,8 kg
Stufe 10	1,0 kg	4,5 kg

Mit der neuen Vorgehensweise wird also deutlich *mehr Substanz* erzielt und zusätzlich *mehr Wissen* über die Synthese gewonnen. Selbst wenn die Annahmen als zu optimistisch angesehen werden, ist der Effekt unstrittig. Wir haben zudem aufgezeigt, dass die Umsetzung des Konzepts in einem typischen Glastechnikum selbst bei relativ großem Substanzbedarf für Präklinik und erste Klinikstudien machbar ist. Den Wechsel in ein ‚Technikumsequipment' wollen wir für unser Beispiel im Kapitel 6.2 zur Chemieproduktion erläutern. Abschließend an dieser Stelle ein Blick auf die Zeitachse zum Vergleich beider Vorgehensweisen:

Wir wollen drei Arbeitsgruppen parallel arbeiten lassen. Die Reinigung der Rührwerke findet erst zum Ende der Ansätze statt, da wir bis dahin immer wieder die gleiche Stufe im gleichen Rührwerk fahren werden. Analytik findet nur auf drei isolierten Stufen statt. Es werden bei einer Zahl von 5 Ansätzen pro Stufe innerhalb einer Kampagne somit 5 mal 10 Stufen in Folge durchgeführt. Dies entspricht einer Dauer von ca. 150 Arbeitstagen für die Herstellung, 18 Tagen für die Zwischenproduktanalytik. Die Reinigung am Ende ist nicht mehr relevant, da die Substanz zu dem Zeitpunkt bereits abgegeben ist. Für die Präklinik ist zudem keine mikrobiologische Freigabe erforderlich, wodurch sich auch die Endstufenfreigabe auf eine Woche verkürzen lässt. Dies führt zu einem Gesamtbedarf von ca. 174 Arbeitstagen. Inklusive der üblichen Feiertage ist die Bereitstellung somit in ca. 10 Monaten erfolgt. Die erste Substanz (3 kg) ist allerdings bereits nach dem 2. Monat an den nächsten Schritt im Prozess abgegeben worden. Beim bisherigen Vorgehen würde zwar auch ein erster Laboransatz bereits nach ca. 2 Monaten einen ersten Batch abliefern. Danach aber würde für ca. 6 Monate kein weiteres Material geliefert In dieser Zeit müssten daher die nachfolgenden Prozesse warten. Die Abbildung 6.9 stellt beide Vorgehensweisen gegenüber.

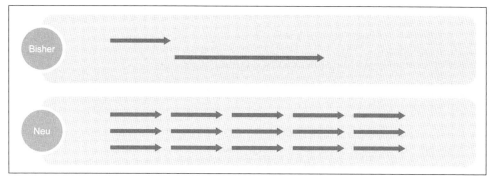

Abbildung 6.9 Zeitachse zur Herstellung eines Wirkstoffs in der frühen Entwicklung. Jeder Pfeil stellt einen Batch dar, wobei die Substanzmenge unberücksichtigt bleibt.

6.2 Chemieproduktion

6.2.1 Systeme und Aufgaben

Im Prinzip gibt es drei verschiedene Produktionssysteme, die mit Blick auf einen optimalen Prozess für die Pharmaproduktion der Zukunft zu betrachten sind:

(1) Produktion in vorhandenem Equipment (Multi-Purpose-Anlage)

Es existieren große, universell einsetzbare Anlagen, die kampagnenweise für die Herstellung eines oder mehrerer Batches einer Substanz genutzt werden. Dieses System ist in der Pharmaindustrie weit verbreitet und momentan das gängigste.

(2) Produktion in speziell für eine Synthese gebautem Equipment

Diese sog. Mono-Anlagen für nur einen Prozess stellen aufgrund ihrer hohen Anlageneffizienz (‚Overall Equipment Efficiency'-OEE) das Optimum für die Kostenrechnung dar. Das Problem der mangelnden Flexibilität dieser Anlagen gegenüber Änderungen jeglicher Art limitiert aber ihren Einsatz.

(3) Einsatz von kleinen Anlagen

Diese Konzeption wird mit dem Einsatz von Mikroreaktoren diskutiert, wurde allerdings bisher nur in wenigen Fällen realisiert *[Ehrfeld 2000, DeWitt 1999]*. Das aber der Weg technisch und wirtschaftlich attraktiv sein kann, wurde bei der Firma Merck bei der Reaktion eines Grignard-Reagenz mit einem Keton zu einem tertiären Alkohol gezeigt. Die Laborausbeute (88%) und die Ausbeute des bisherigen Semibatch-Produktionsverfahrens (72%) konnte durch eine Optimierungsstufe im Mikroreaktor auf 92–95% gesteigert werden. Aufgrund dieses eindrucksvollen Ergebnisses wurde in dem Unternehmen eine Produktionsanlage mit 5 Minireaktoren in einer Größe von $10^{-3}\,\mathrm{m}^3$ aufgebaut.

Die Variante mit klassischen Reaktoren, die in ‚kleinen Einheiten' ‚dediziert' für einen Prozess eingesetzt und bei Bedarf dann repliziert werden, ist jedoch bisher für die Chemieproduktion nicht systematisch betrachtet worden. Einzig in Bezug auf Gebäudelösungen gibt es modulare Konzepte, die z. B. von der Firma Pharmadule *(www.pharmadule.com)* verfolgt werden.

Problem: Schnelle Kapazitätsanpassung

Beim Übergang von der Entwicklung in die Produktion stellt der schnelle Aufbau von Kapazitäten für die Pharmaindustrie im alten Prozess oftmals eine besondere Herausforderung dar. Dies soll anhand des folgenden Beispiels aufgezeigt werden.

▲ Beispiel

Die Firma Immunex erhielt im November 1998 für das Arzneimittel Enbrel zur Behandlung von rheumatoider Arthritis die Zulassung durch die FDA. Enbrel ist ein natürliches Humanprotein, das zu hohe Mengen einer körpereigenen Substanz im Immunsystem – bekannt als Tumornekrosefaktor (TNF) – blockiert. Aufgrund der guten Wirksamkeit gehört Enbrel zu den umsatzmäßig am schnellsten wachsenden Biotech-Präparaten überhaupt. Ungeachtet dieses für Immunex durchaus erfreulichen Ergebnisses ist zu berücksichtigen, dass die Herstellung der Substanz auf einem komplexen biotechnologischen Prozess beruht. Zudem ist der Gesamtbedarf an Enbrel aufgrund der hohen Dosierung mit 182 kg/Jahr außergewöhnlich hoch (zum Vergleich: ca. Faktor 1 000 höher als bei der Behandlung von Multipler Sklerose mit dem Biotech-Präparat Avonex von Biogen oder Faktor 100 höher als Amgens Epogen und Neupogen).

Die Nachfrage überstieg schnell das Angebot. Immunex musste wegen des Produktionsengpasses die Umsatzerwartung in 2001 von ursprünglich 850 Mio. US-$ auf 750 Mio. US-$ zurücknehmen. Im August 2001 bekamen 70 000 Patienten Enbrel, zusätzliche 1 000 Patienten befanden sich auf einer Warteliste. Von rheumathoider Arthritis sind allein in Amerika jedoch 2 Mio. Menschen betroffen. Deshalb schätzen Analysten das Umsatzpotential von Enbrel auf ca. 2 Mrd. US-$.

Es wird deutlich, welche Umsätze einem Unternehmen entgehen können, wenn eine kurzzeitige Anpassung der Produktionskapazitäten nicht möglich ist. Kurzfristig sind Kapazitäten – gerade im Biotech-Bereich – nicht ausweitbar, wie der weitere Verlauf in diesem Beispiel zeigt: Da bei Boehringer Ingelheim, dem Lohnfertiger für Enbrel, die verfügbaren Kapazitäten schon nach kurzer Zeit ausgelastet waren, sollte durch eine Kombination von massivem finanziellen Engagement (450 Mio. US-$ zur Ausweitung der in Rhode Island befindlichen Anlagen) und einer Verbesserung der Ausbeuten um 10–30 % bei Boehringer Ingelheim die Produktionsmenge verdoppelt werden. Allerdings war dadurch keine kurzfristige Entlastung zu erwarten, da zuerst der FDA-Zulassungsprozess durchlaufen werden musste. Hier zeigt sich, dass auch regulatorische Einflüsse einer schnellen Produktionsausweitung entgegenstehen können, da aufgrund des nicht standardisierten Produktionsequipments der Qualitätsnachweis für das in der neuen Anlage hergestellte Produkt ein weiteres Mal erbracht werden muss.

Neben den entgangenen Einnahmen sind auch die Wirkung des Imageschadens in einer breiten Öffentlichkeit und der damit verbundene Zeitgewinn für die Wettbewerber nicht zu unterschätzen. Gerade ein Zeitgewinn kann zur Folge haben, dass bei einem Vollausbau der Produktionseinheiten aufgrund der bis dahin auftretenden Konkurrenz möglicherweise Überkapazitäten aufgebaut werden, die zunächst zu erhöhten ,Sicherheitsbeständen' führen. Die Sicherheitsbestände jedoch belasten den ,cash flow' und stellen lediglich ,programmierte Verschrottungsbestände' *[Wassermann 2001]* dar. Somit kommt der Abbau von Überkapazitäten den Produzenten im derzeitigen Konzept genauso teuer zu stehen wie der Aufbau der zur Marktversorgung benötigten Kapazitäten.

Problem: Bestände/Terminsicherheit

Bislang war es für die Pharmaindustrie nicht untypisch, dass teilweise Lagerbestände für mehr als 2 Jahre im Bereich Wirkstoffproduktion aufgebaut wurden. Als Gründe dafür wurden angegeben:

- Dauer der chemischen Umsetzungen und Zeit für die Aufreinigung der Produkte.
- Mangelnde Transparenz über die künftige Marktsituation.
- Geringe Produktstabilität im Rohzustand (kaum Rohlagerung möglich).
- Hohe Reinheitsanforderungen und Forderung nach Zwischenanalysen.

So wurden einerseits die Anlagen für Verfahrensteilschritte konstruktiv möglichst einfach und allgemein einsetzbar gestaltet, um für möglichst viele Verfahren nutzbar zu sein. Andererseits wurden nicht für jeden Verfahrensschritt eigene Anlagen bereitgestellt. Die momentane Produktionsstrategie basiert also auf dem Multi-Purpose-Konzept, während ,dedicated Equipment' – Anlagen, die für die gesamte Lebensdauer eines einzelnen Produktes nur zu dessen Herstellung genutzt werden – überwiegend im Bereich hochtonnagiger (mehrere 100 to pro Jahr) oder hochwirksamer Produkte (Zytostatika) Verwendung finden.

Um den unterschiedlichsten Mengenanforderungen gerecht zu werden, ist es deshalb erforderlich, Synthesen, die auf die Batch-weise Umsetzung zugeschnitten sind, in Kampagnen durchzuführen und dabei die Wirkstoffmenge für mindestens die Dauer der nachfolgenden Kampagne bereitzustellen. Nur so ist in der Zwischenzeit die Marktversorgung nicht gefährdet. Die vorherrschende Meinung, dass die Chemieproduktion in der Pharmaindustrie sich gegenüber der Chemieindustrie in einer günstigeren Situation befindet, wurde bislang durch zwei Hauptargumente gestützt:

(1) Gegenüber der großtechnischen Chemie vergleichsweise geringere Tonnagen in der Pharmaindustrie: Der im Verhältnis niedrigere Wirkstoffanteil erzeugt eine geringere Hebelwirkung für Optimierungen bestehender Verfahren im Vergleich zu den Produkten mit großer Ausbringungsmenge.

(2) Ein vergleichsweise geringerer Preisdruck.

Insbesondere hinsichtlich des letzten Aspektes ist in den zurückliegenden Jahren eine Veränderung zu verzeichnen: Die Outsourcing-Tendenzen im Bereich Wirkstoffproduktion Richtung China und Indien legen ein beredtes Zeugnis davon ab, dass auch die Pharmaindustrie unter erheblichem Preisdruck steht und die Wirkstoffproduktion mehr und mehr Kostensenkungsprogrammen ins Auge sehen muss. Es gilt demzufolge, die vermeintlichen Vorteile der Kampagnenfahrweise von Batch-Verfahren in Multi-Purpose-Anlagen zu hinterfragen. Umgekehrt ist bei knappen Kapazitäten dann bei Verzögerungen im Produktionsprozess schnell mit einer ,Bugwelle' an Lieferengpässen zu rechnen, da die Resonanzzeit teilweise erheblich ist und schnell in den Bereich von mehreren Monaten bis zu einem Jahr kommt.

6.2.2 Der neue Weg

In der Praxis sieht unsere Alternative recht unspektakulär aus. Im Kapitel 6.1 haben wir einen Scale up-Schritt nach der klinischen Phase I beschrieben. Für die weitere Entwicklung wird man diesen Prozess weitere ca. 20 mal durchführen. Beim Beginn der Produktion wird der Prozess kontinuierlich reproduziert. In der Folge wird jede chemische Reaktion mindestens einmal pro Woche in dediziertem Equipment durchgeführt. Anstelle eines weiteren

Scale up erfolgt die Erhöhung der Ausbringung durch eine Erhöhung der Batch-Zahlen. Bei einer Wiederholung der Standardansatzgröße in 45 Wochen ergibt sich bei einer wöchentlichen Ausbeute von 11 kg eine Gesamtausbringung von ca. 500 kg. Der Transfer an den Produktionsstandort oder in das Produktionsequipment erfolgt durch Aufbau der entsprechenden Anlage am Produktionsstandort. Die Anlage wird aus Standardkomponenten aufgebaut. Der Aufbau soll in 6 Monaten abgeschlossen sein.

Anlagen

Die Frage, welche technologischen Entwicklungen in einem Pharmaunternehmen vorangetrieben werden sollten, hängt wesentlich davon ab, welche konkreten Erwartungen an die Zukunft in Gestalt des Wirkstoffportfolios und der jährlich benötigten Wirkstoffmengen formuliert werden. Sollte beispielsweise der sich aktuell abzeichnende Trend einer zunehmenden Individualisierung von Therapien in der Zukunft Realität werden, müsste sich dies natürlich auch in den Versorgungskonzepten widerspiegeln. Dem folgend lassen sich allgemeine Anforderungen an Anlagen und Versorgungskonzepte formulieren:

(1) Verzahnung von Entwicklungs- und Produktionsprozessen, die eine Materialversorgung im Takt der klinischen Studien sowie eine reibungslose Versorgung für die Markteinführung (,Launch') ermöglichen.

(2) Die Produktion sollte flexibel auf Mengenschwankungen reagieren können und zu möglichst niedrigen Kosten erfolgen.

(3) Die Fertigung sollte höchsten Qualitätsanforderungen genügen und dabei heutige sowie künftige GMP-Anforderungen mit überschaubarem Aufwand bedienen können.

(4) Der Fertigung sollte ein gleichmäßiger Bedarf zugrunde liegen (,Levelling'), und sie sollte möglichst kurze Durchlaufzeiten haben.

Eine Schlussfolgerung liegt damit auf der Hand: um diesen Grundanforderungen gerecht werden zu können, wird in der Zukunft ein wesentlich höheres Maß an Standardisierung von Technologien erforderlich sein, als es derzeit im Pharmabereich vorgefunden wird. Die Frage nach den notwendigen Anlagen und deren Dimensionierung muss also mit der Frage nach den im relevanten Zeitintervall benötigten Mengen an Wirkstoff verknüpft werden. Wir werden zeigen, dass dies bis auf eine Fertigung in Tageslosen hinuntergehen kann. Unser Ansatz soll dabei von einer einfachen Klassifizierung ausgehen. Wir wollen die Produktionsmengen für Wirkstoffe in drei Klassen einteilen:

(1) Produktbereich mit mehreren Tonnen p. a. (Beispiel: Aspirin).

(2) Produktbereich zwischen 250 kg bis ca. 5 Tonnen p. a. (Beispiel: Steroide für orale Kontrazeption).

(3) Kleinmengenbereich mit < 100 kg p. a. (Beispiel: Hochwirksame Chemotherapeutika in der Onkologie).

Innerhalb einer Klasse soll die Kapazitätsausweitung durch Multiplizierung der Anlagen erfolgen. Daraus ergibt sich für unsere Vorgehensweise, dass wir

● eine ,Tonnen'-Anlage benötigen,

● eine Anlage für den Bereich von 250 kg bis 5 to und

● eine Mikroanlage für bis zu 100 kg Jahresproduktion.

Die Standardanlage für mehrere Tonnen kann aus dem Bereich der Chemieproduktion abgeleitet werden. Für unsere Überlegungen hingegen spielen sie keine Rolle, weil sich die

Frage auf den Bereich der mittleren und kleinen Standardanlagen reduziert. Im Detail wird die Größe des größten und des kleinsten Rührwerks, das aus dem ‚Standard-Geräte-Park' entnommen und in die Produktionsanlage installiert wird, von der individuellen Wirkstoffsynthese abhängen. Als Standardrührwerke sind bedarfsorientiert

- für den Bereich bis zu 5 to maximal 250 l-Rührwerke und
- für den Bereich bis zu 100 kg maximal 100 l-Rührwerke,
- für die Produktion früher Intermediate langstufiger Synthesen größere Rührwerke (z. B. 1 200 l),

als Basisvarianten sinnvoll. Natürlich ist gerade bei längeren Wirkstoffsynthesen durchaus denkbar, dass individuelle Anlagenkonzepte entstehen, die auf Kombinationen der Varianten beruhen. Frühe Vorstufen einer sehr langen Synthese eines Projektes mit kleinem Marktbedarf werden dann in Kampagnenfahrweise in größeren Rührwerken gefertigt, die typischerweise für Stufen eines Projektes mit mittlerem Marktbedarf benötigt würden. In Ausnahmefällen ist somit auch nicht ausgeschlossen, dass die an anderer Stelle eingeführten 1 200 l-Rührwerke punktuelle Verwendung finden, wenn es der Bedarf auf einer frühen Stufe erfordert. Da es sich jedoch immer noch um ein Standardrührwerk handelt, bleibt der positive Effekt für das Gesamtsystem erhalten.

Gebäude

Die Gebäude werden in Zukunft ähnlich unauffällig gestaltet werden, wie heute bereits Technikum-Hallen. Das Gebäude soll nicht für eine Jahrhundert-Lebensdauer gebaut werden, sondern als möglichst leerer Installationsraum für eine Anlage dienen, deren Betriebsdauer mit 15 bis 20 Jahren angesetzt wird. Danach sollte man davon ausgehen, dass das Gebäude in seinem Innenleben (d. h. Anlagen und Versorgungssysteme) deinstalliert wird und nach einer Basisrenovierung für eine oder mehrere neue Installationen Platz bietet. Unter Umständen wird es auch erforderlich werden, das Gebäude in der Reifephase des Produktes an einen anderen Standort zu verlegen. Dies bedeutet, in der Betrachtung des notwendigen Ausmaßes an Standardisierung ferner die verwendeten Gebäude – und damit auch die Infrastruktur – mit einzubeziehen.

Wirkstoffbestände als Puffer

Wir haben bereits zuvor erläutert, dass die Wirkstoffendstufe unsere natürliche Pufferstufe sein wird. Wenn wir zudem festlegen, dass wir in einem ersten Schritt einen Puffer auf der Stufe des Wirkstoffs anlegen, der die Größe des geplanten Bedarfs für ein Quartal enthält, müssen wir andererseits innerhalb eines Quartals die Produktionsmenge an den neuen realen Bedarf anpassen können. Dazu müssen die Produktionsanlagen aus flexiblen Standardkomponenten bestehen, die in wenigen Wochen zu einer kompletten Produktionslinie zusammengefügt werden können. Die Grundlagen für standardisierte Module, die den Aufbau einer Fabrik der Zukunft nach dem Konzept der Zusammenstellung eines PC's ermöglichen sollen *[Lohf et al. 2000]*, sind vorhanden. Wir werden später erste konkrete Beispiele für pharmagerechte Module aufzeigen. Bei steigenden Stückzahlen ist dann der Kostenaufwand, der mit der Bevorratung einer entsprechenden Produktionsanlage verbunden ist, klein im Vergleich zum Gesamtnutzen. Einen interessanten Aspekt stellt zudem die Überlegung dar, dass wir nur drei Größenordnungen von Produktionslinien in unserer Chemieproduktion sehen. Somit wird ein Reaktor, der sich im Reservelager befindet, nicht für eine spezielle Produktionslinie reserviert, sondern stellt eine Reserve für mindestens ein Dutzend Anlagen dar. Damit erreichen wir zwar noch nicht die Effizienz der Automobilindustrie

(1 Tankdeckel für alle Automobilreihen). Es entsteht allerdings ein deutlicher Unterschied im Vergleich zum derzeitigen System, bei dem es bei einem analogen Detaillierungsgrad nur wenige gleiche Teile gibt. In diesem Sinne verstanden ist die aktuelle Bestandshöhe also auch immer ein Gradmesser der gegebenen Komplexität des Systems. Daher ist Bestandsmanagement immer auch Komplexitätsmanagement.

Organisation

Ausgangspunkt unserer Überlegungen soll eine Beschreibung der aktuellen Situation in der Entwicklung sein, die wir von der Grundanlage her als allgemeingültig ansehen.

 Exkurs ‚Organisation und Führung'

Ein nahezu klassischer Zustand in der Chemieproduktion der deutschen Pharmaindustrie besteht darin, die Leitung von chemischen Produktions- und Entwicklungsabteilungen Chemikern (organische Chemie) anzuvertrauen. Diese Chemiker nehmen entsprechend nur solche Ideen an, die sie auch verstehen, und das sind in der Regel klassische Laborarbeitsweisen aus der organischen Chemie. In den englisch-sprachigen Ländern sind die Betriebsleiter dagegen in der Regel Chemieingenieure. Die Process Research-Abteilungen wiederum werden von den Chemikern (organische Chemie) geführt. Obwohl die Chance bestünde, dass die Ingenieure neue Verfahrensweisen annehmen könnten, bekommen sie von dem ihnen vorgelagerten Prozessschritt nur organische Synthesevorschriften ohne technische Umsetzungsvorschläge geliefert. Dieses Dilemma zu lösen, beginnt zwangsläufig mit der Umstrukturierung der Process Research-Einheiten zu interdisziplinären Teams, in denen Ingenieure und Chemiker gleich berechtigt, aber auch gleich verantwortlich für den Gesamtprozess sein müssen.

Die Anforderungen an die Wandlungsfähigkeit der gesamten Organisation sind also vielfältig. Eine Grundvoraussetzung ist, dass sich innerhalb der Unternehmen eine lebendige und starke Kultur der Ausrichtung auf den Kunden und seine Bedürfnisse entwickelt. Dieses Bewusstsein ist nicht flächendeckend in der Pharmawelt etabliert. Wer ist hier überhaupt ‚Kunde'? Der Arzt, der Apotheker, der Großhändler, der Patient? Wie sehen die konkreten Kundenbedürfnisse aus? Inwieweit haben die heutigen Spielregeln in einem sich rasant verändernden Marktgeschehen überhaupt länger Bestand? Erst wenn dies verstanden ist und eigene strategische Antworten innerhalb der Unternehmen entwickelt wurden, kann der Verantwortliche eines Entwicklungsprojektes die konkreten Anforderungen an ein Produkt festlegen. Natürlich beginnt dieser Prozess nicht erst in der Entwicklung, sondern ist bereits ein Thema der Arzneimittelforschung, wo interessante Krankheitsfelder und biologische Targets identifiziert werden. Hier zeigt sich also, dass sich damit für den Entwicklungsprozess eine essentielle Schnittstelle zur Forschung auftut und gleichzeitig eine Anforderung entsteht, die Kundenbedürfnisse in Bezug auf Wirksamkeit, vertretbare Nebenwirkungen, angestrebte Markteinführung/Wettbewerbssituation und Zielkosten in der Forschung rechtzeitig zu definieren sowie im weiteren Prozessverlauf immer wieder zu hinterfragen. Es darf nicht vergessen werden, dass es nicht nur darum geht, Entwicklungsprojekte zu beschleunigen, sondern ggf. auch rechtzeitig abzubrechen, sobald erkennbar wird, dass die spezifizierten Kriterien nicht erfüllt werden. Aus der Forschung wird das Zeit- und Kostenthema in die Entwicklung übernommen und um Qualitätsvorgaben ergänzt, die dann zu Leitlinien für den Entwicklungsprozess werden. Konkret bedeutet dies, dass der Projektverantwortliche der Entwicklung den Forschungsverantwortlichen als seinen Kunden ansieht, dessen Termin- und Kostenvorgaben zu erfüllen sind. Dieses Verständnis läuft dem bisherigen funktionsorientierten Projektablauf von Forschung-Entwicklung-Produktion entgegen und führt zu einem bereichsübergreifenden Entwicklungsansatz, der gelebt werden muss. Dies gelingt nur, wenn auf Mitarbeiter- und Organisationsebene die entsprechenden Voraussetzungen geschaffen sind.

Im Bereich F&E muss die Organisation beispielsweise die für ein Projekt notwendigen Personal- und Infrastrukturkapazitäten zur Verfügung stellen und darf hierbei keine Kompromisse eingehen, die als solche nur den weiteren Entwicklungsprozess verlangsamen. Dies bedeutet aber auch, dass die Entscheidungsstrukturen innerhalb eines Unternehmens den Erfordernissen der individuellen Projekte angepasst sein müssen. Konkret entsteht damit die Anforderung, dass bis hinauf zur höchsten Managementebene vorgangsbezogene Projektentscheidungen nach Bedarf möglich sein müssen. Auch hier kommt also in Bezug auf den Informationsaustausch und die Entscheidungsprozesse auch das Pull-Prinzip im Entwicklungsbereich zum Tragen. ‚Verschwendungen' durch Wartezeiten auf beispielsweise nur vierteljährlich stattfindende Managementrunden müssen vermieden werden, um zeitnahe Entscheidungen und Flexibilität in der Kapazitätsallokation zu ermöglichen.

Durch geeignete Personalmaßnahmen ist die Ausbildung von vier Kernelementen einer unternehmensweiten Kultur zu gewährleisten mit

- Ausrichtung auf (interne/externe) Kundenbedürfnisse,
- Schaffung umfassender technischer Expertise auf Mitarbeiterseite,
- Projektleitung mit Gestaltungskompetenz,
- Regelmäßige Bewertung von Personal und erforderlichem Schulungsbedarf.

Natürlich hat ein derartiges Vorgehen dann auch Auswirkungen auf den Auswahlprozess neuer Mitarbeiter, die auf ihre Kompatibilität mit der angestrebten Unternehmenskultur eingehend geprüft werden müssen. Gleichermaßen muss aus den vorhandenen Mitarbeitern eine ausreichende Zahl an Projektleitern aufgebaut werden, die das (kulturelle) Anforderungsprofil des Unternehmens für derartige Positionen erfüllen. Hierüber muss es eine ausreichend klar formulierte und im Unternehmen kommunizierte Vorstellung geben.

Da es um die Änderung von Verhaltensweisen geht, muss dies durch geeignete Belohnungs- und Entlohnungssysteme sowie Personalentwicklungsmaßnahmen unterstützt werden. Dabei darf nicht vergessen werden, dass die angestrebte umfassende Expertise in allen relevanten Feldern von F&E sowie Produktion nur durch jahrelange Projektarbeit aufgebaut werden kann. Daher ist von Unternehmensführungsseite dafür Sorge zu tragen, dass derartige Tätigkeiten auch ausreichend attraktiv für die Mitarbeiter sind und ihnen eine entsprechende Wertschätzung seitens des Unternehmens entgegengebracht wird, um die notwendige Anzahl von Spezialisten heranzuziehen. Dies verändert insbesondere den Blickwinkel auf die Frage, was eine erstrebenswerte Karriere in einem Pharmaunternehmen ist und hat damit implizit eine entscheidende Auswirkung auf die Frage, inwieweit der Erfolg eines Unternehmens durch seine Organisationsprinzipien und seine Organisationsstruktur unterstützt oder eben verhindert wird.

Konkret ist nicht auszuschließen, dass sich durch den parallelen Produktionsansatz in der Entwicklung und in der Produktion ein insgesamt (leicht) erhöhter Personalaufwand ergeben kann. Die Kosten hierfür können jedoch in anderen Bereichen eingespart werden. Die parallele Produktion eröffnet darüber hinaus gerade in der späteren Produktion auch die Chance, neue Mitarbeiter an einer separaten Anlage bzw. Produktionslinie auf den Prozess einzuweisen und sie – erst nachdem sie die technischen und chemischen Besonderheiten des jeweiligen Prozesses beherrschen – an den Produktionsanlagen einzusetzen. Dieses in der Automobilindustrie als Lernwerkstatt erfolgreich angewandte Modell könnte auch in der Chemie- und Pharmaproduktion zu einem besseren Verständnis der Prozesse durch die Mitarbeiter und damit zu weniger Fehlern sowie einer daraus resultierenden höheren Qualität führen. Gleichzeitig ist dies ein konkreter Beitrag zum Thema Mitarbeiterentwicklung und auch Mitarbeiterbindung durch Herausforderung. Gerade der Aspekt, wie Mitarbeiter in einem Zustand hoher Produktivität auch in späteren Lebensphasen an ein Unternehmen gebunden werden können, hat vor dem Hintergrund des demographischen Wandels für die westliche Welt enorme Bedeutung.

6.2.3 Fazit

Die Vorteile der neuen Konzeption können folgendermaßen zusammengefasst werden:

- Die Reaktionen können optimiert werden, da sich ein nur sehr kleines und sehr gut definierbares Volumen unter den Reaktionsbedingungen befindet.
- Standardreaktoren sind relativ preisgünstig herstellbar und können somit für den jeweiligen Prozess ,dediziert' hergestellt werden.
- Entwicklung und Produktion haben ein klares Ziel für die gemeinsame Optimierung.

Der angestrebte Nutzen ergibt sich aus den nachstehenden Merkmalen:

- Verkürzung der Durchlaufzeit.
- Verkürzung der Resonanzzeit (Wiederbeschaffung).
- Trennung von Verfahrensoptimierung und Substanzbereitstellung.
- Hohe Qualität durch kontinuierliche Verbesserung (Ausbeute, Reinheitsprofil, Prozesssicherheit).
- Qualifizierung, Flexibilisierung und Bindung von Mitarbeitern an das Unternehmen.
- Beitrag zur Verkürzung der Gesamtentwicklungszeit für ein Arzneimittel.

6.2.4 Modellbeispiel II

Im Abschnitt 6.1.4 haben wir ein Beispiel (Modellbeispiel 1) gezeigt und erläutert, wie die Mengen bis zur Phase 1 der klinischen Prüfung in 10 l- und 20 l-Rührwerken noch in einem gängigen Labor hergestellt werden können. Der Mengenbedarf steigt während der Entwicklung jedoch ständig an. Ein Scale up erscheint deshalb als unvermeidbar, sollte jedoch möglichst nur einmal erfolgen. Wie kann das umgesetzt werden?

Das prinzipielle Vorgehen bedarf trotz aller Unsicherheit nur weniger Schritte: Anhand der Abschätzungen zu

- möglichen Dosierungshöhen,
- der Frequenz der Arzneimittelgabe sowie
- des zu erwartenden Marktanteils

wird die künftige Bedarfsmenge geschätzt. Dabei können auch Vergleichsdaten schon im Markt befindlicher ähnlicher Produkte herangezogen werden. Wir nehmen für unser Beispiel eine Jahresbedarfsmenge an Wirkstoff von 500 kg an. Nach unserem Konzept müssen bei 45 Wochen Produktion und einem angenommenen Jahresbedarf von 500 kg des Wirkstoffs nur ca. 12 kg pro Woche ausgebracht werden. In unserem Entwicklungsequipment haben wir aber mit einer Laborgerätezusammenstellung (Maßstab max. 20 l) bereits 4 kg ausgebracht. Aus dieser Sicht ist nachvollziehbar, dass wir nur noch einen Scale up-Schritt im Verlauf der Entwicklung benötigen. In Abhängigkeit von der Art des Produktes kann man sich auch vorstellen, nach einer Kostenanalyse zu entscheiden, dass überhaupt kein Scale up durchgeführt und stattdessen nur durch die dreifach parallel reproduzierte Laboranlage die Produktion des Wirkstoffs sichergestellt wird.

Wenn aber ein Scale up-Schritt notwendig ist, dann sollte in den späten Entwicklungsphasen eine Anlagengröße gewählt werden, die den Anforderungen der Produktion genügt. In unserem Beispiel hieße dies für die erste Synthesestufe: ein 20 l- Glasrührwerk und 2 Ansätze für 7,5 kg Startmaterial führten in Modellbeispiel 1 zu 4 kg Wirkstoff. Daraus ergibt sich rechnerisch ein Volumen von nur 60 l für die erste Stufe bei einer Produktionshäufigkeit von 2 Ansätzen pro Woche und 45 Wochen Jahresproduktionszeit. Wegen der Unsicherheit der Mengenabschätzung geben wir einen Sicherheitszuschlag und wählen eine Rührwerksanlage mit 100 l Volumen. Nominal reicht dies für eine Jahresproduktion von ca. 900 kg (20 kg/Woche) aus, wenn man weiterhin 2 Ansätze pro Woche annimmt. Für die folgenden Synthesestufen wären die Anlagen bestenfalls gleich groß oder kleiner zu wählen. Dieses Beispiel erscheint manchem Betrachter sicherlich in der Dimension nicht ausreichend groß gewählt. Daher unser Exkurs zu einer ‚Produktion in Tageslosen‘.

 ### Exkurs ‚Produktion in Tageslosen‘

Für einen Jahresbedarf von ca. 10 Tonnen (10 to in 45 Wo = 222 kg Wochenproduktion = 31,7 kg/Tag bei durchgehender Arbeitsweise, Verdünnung 1:10) wären Anlagen mit einem Rührwerksvolumen von max. 500 l zu wählen. Auch diese Anlagen entsprechen noch den üblichen Technikumsgrößenordnungen. Ideal wäre darüber hinaus noch die Wahl von zwei Anlagensträngen, damit bei einem mäßigen Erfolg des zukünftigen Produktes auch Flexibilität zum Kapazitätsabbau vorhanden bleibt. Mit einem derartigen Doppelstrang-Produktionskonzept wären somit auch 20–30 to Wirkstoff ohne Probleme abdeckbar. Zudem würde es einen deutlichen Lerneffekt auch bezüglich der Durchführungszeiten für einen Ansatz geben. Auf deren Basis sind Durchsatzsteigerungen bis zu 50 % aufgrund von verfahrenstechnischen Verbesserungen durchaus vorstellbar, da auch bereits bei der bisherigen klassischen Vorgehensweise hier immer wieder Optimierungserfolge in der Produktion erzielt werden können.

Zurück zu unserem Beispiel: In den späten Entwicklungsphasen wird in den bereitgestellten Anlagen insgesamt 10–20 Wochen ‚produziert‘. In den nicht genutzten Phasen steht dieses Equipment wie im herkömmlichen Multi-Purpose-Betrieb für andere Synthesen zur Verfügung, bleibt aber (bzw. eine identische Anlage) gleichzeitig reserviert für weitere Substanzbereitstellungen. Innerhalb eines Technikums, das zukünftig mit Standardanlagen ausgerüstet sein wird, ist dies auch kein organisatorisches Problem. Die Übertragung der Synthese in die Produktion wird dann denkbar einfach. Entweder werden die bisherigen Anlagen direkt zum Produktionsequipment erklärt und nun dediziert für die Produktion genutzt, oder die Synthese wird in identische Anlagen am Produktionsstandort verlagert.

Je nach der Entwicklung der Bedarfsmengen kann dann Kapazität modular an- oder abgebaut werden. Im nächsten Kapitel soll dies in einer umfassenden Darstellung, die auch auf die Unterstützungsbereiche wie Qualitätskontrolle und -sicherung eingeht, näher dargestellt werden.

6.2.5 Chemical Plant of the Future

Eine auf standardisierten Anlagenteilen beruhende Fabrik stellt den Brückenschlag zwischen Entwicklung und Produktion dar. Entwicklungsprozesse gehen nahtlos in Produktionsprozesse über. Zudem ist sie konzeptionell darauf ausgerichtet, einen Lösungsansatz für drei bislang unvereinbar scheinende Anforderungen zu bieten. Ziel ist es, höchste Qualitäts- und künftige GMP-Anforderungen mit einer flexiblen Mengenanpassung bei gleichzeitig beherrschbaren Kosten in Einklang zu bringen.

Zeitplan und Aufbau einer Fabrik der Zukunft

Rechtzeitig vor der Zulassung (< 1 Jahr) erfolgt ein Scale up der Prozesse in eine für erste Marktmengen ausreichende Anlagengröße, die in den regulatorischen Zulassungsdokumenten hinterlegt wird. Bei entsprechend komplexen Synthesen können dies, falls die Mengenströme dies rechtfertigen, dedizierte Anlagen sein. Alles bislang für die Wirkstoffproduktion Beschriebene gilt natürlich auch für die Herstellung der pharmazeutischen Darreichungsform. Beide Produktionen ('drug substance' und 'drug product') werden später idealerweise in einer aus Segmenten aufgebauten Fabrik zu einem durchgehenden Produktfluss zusammengeführt.

Das vorhandene neue Produktionsmodul für die ersten Marktmengen bildet die Ausgangsbasis. Sollte der Marktbedarf deutlich ansteigen, werden weitere Module gleichen Typs angebaut. Beim Ausbleiben des erhofften Wachstums bleibt bei niedrigen Leerkosten das erste Modul unverändert bestehen.

Fraglos ist das Thema Kosten nicht unbedeutend. Auf folgende Aspekte soll hingewiesen werden:

(1) Die beschriebenen Vorteile bei GMP, Qualität und ausbleibendem Aufwand für das Change-Management zu Verfahrensänderungen wirken kostensenkend. Mit dem modularen Anpassen der Kapazitäten sind Leerkosten weitestgehend vermeidbar und komplett transparent. Wegen kurzer Durchlaufzeiten sind die Bestandskosten niedrig und der logistische Aufwand in Planung und Abwicklung minimiert. Standardisierung vermindert den Engineering-Aufwand. Aufgrund der geringeren Zahl an Verfahrenswechseln und Upscaling-Schritten ist zudem ein besseres Prozessverständnis bereits in der Entwicklung zu erwarten, welches sich in der Geschwindigkeit und Qualität der Dossiererstellung niederschlagen und damit einen kürzeren Zulassungsprozess ermöglichen sollte. Dies ermöglicht einen früheren Beginn der Amortisationsphase. Derartige Anlagen sollten daher einen besseren 'return on invest' (ROI) ermöglichen.

(2) Andererseits wirken sich die tendenziell kleinen Anlagen bei den Betriebskosten erhöhend aus, und der Investitionsbedarf steigt beim Multiplizieren der Module. Konkrete Beispiele haben gezeigt, dass die Herstellungskosten bei komplexeren Wirkstoffen und Darreichungsformen im Wesentlichen von der Ausbeute bestimmt werden. Die beschrie-

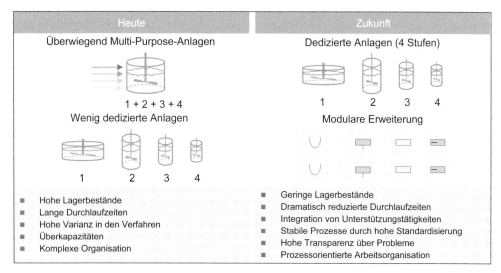

Abbildung 6.10 Modulare Produktionsweise.

bene Vorgehensweise wird mit höheren Ausbeuten – beispielsweise aufgrund besserer Selektivitäten und genauerer Reaktionsführung – sowie besseren Qualitäten und einem vereinfachten Planungsprozess die entgangenen Betriebsgrößenersparnisse übersteigen. Die erzielten Ertragssteigerungen durch Kostensenkungen sind indessen klein im Vergleich zu dem anfangs erwähnten höheren Umsatz und der damit steigenden Rendite durch einen früheren Markteintritt, da diese Systematik tatsächlich zu einer Verkürzung der Entwicklungszeit führt.

Gestaltungsmerkmale einer Fabrik der Zukunft

Die vorangegangenen Ausführungen haben aufgezeigt, an welchen Fragestellungen sich der Weg in die Fabrik der Zukunft entlang bewegt. Dabei standen technische Lösungen weniger im Vordergrund als die Anforderungen der Prozesse. Nichts desto weniger haben natürlich neue Technologien einen festen Platz in dieser Fabrik. Die technologische Innovation ist jedoch der Geschwindigkeit des Entwicklungsprozesses untergeordnet und wird nicht zum Selbstzweck. Über den Entwicklungsprozess wurden die benötigten Anlagen definiert und die Verfahrensschritte optimiert. Dies mündet ein in ein Produktionsmodul, das sowohl aus einer Wirkstoff- als auch einer Endfertigungseinheit und ggf. einer Logistikeinheit (Verpackung und Versand) besteht (Abbildung 6.10).

In Bezug auf den gesamten Lebenszyklus eines Produkts ist eine derartige Fabrik flexibel und räumlich mobil und kann damit prinzipiell transferiert oder (in einem anderen Land) kopiert werden. Dadurch entsteht eine zusätzliche Flexibilitätsdimension gerade für Produkte, die sich einem generischen Angriff ausgesetzt sehen. Auch hier ist zu erwarten, dass aufgrund einer hohen Ansatzzahl ein tiefes Prozess- und Anlagenverständnis aufgebaut wird, das schnelle Transfers oder Duplikationen erlaubt.

Logistische Steuerung einer Fabrik der Zukunft

Die Produktion basiert auf dem ‚single batch flow', bei dem der einzelne Ansatz durch die gesamte Produktionskette hin zum Arzneimittel ‚fließt'. Chargenvermischungen sind ausgeschlossen, da die Ansatzgrößen aufeinander abgestimmt sind. Eine Rückverfolgung von Auffälligkeiten in der Qualität ist einfach und bedarf keiner teuren IT-Lösung. Der analytische Aufwand innerhalb der Produktionskette kann minimiert werden, Analysenzeiten wirken sich nicht mehr hemmend im Sinne des Produktionsflusses aus. Die Mengensteuerung erfolgt aus dem Fertigwarenlager nach dem Pull-Prinzip. Das heißt, die Fabrik produziert nur dann, wenn ein definierter Sicherheitsbestand unterschritten ist. Ein erster Pufferbestand liegt auf der Bulk-Ware, aus der dann länderspezifisch in kleinen Losgrößen verpackt und versandt wird.

Die Bestellung der Rohstoffe erfolgt wegen der über das Jahr relativ gleichmäßig verteilten Produktion ebenfalls über Kanban- oder FIFO (‚First-in-first-out')-Systeme, z. B. Sonden für Lösungsmittelfüllstände, die direkt beim Lieferanten eine Bestellung auslösen. Die Lieferanten der jeweiligen Rohstoffe verfügen über eine Leseberechtigung hinsichtlich der Bestandshöhen der von ihnen bereitzustellenden Materialien und liefern selbstständig, sobald Bestandsgrenzen unterschritten werden (‚hole in the wall'-Prinzip). Ein Lieferantenmanagementsystem stellt sicher, dass Verfahrensänderungen bei der Herstellung von Roh- und Einsatzstoffen eine Kostensenkung nicht der Qualität der Einsatzmaterialien nachordnet. Die Gesamtbestände sind durch diese Vorgehensweise minimal und können durch systematische Prozessverbesserungen weiter reduziert werden.

 Exkurs ‚RFID'

Die vorhandene RFID-Technologie, die sich momentan zu einem maßgeblichen Instrument bei der Bekämpfung von Arzneimittelfälschungen entwickelt, kann zu einem wichtigen Kommunikationsmedium in der Supply Chain der Zukunft werden. e-Kanban-Systeme auf RFID-Basis lösen automatisch Liefervorgänge und nachgelagerte Produktionsvorgänge innerhalb der Supply Chain aus. Buchungsvorgänge, die bei Ein- und Auslagerungsvorgängen aus Warenhäusern, deren Bestandshöhen kontinuierlich verschlankt werden, sind gleichzeitig mit Bezahlvorgängen gekoppelt, die über ‚blanket order' zwischen Lieferanten und Kunden geregelt sind. Gleiches kann natürlich auch im eigenen Sourcing-Bereich für den Bezug von Rohstoffen und sonstigen Hilfsmaterialien genutzt werden. Während hierdurch eine zeitnahe Abbildung von realen Bestandshöhen gewährleistet wird, leistet ein Einsatz derartiger Technologien gleichzeitig einen Beitrag zur Effizienzsteigerung in produktionsfernen Bereichen durch Vereinfachung von Buchungs- und Abrechnungsvorgängen.

Equipment, Plant Layout und Maintenance in der Fabrik der Zukunft

Da die Ansatzgrößen im dedizierten Equipment aufeinander abgestimmt sind, entsteht eine quasi-kontinuierliche Fertigung. Die einzelnen Stufen dieser Fertigung entsprechen Modulen, die bei einer technologischen Veränderung ersetzt werden können. Wo dies durch die Art der Reaktionen möglich ist, werden chemische Prozessschritte z. B. in Mikroreaktoren oder im Semibatch-Verfahren (z. B. Granulierungen im semi-kontinuierlichen Prozess) ausgeführt.

Die Anlagen sind, sofern nicht Spezialequipment benötigt wird, standardisiert. Ein Bedarfsanstieg wird in der Marktwachstumsphase zunächst durch ein gezieltes Engpassma-

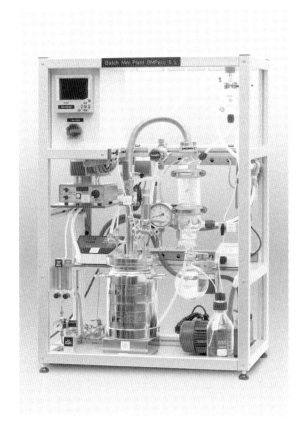

Abbildung 6.11 Labormodul BMPeco®
(mit freundlicher Genehmigung von
API-Miniplant, Lindewerra).

nagement auf einzelnen Stufen abgebildet. Bei verbindlichen Standards bedarf dies nur
eines minimalen Qualifizierungsaufwands, weil die Anlagen baugleich sind. Zudem sind
sie relativ preiswert, weil nach dem Design der Standardlösungen kaum zusätzliche En-
gineering-Kosten anfallen. Beim Überschreiten einer bestimmten Bedarfsmenge wird der
zusätzliche Bedarf durch ein zweites Produktionsmodul abgedeckt. Abbildung 6.11 zeigt ein
Beispiel für ein derartiges Produktionsmodul in Form einer 5 l-Laboranlage.

Das Plant Layout folgt dem Wertstrom. Darunter ist eine Orientierung an dem Produktions-
fluss und somit auch eine Reduktion von ‚Verschwendungen', wie z. B. Wartezeiten, zu verstehen. Dies bedeutet eine grundsätzliche Minimierung des Platzbedarfs für Anlagen und
Versorgungseinrichtungen. An anderer Stelle lässt sich dieses Prinzip in sofern wiederfin-
den, als das Design der dedizierten Anlagen nur das prozesstechnisch Notwendige und nicht
technisch Machbare widerspiegelt. Die Anforderungen an die Produktionsräume steigen
hinsichtlich Klimatisierung und Reinraumklassen im Verlaufe des Wertstroms von der Vor-
stufenproduktion des Wirkstoffs bis hin zur Fertigung des Arzneimittels. Die Produkt*kosten*
werden somit durch die Geschwindigkeit des Produkt*flusses* durch die Anlage bestimmt.

Alle diese Merkmale machen ein neues Verständnis von Technik und Maintenance in Bezug
auf die Entstehungs- und auch auf die Betriebsphase der Fabrik der Zukunft erforderlich.
Die Anlagenkonzeption muss ganzheitlich über den gesamten Lebenszyklus des Produktes

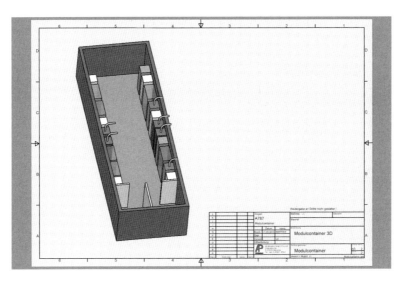

Abbildung 6.12 Modulare Wirkstoffanlage (mit freundlicher Genehmigung von API-Miniplant, Lindewerra).

gesehen werden. Die klassischen Lean Maintenance- und TPM-Ansätze, die von einer bestehenden Anlagenkonfiguration ausgehen, Produkt-/Anlagenfamilien bilden und bei denen über eine Verschiebung von Aufgaben zwischen Produktions- und Technikmitarbeitern nachgedacht wird, werden in der Fabrik der Zukunft obsolet, da sie in der Designphase bereits berücksichtigt wurden. Die Planung einer Anlage muss ein von der Verfahrensentwicklung entkoppelter Prozess sein. In ein konkretes Fabrikprojekt kann in der Regel nur der gegenwärtige Anlagenstandard zum Einsatz kommen, da sich auch diese Prozesse der generellen Maxime der Zeitorientierung unterordnen müssen.

Die Dimensionierung und Spezifikationsauslegung einer Anlage sind integrale Bestandteile der Prozessentwicklung. Das macht es erforderlich, dass in der Zukunft ein vermehrter Erfahrungsaustausch unter Experten zwischen Produktion und Entwicklung auch auf technischer Seite stattfindet, um den Herausforderungen der Entwicklung gerecht werden zu können. Von der Fabrik der Zukunft wird ein kräftiger Impuls für die inhaltlichen und prozessrelevanten Aspekte der Verfahrensentwicklung ausgehen. Chemische, pharmazeutische und verfahrenstechnische Entwickler werden sich zu gleichberechtigten Prozesspartnern entwickeln, die unter Zeit- und Qualitätsaspekten nach optimalen Verfahrensentwicklungen suchen.

Eine Aufgabe wird sein, die Kosten der Instandhaltung und Wartung sowie deren Einfluss auf die späteren Herstellkosten zu einem festen Bestandteil des Anlagendesigns zu machen und dies zu standardisieren. Hieraus wird sich ein weiterer kostenmäßiger Vorteil gegenüber bisherigen Multi-Purpose-Produktionsanlagen ergeben, der die gegebenenfalls höheren Anfangskosten, die durch eine Multiplizierung von Equipment entstehen können, kompensiert. Ähnliches ist in Bezug auf die Automatisierung und Steuerungstechnik zu erwarten, die sich zudem als Beitrag zur Qualitätssicherung verstehen müssen.

Die Abbildung 6.12 zeigt das Beispiel einer Anlage für einen mehrstufigen API-Prozesses, bei dem ausschließlich standardisierte Anlagenteile zum Einsatz kommen sollen.

Analytik und Qualitätssicherung in der Fabrik der Zukunft

Ein wesentlicher Vorteil der modularen Fabrik aus standardisierten Einheiten ist darin zu sehen, dass es keine Veränderungen des Equipments innerhalb einer sehr breiten Bedarfsspanne gibt. Somit sind wichtige Verfahrenseinflüsse qualitativ abgesichert, da die typischen Probleme eines Scale up (wie Verfahrensabweichungen durch andere Aufheiz- oder Abkühlzeiten) nicht auftreten können.

Bei der Nutzung von standardisiertem bzw. dediziertem Equipment sind zudem extrem kurze Durchlaufzeiten durch einen ‚Single Batch Flow' erzielbar. Damit ist eine schnelle Rückmeldung von Fehlern möglich. Dies bildet die Basis für eine gute Lernkurve. Kombiniert man diese Erkenntnisse mit einer großen Anzahl an Ansätzen, dann lässt sich im Gegensatz zur klassischen Multi-Purpose-Anlage der analytische Aufwand erheblich reduzieren. Das heißt zum Beispiel, dass nur noch wenige ‚kritische' Parameter eines Intermediates analysiert werden. Die wiederkehrenden Ansätze in denselben Anlagen machen für viele Parameter eine Inline-Überwachung sinnvoll. In anderen Fällen ist es möglich, auf spektroskopische Analysen zu verzichten, weil die aufgezeichneten Prozessparameter wie Temperaturen, Druck, Rührergeschwindigkeit, pH-Wert usw. genutzt werden, um eine Freigabeentscheidung zu treffen (‚parametric release'). Eine steigende Prozessqualität sichert letztendlich die Produktqualität ab. Die Freigabeanalytik für den Wirkstoff und die fertige Arzneiform folgt aus regulatorischen Gründen eher der klassischen Freigabeanalytik.

Für die Qualitätssicherung reduziert sich ebenfalls der Aufwand deutlich, da die Abweichungen durch die hohe Standardisierung signifikant abnehmen. Die Durchsicht der Unterlagen wird durch elektronische Signaturen erleichtert. Und da die wesentlichen Verfahrensänderungen schon während der Entwicklung erfolgt sind, gibt es auch nur einen begrenzten Aufwand beim Changemanagement in einer laufenden Produktion. Die Geschwindigkeit in der Aufbereitung von Wirkstoffen und die Qualität regulatorischer Zulassungsunterlagen werden steigen und damit einen Beitrag zur Reduktion der Gesamtentwicklungszeit leisten.

6.3 Ausblick

Innovation durch neue Technologien

Die meisten chemischen Reaktionen lassen sich nicht nur in großen Rührwerken, sondern auch in Mikroreaktionssystemen durchführen. Bei den typischen Aufarbeitungen lassen sich Prozesse aus der Chemie- oder Lebensmittelindustrie adaptieren. Beispiele sind Extraktionen oder Trocknungsprozesse, die in der Pharmaindustrie als Batch-Ansätze gefahren werden, wohingegen andere Chemie-orientierte Industriezweige solche Prozesse kontinuierlich betreiben.

Zu den ganz wenigen Prozessen, die in Mikrodimensionen derzeit scheinbar nicht sinnvoll als vollkontinuierliche Prozesse durchzuführen sind, zählen Kristallisationen und der anschließende Trocknungsprozess, da hier in kleinen Kapillaren mit Verstopfungen gerechnet werden muss. Das derzeitige Vorgehen ist dennoch deutlich verbesserungswürdig, und erste Lösungen für die Durchführung von kontinuierlich betriebenen Kristallisationen in Mikroreaktoren unter definierten Bedingungen liegen bereits vor. In der derzeitigen Doppelaufgabe wird die Kristallisation meist sehr spät im Entwicklungsprozess und nur für den endgültigen Wirkstoff wirklich systematisch untersucht. Die Kristallmodifikation ist sowohl für die pharmazeutische Verarbeitung (Solida) als auch für die Freisetzungsgeschwindigkeit des Wirkstoffs im menschlichen Körper von erheblicher Bedeutung. Ein weiteres Problem

bei der momentanen Doppelaufgabe der chemischen Entwicklung (Entwickler eines Produktionsverfahrens und gleichzeitig Substanzlieferant für klinische Versuche) bei der Isolierung der Wirksubstanz im Batch-Prozess liegt in der Trocknung. Je nach der Batch-Größe,
die für die Wirkstoffbereitstellung zum Beispiel für verschiedene klinische Studien oder für
die pharmazeutische Formulierungsentwicklung benötigt wird, muss bei der Trocknung auf
einen Trockner mit ‚zufällig‘ passender Größe zurückgegriffen werden. Da nicht alle Trock-
nertypen in sämtlichen Größen in den Versuchsabteilungen vorhanden sind und für die
Entwicklung von kontinuierlichen Trocknungssystemen – die in der Lebensmittelindustrie
heute bereits Stand der Technik sind – in den frühen Entwicklungsphasen weder ausreichend Zeit noch Substanz zur Verfügung steht, ist die Trocknung aufgrund dieser Zwänge insgesamt häufig mehr Zufallsprozess denn systematische Entwicklung. Ähnliches gilt
für den Bereich der Kristallisation. Die systematische Untersuchung von Kristallisationen
[Groen et al. 2001] und die Entwicklung von kontinuierlichen Kristallisationsanlagen z. B.
mit rotierenden Konuskristallisatoren [Ramshaw 2001] stehen noch am Anfang und finden
in den Pharmaunternehmen noch keine ausreichende Beachtung. Häufig führt das noch zu
enormen Kosten und/oder zu Qualitätsproblemen, da immer wieder beim Transfer in den
Produktionsprozess durch Maßstabsvergrößerung und ein geändertes Equipment an dieser
Stelle Schwierigkeiten auftreten. Dann müssen teilweise sogar ganze Chargen von Wirkstoffen vernichtet werden, da sie nicht spezifikationskonform sind.

Es ist zu erwarten, dass das wissenschaftliche Know how auf absehbare Zeit allein nicht
ausreichen wird, um nur auf Basis theoretischer Vorhersagen und Berechnungen ein Optimum für Kristallisation und Trocknung zu finden. Die Teilung des Entwicklungsprozesses hat
daher hohes Potential zur Reduzierung von Kosten bei der Markteinführung bei gleichzeitiger Qualitätsverbesserung.

Mikroreaktoren als zukünftige Technologien

Als wichtigste Einzeltechnologie für unsere Konzeption sehen wir die Mikroreaktortechno-
logie, da Mikroreaktoren den Bereich der mittleren und Kleinmengen abdecken werden. In
dem Maße, in dem Mikroreaktoren für spezielle Aufgabenstellungen Einzug halten, können
sie bei der jeweils nächsten Synthese zum Einsatz kommen.

Bei einer Darstellung der Mikrotechniken sind einige Varianten zu diskutieren. Zum einen
besteht die Möglichkeit, ein System als miniaturisierte Fabrik zu konzipieren und bei steigendem Mengenbedarf diese Fabrik exakt zu replizieren. Im Bereich der klassischen Chemie
hingegen wird diskutiert, bei größeren Mengen ein Scale up vorzunehmen, indem z. B. eine
große Pumpe zur Speisung von 10 oder mehr Mikroreaktoren verwendet wird. Der Unterschied zwischen beiden Varianten besteht darin, dass die Investitionskosten für die Geräte
bei der letzten Variante niedriger sind, wobei das Risiko einer durch die technischen Änderungen verursachten Qualitätsveränderung wieder zunimmt.

Als wesentlicher Nachteil der zweiten Variante ist das auch bereits an anderer Stelle dis-
kutierte Argument aufzuführen, dass für diese Konzeption eine genaue Bedarfsmenge für
den Markt benötigt wird. Für künftige Entwicklungen ist allerdings eher mit einer Zunahme
der Unsicherheit denn mit einer Sicherheit hinsichtlich des Marktbedarfs zu rechnen. Daher
soll die erste Variante sowohl vor dem Hintergrund der regulatorischen Aspekte als auch
der großen Bedeutung der Entwicklungszeiten in der Pharmaindustrie als einzig sinnvoller
Weg betrachtet werden. Durch die mögliche Verteilung der kontinuierlichen Produktion auf
45 Wochen pro Jahr anstelle der in der Batch-Fahrweise üblichen 3 bis 5 Wochen pro Stufe
und Jahr wird sich auch die Diskussion um die Anzahl von Mikroreaktoren relativieren. Bei

einem Bedarf von 500 kg Wirkstoff pro Jahr bedeutet dies eine wöchentliche Ausbringung von ca. 12 kg. Um dieses Ziel zu erreichen, werden nur relativ wenige parallele (Mikro-) Reaktoren benötigt.

Bei dem vorgeschlagenen Konzept einer Produktion auf Bestellung ergibt sich das technische Problem einer schnellen Anpassung von Produktionsmengen an einen sich verändernden Bedarf. Wenn wir einen Puffer anlegen, der die Größe des geplanten Bedarfs für ein Quartal enthält, müssen wir andererseits innerhalb eines Quartals die Produktionsmenge an den neuen realen Bedarf anpassen können. Dazu müssen die Produktionsanlagen aus flexiblen Standardkomponenten bestehen, die in wenigen Wochen zu einer kompletten Produktionslinie zusammengefügt werden können. Die Grundlagen für standardisierte Module, die den Aufbau einer Fabrik der Zukunft nach dem Konzept der Zusammenstellung eines PC's ermöglichen sollen *[Lohf et al. 2000]*, sind vorhanden. Bei steigenden Stückzahlen ist dann der mit der Bevorratung einer Mikro-Produktionsanlage verknüpfte Kostenaufwand klein im Vergleich zum Gesamtnutzen.

Die Vorteile lassen sich folgendermaßen zusammenfassen:

- Die chemischen Reaktionen können gut optimiert werden, da sich nur ein sehr kleines und sehr gut definierbares Volumen unter den Reaktionsbedingungen befindet.
- Die Reaktoren sind relativ preisgünstig und für den jeweiligen Prozess ‚dediziert' herzustellen.

Weitere Technologien

Bei der Beschreibung von altem und neuem Produktionsequipment wurde bereits auf den unterschiedlichen Einsatz von Rührwerken hingewiesen. In der aktuellen Überlegung ist das Rührwerk ein Standardarbeits-Tool. In einem Rührwerk wird die Reaktion durchgeführt und die Aufarbeitung – wie z. B. eine Ausrührung oder auch eine Destillation – gleich angeschlossen. Solange man eine universell einsetzbare Anlage haben möchte, ist diese Lösung sinnvoll. Beim ‚dedizierten Equipment' indessen wird dieser Aspekt anders gesehen. Nach unserem neuen Konzept wird man nach der Reaktion die Aufarbeitung in einem Ausrührgefäß durchführen. Als Vorteile ergeben sich deutlich niedrigere Kosten für derartige Gefäße und eine bessere Qualität. Bei einer Flüssig/Flüssig-Extraktion wird man außerdem bei einer 100 l-Glasapparatur die Phasentrennung in einem Ausrührgefäß leichter beobachten können. Im Falle von Destillationen ist das Rührwerk eine extrem schlechte und zudem substanzbelastende Variante. Beim Einsatz von ‚dediziertem Equipment' wird man auf Fallfilmverdampfer, Kurzwegdestillilationsapparaturen o. ä. zurückgreifen. Die Trocknungen und vollständigen Isolierungen, wie in der klassischen Methode üblich, werden sich auf die übrigen Fälle beschränken, bei denen solche Maßnahmen aus Qualitätsgründen notwendig sind.

Daneben spielen in der chemischen Produktion auch Reinigungsprozesse eine entscheidende Rolle, da auch in Zukunft nicht davon ausgegangen werden kann, dass chemische Reaktionen immer nur das gewünschte Produkt hervorbringen. Das Interesse an kontinuierlichen Aufreinigungen führt derzeit zu erheblichen Anstrengungen bei der Entwicklung der Prozess-Chromatographie. Als Meilensteine können die Entwicklung von vollständig porösen Silica-Gelen (sog. Silica-Rods) und die SMB (‚simulated moving bed')-Chromatographie genannt werden.

Bisher wurde bei der präparativen HPLC in industriellen Prozessen die Silica-Gel-Trennsäule von jedem Nutzer selbst gepackt. Dies führte zu schwankenden Qualitäten, die durch manuelles Nachjustieren der mobilen Trennphase nachgestellt wurde. Bei den Silica-Rods entfällt dieser Schritt, da fertige Silica-Stäbe von den Zulieferern produziert werden. Es wird dann im chemischen Produktionsbetrieb ohne weitere Vorbereitung lediglich ein kommerzielles Produkt eingesetzt, und die gewünschte Substanztrennung kann damit durchgeführt werden. Diese Säulen sind im Bereich bis ca. 5 cm erhältlich. In Zukunft ist mit Säulendurchmessern von 8 cm zu rechnen.

Als weiterer Meilenstein ist die Weiterentwicklung der SMB zu sehen. Die SMB stellt ein pseudo-kontinuierliches HPLC-Verfahren dar. Mit einer relativ kompakten und kostengünstigen Apparatur können mit acht Säulen (z. B. den zuvor genannten Silica-Rods) vollkontinuierlich täglich ca. 250 bis 300 g eines Wirkstoffs oder einer Zwischenstufe bei Verwendung von 5 cm-Säulen aufgereinigt werden. Bei 8 cm-Säulen ist mit einem Durchsatz von 5 bis 6 kg pro Tag zu rechnen.

Auch mit klassischen Verfahren wird es in Zukunft möglich sein, durch kontinuierliche und automatisierbare Prozesse Aufreinigungen von ca. 70 g pro Tag mit hoher Reproduzierbarkeit in Laboranlagen zu realisieren. Neue Technologien wie beispielsweise die Erweiterung einer HPLC-Anlage in Richtung einer SMB-analogen Trennung durch entsprechende Zusatzmodule (z. B. Cyclojet) schaffen zusätzliche Flexibilität und bieten auch hinsichtlich des erforderlichen Investitionsbedarfs Vorteile, da die benötigte Technologie schrittweise – d. h. wenn der Bedarf sicher ist – angeschafft werden kann.

Dies führt bei 250 Tagen Laufzeit pro Jahr zu Ausbringungen von ca. 15 (einzelne Säule) bis 70 kg (SMB) für eine einzelne Laborapparatur mit 5 cm-Säulen. Bei kleineren und mittleren Produkten reichen diese Mengen aus. Bei 8 cm-Säulen ist mit einer Erweiterung des Bereichs bis zu 1,4 to Durchsatz pro Jahr mit einer Laborapparatur zu rechnen. Damit ist bei den Reinigungen der untere und mittlere Bereich der Produktion abzudecken.

Zu den maßgeblichen miniaturisierten Produktionstechniken gehört auch die ‚Microscale'-Produktion mit immobilisierten Biomolekülen. Solche immobilisierten Moleküle lassen sich in fließenden Systemen integrieren. Hierbei besteht die Möglichkeit, neben den üblichen Parametern wie Temperatur, pH-Wert oder Konzentration auch die Fließgeschwindigkeit der Reaktionslösung als Optimierungsgröße einzusetzen. In einem Beispiel mit einem immobilisierten Enzym zeigte *Almuaibed [2001]* eine Optimierung der Umsetzung von Fumarsäure zu Maleinsäure. Es kann eine 95 %-Ausbeute des Produkts mit einem preiswerten Fließinjektionssystem (FIA) erhalten werden. In das System integriert ist bereits eine Analytik zum permanenten Monitoring der Produktion.

Darüber hinaus könnten noch folgende Technologien in einer kontinuierlichen bzw. pseudo-kontinuierlichen Produktionswelt eine bedeutende Rolle spielen:

- Kontinuierliche Säulenreaktoren für
  - Reagenzien und Katalysatoren, die an eine feste Phase gebunden sind. Das Ausgangsmaterial wird durch die Säule gepumpt. Dieses Prinzip kann durch Scavenger-Harze (z. B. polymergebundene Amine zur Abtrennung von Säuren oder Alkylierungsmitteln) auch zur Aufreinigung von Reaktionslösungen nach einer chemischen Transformation verwendet werden. Durch Verschaltung mehrerer Reaktionssäulen hintereinander können selbst Folgereaktionen einfach und ohne große Aufarbeitung durchlaufen werden.
  - Der Rohstoff wird an eine feste Phase gebunden und verschiedenen Transformationen unterworfen (vgl. Parallelsynthese an fester Phase in der kombinatorischen Chemie).

    Vorteil: Es kann mit großen Reagenzüberschüssen gearbeitet werden, die leicht abgetrennt und wiederverwertet werden können. Es ist praktisch keine Aufarbeitung notwendig, und die Verfahren können möglicherweise direkt aus der kombinatorischen Chemie übernommen werden, was auch den Entwicklungsaufwand verringert. Am Schluss der Synthese wird das Produkt vom Trägermaterial abgepalten und z. B. über Chromatographie wie oben beschrieben aufgereinigt.

Für beide Varianten wären preiswerte Trägermaterialien (z. B. Kationen- oder Anionenaustauscher, Kieselgel, Zeolithe) und geeignete Säulenreaktoren (Wärmeaustausch!) notwendige Voraussetzungen. Als Vorteile dieser neuen Technologie werden die Möglichkeit zur Automatisierung der Reaktionsführung, die einfache und schnelle Reaktionsaufarbeitung sowie die Zeitersparnis durch die mögliche schnelle Übertragung von Forschungssynthesen aus der kombinatorischen Festphasenchemie in den Großmaßstab angesehen *[Raillard 1999]*. Eventuell müsste es je nach Reaktionstyp und Maßstab bzw. Anforderungen an den Durchsatz drei unterschiedliche Standardmodule geben:

- Säulenreaktor
- Mikroreaktor
- Minireaktor (wie im Glasrührwerkslabor)

Ein weites Feld für eine Zusammenarbeit zwischen Pharmaindustrie und externen Partnern liegt in der Entwicklung von Prozessen für die Simulation von kritischen Verfahrensschritten und für eine Berechnung der Einflüsse wichtiger Parameter bei Scale up-Schritten. Zur Beschleunigung der Prozessentwicklung wird der Einsatz von Simulationen in Zukunft noch deutlich an Bedeutung zunehmen. So versucht zum Beispiel die Fa. Avantium mit Hilfe der bei automatisierten Optimierungsexperimenten im kleinen Maßstab mit Laborrobotern gewonnenen Daten, wichtige Scale up-Parameter mit Hilfe eines Virtual Lab-Programms zu berechnen, um dadurch die Übertragung in den Großmaßstab zu beschleunigen.

6.4 Vorteile des neuen Prozesses für Qualität und Sicherheit

Verbesserung von Ausbeute und Reinheit

Über die bisher behandelten Aspekte hinaus gibt es weitere Vorteile bei der Anwendung der neuen Vorgehensweise. Wie in der Abbildung 6.13 für verschiedene Lernkurven gezeigt, hängen diese neben den klassischen Parametern – wie Ausmaß der Datenerhebung sowie Qualität ihrer Auswertung und Umsetzung in Verfahrensänderungen – stark von der Häufigkeit der Durchführung eines Verfahrens ab.

Ein Teilschritt, der nur einmal im Jahr durchgeführt wird, wird sich auf einer extrem abgeflachten Kurve bewegen, wie in dieser Grafik an dem ‚alten Prozess' für ein kleines Produkt zu sehen ist. Das Ergebnis der Verfahrensverbesserungen ist deshalb so klein, weil das System selbst (bestehend aus Anlagen und Personal) sich zwischen zwei Wiederholungen verändert hat und somit eine systematische Verbesserung nur langsam realisierbar ist. Selbst unter Vernachlässigung der Betrachtung der Gesamtzeit ist deshalb nach 10 Ansätzen nur eine geringe Ausbeutesteigerung zu verzeichnen. Diese Art der Lernkurve gilt aber auch für andere qualitative Merkmale eines Prozessschrittes wie z. B. Reinheit und Gehalt des Produktes. Eine erheblich verbesserte Reinheit eines Wirkstoffs kann im Laufe des Lebenszyklus eines Arzneimittels ein wesentlicher Wettbewerbsvorteil gegenüber Generikaherstellern

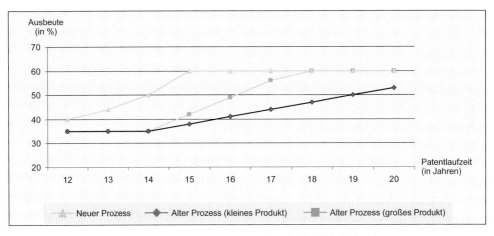

Abbildung 6.13 Lernkurven in Abhängigkeit von der Anzahl der Wiederholungen.

werden, die nach Ablauf des Patentschutzes auf den Markt drängen und dann allerdings eine derartig hohe Reinheit nur mit großen Schwierigkeiten erreichen.

Anhand der Darstellung in Abbildung 6.13 gehen wir von folgendem Beispiel aus: Wenn zu Beginn der Produktion im alten Prozess eine 10stufige chemische Synthese mit einer Gesamtausbeute von 35% erreicht und diese Gesamtausbeute sich unter guten Bedingungen von Ansatz zu Ansatz um 1% verbessert, wird man bei einem kleinen Produkt mit nur 3 Ansätzen pro Jahr zum Ablauf der Patentlaufzeit immer noch nicht das Optimum erreicht haben. Für ein Produkt mit ca. 7 Ansätzen pro Stufe und Jahr wird man erst nach ca. 3,5 Jahren das Optimum erreichen. In der Regel verlegen die ‚täglichen Schwierigkeiten' diesen Zeitpunkt weiter nach hinten. In dem hier vorgestellten Prozess wird das Produkt bei der Übergabe in die Produktion bereits die Hälfte des Weges zurückgelegt haben und, da schon im ersten Jahr 45 Wiederholungen des gleichen Verfahrens anstehen, bereits am Ende des Jahres der Markteinführung unter den optimalen Produktionsbedingungen arbeiten.

Als weiterer Vorteil, der durch verbesserte Prozesskenntnisse in der chemischen Produktion entsteht, kann das gezielte Einstellen von Eigenschaften (‚Customizing') bei Wirkstoffen genannt werden. Durch ein solches Customizing (z. B. Korngrößenverteilung) können die nachfolgenden Prozesse in der Pharmaproduktion wesentlich vereinfacht werden. Bereits heute wird eine Vielzahl von Wirkstoffen im OTC-Bereich mit ‚ready-to-use-properties' angeboten, die eine direkte Verpressung bei der Tablettiermischung zulassen.

Erhöhung der Prozesssicherheit

Aus dem zuvor Gesagten folgt, dass Prozessketten, die so gestaltet sind, dass sie zu Lernkurven führen, auch eine Erhöhung der Prozesssicherheit mit sich bringen. Lernkurven mit starker Steigung und damit hoher Sicherheit erhält man aber nur bei häufiger Wiederholung. Da man zudem nur kostengünstig produzieren kann, wenn man hohe Prozesssicherheit hat *[Klocke 1997]*, führt der Weg zur Gestaltung eines Prozesses für hohe Qualität und niedrige Kosten fast automatisch zu einem kontinuierlichen (Mikro-)Prozess.

Verbesserung der Dokumentation

Durch den beschriebenen Weg wird gleichsam eine Umsetzung der GMP-Anforderungen bei der Erstellung von Batch-Records (BR) erheblich beeinflusst. Die Anzahl der Batches und damit auch der BRs nimmt deutlich zu. Damit einher geht zunächst die zunehmende Schwierigkeit der Chargenrückverfolgung durch den gesamten Produktionsprozess. Der entscheidende Vorteil des Systems besteht jedoch darin, dass im Gegensatz zum klassischen Batch-Verfahren ‚dediziertes Equipment' für jede Stufe verwendet und der Prozess ständig wiederholt wird. Im klassischen Fall hat man das Problem, dass die Anlagen seit der letzten Verwendung vor einem Jahr in aller Regel auch verändert worden sind. Dies führt häufig zur Erstellung eines neuen BR. Im Zuge einer Veränderung an oder eines Wechsels von Anlagen treten dann bei der Durchführung häufig Abweichungen auf. Dies führt zu aufwendigen, weil manuellen, Nacharbeiten. Mit dem neuen Konzept sieht die Situation anders aus:

- Der Batch Record (BR) wird automatisch erstellt, da alle Angaben gleich bleiben.
- Die Anlage ist weitestgehend automatisiert, wie nur bei dedizierten Anlagen möglich.
- Abweichungen treten daher nur relativ selten bzw. in Ausnahmefällen auf. Der BR kann somit als vollständig elektronisches Dokument ‚leben'.
- Prozesse wie Wägungen, Zudosierung von Flüssigkeiten, Analysenergebnisse etc. werden direkt in das elektronische Dokument eingespeist.
- Nach der Beendigung des Batches erfolgt eine Kontrolle, die in aller Regel ohne Abweichungen erfolgen wird und direkt elektronisch signiert werden kann.
- Der BR wird zusammen mit der Charge elektronisch an den nächsten Prozessschritt weitergeleitet.
- Mit dieser Variante, die bei einfachen Prozessen bisher auch üblich ist, wird nach unserer Abschätzung der Aufwand für das Batch-Recording eher niedriger, da derzeit die manuelle Nachbearbeitung aufgrund von Abweichungen den weitaus höchsten Aufwand darstellt. Die Arbeiten müssen zudem von hoch qualifizierten Personen ausgeführt werden. Ein BR-Review eines ohne offensichtliche Abweichungen durchgeführten Ansatzes ist dagegen mit minimalem Aufwand durchführbar. Letztlich sollte eine Freigabe aufgrund der vorliegenden Daten (‚parametric release') zumindestens bei Intermediaten möglich sein, da eine unmittelbare Freigabe des Ansatzes aus QA-Sicht erfolgen kann, wenn dieser ohne Abweichungen durchlaufen wurde. Dies basiert auf der Erkenntnis, dass ‚ein gutes Produkt nur durch einen guten Prozess' entsteht. Hier bedeutet dies, dass der Prozess gut verstanden und validiert ist und das Wissensfundament durch einen intensiven Lernprozess stetig wächst. Auch hier also ist der Fokus auf die Prozessebene entscheidend.
- Die Prozesse werden durch modulare Produktion nicht nur abweichungsärmer. Gleichzeitig kann auch die Definition von Abweichungen viel spezifischer erfolgen. Gegebenenfalls sind dann Ansätze mit einer sehr detaillierten Abweichungsanalyse nicht mehr zwingend analytisch zu untersuchen.

Im bisherigen Prozess war die Chemieproduktion vergleichsweise langsam, die Erstellung von Batch-Dokumentationen war daher nicht zeitkritisch. Wir werden später im Rahmen der pharmazeutischen Endfertigung erläutern, dass im Falle von einfachen Produktionsverfahren nur 10 % der Verweilzeit in der Supply Chain der Produktion und 90 % der Zeit der Analytik und der Qualitätssicherung zuzuordnen sind *[Ramsay 2001]*. Durch die deutliche Verkürzung der Durchlaufzeiten und der größeren Anzahl von Batches kann diese Situation auch in unserem Chemieproduktionssystem auftreten. Bei der Etablierung eines solchen

Produktionskonzeptes ist daher auch auf das Reengineering der Dokumentenabläufe in Analogie zu Beispielen aus der pharmazeutischen Endfertigung zu achten.

6.5 Fazit

DIn der chemischen Entwicklung und Produktion liegen Potentiale vor für eine Standardisierung der Abläufe und für das Equipment. Eine Abtrennung der Substanzherstellung für klinische Studien von der Entwicklung des chemischen Produktionsverfahrens führt zu einer Vereinfachung und Beschleunigung des Entwicklungsprozesses bei etwa gleichen Kosten. Der Transfer von der Entwicklung in die Produktion wird drastisch vereinfacht. In der Produktion wird mit der Fabrik der Zukunft ein flexibles Produktionssystem gewonnen, mit dem sich Anpassungen an den Marktbedarf schnell realisieren lassen.

7. Pharmazie

Einordnung in die Supply Chain

Die pharmazeutische Endfertigung stellt das Bindeglied zwischen dem Wirkstoffherstellungsprozess und dem Distributionsvorgang dar. Neben der eigentlichen Formulierung umfasst dieser Teil der Supply Chain auch das Labelling. Letzteres bestimmt wegen der z.T. internationalen Aufmachungen auch einen gewichtigen Anteil der Zuordnung im Vertriebssystem. Wie bereits erwähnt, verläuft an dieser Stelle eine deutliche Trennlinie innerhalb des Pharma-unternehmens, da der Patient sich für alles, was vor der Endfertigung passiert, nur relativ wenig interessiert. Ab hier wird jedoch über die Gestaltung der Verpackung und die Zweckmäßigkeit von Applikationsformen das Interesse des Patienten für das Produkt geweckt oder erhalten. Wir wollen den Unternehmensbereich Pharmazie zwar ebenfalls unter Kostengesichtspunkten betrachten, sind jedoch der Ansicht, dass neben dem Kostenaspekt noch weitere Maßnahmen zur Verbesserung der Wettbewerbsposition des Unternehmens zu beachten sind. Dabei ist eine Abwägung unterschiedlicher Interessen notwendig.

Mögliche Wettbewerbsvorteile ergeben sich im Wesentlichen aus dem Profil der Kunden. Daher müssen auch unterschiedliche Strategien geführt werden können. Nachstehend einige Ansatzpunkte:

- Großkunden wie z.B. Krankenhäuser werden vom Pharmaunternehmen u.a. erwarten, dass die Preisvorteile aus dem Chemiebereich voll umgesetzt und an sie weitergegeben werden.

- Vom ‚normalen' Patienten wird zu erwarten sein, dass er sich bei gleicher Verträglichkeit vor allem von der Zuzahlungshöhe für ein bestimmtes Medikament leiten lässt. In der Regel wird er sich daher – wie auch schon Arzt und Apotheker – für ein generisches Präparat (so weit vorhanden) entscheiden bzw. dieses automatisch ausgehändigt bekommen.

- Der chronisch Kranke wird neben dem Vertrauen, das er aus seinen eigenen Erfahrungen zieht, vermutlich sehr viel pragmatischer seinen persönlichen Nutzen in Form von guten Serviceleistungen suchen. Tendenziell wird die Bereitschaft, das Präparat – wenn es gut vertragen wird – zu wechseln, eher wenig ausgeprägt sein.

Schwierigkeiten für den Bereich Pharmazie im Unternehmen können sich ergeben, wenn es in verschiedenen Märkten aktiv ist. Gerade wenn versucht wird, sich ein neues Indikationsgebiet zu erschließen, wird es von Ärzten und Patienten noch nicht als relevanter Wettbewerber wahrgenommen, oder es wird ihm möglicherweise fehlende Kompetenz unterstellt. Eventuell könnte hier aus Marketinggründen eine Aufspaltung in verschiedene Marken sinnvoll sein, wie dies von typischen Markenartikelherstellern betrieben wird. Da in diesem Rahmen nur eine grobe Skizze eines recht komplexen Gefüges gegeben werden kann und wir Marketinganforderungen auch nicht detailliert betrachten wollen, sollen lediglich generelle Tendenzen bei der Entwicklung im Marketingbereich einbezogen und daraus Schlussfolgerungen für diesen Bereich der Pharma Supply Chain gezogen werden. Aus

Sicht der Supply Chain wird allen Kundengruppen gemeinsam sein, dass sie eine prompte Lieferfähigkeit für ihr Produkt wünschen. Aufgrund der unterschiedlichen Planbarkeit des Bedarfs der unterschiedlichen Kundengruppen ergeben sich für das Pharmaunternehmen unterschiedliche Supply Chains, wenn man auf einen übermäßigen Lagerbestand verzichten und weitestgehend zu einer Fertigung auf Bestellung kommen möchte.

Konzeptionell können bei der Klärung dieser Frage und der Gestaltung der individuellen Supply Chain Lean-Prinzipien Hilfestellung leisten. Mit sog. ‚Produktfamilien' wird für eine strukturelle Ordnung und somit für eine Reduktion von Komplexität in Bezug auf die Planung und Herstellung verschiedener Produkte gesorgt. Das Ordnungsprinzip kann dabei sowohl auf rein fertigungsorientierte Kriterien – wie eine Zuordnung von Produkten zu Apparaten – als auch auf marktorientierte Kriterien – wie beispielsweise Zuordnung zu regionalen Märkten – zurückgreifen. Ergebnis einer derartigen Strukturierung ist in jedem Falle ein linienorientiertes Produktionskonzept, an welches die vor- und nachgelagerten Teile der Supply Chain angepasst werden müssen *[Takeda 2006]*. Im Sinne eines *‚Agile Manufacturing'* könnten strategisch angelegte Bestände vorgehalten werden, die bedarfsorientiert in länderspezifische Produkte überführt werden. In der Kombination der Konzepte Lean und Agilität tun sich also noch einmal besondere Chancen auf *[Mason et al. 2000, van Hoek 2000]*.

Unterschiede zwischen Chemie und Pharmazie

Vielfach gibt es in Pharmaunternehmen keine spezifische pharmazeutisch-technologische Forschung. Das führt dazu, dass bei Beginn der Entwicklung kein Know how aus einer Forschungsabteilung vorliegt, auf das man analog der chemischen Entwicklung aufbauen kann. Zudem muss bereits sehr früh der endgültige Herstellungsprozess für die fertige Arzneiform aus der pharmazeutischen Entwicklung in das Produktionsequipment übertragen werden, da üblicherweise bereits das Material für die klinische Phase III im Produktionsequipment hergestellt werden soll. Ein weiterer Unterschied zwischen der pharmazeutischen und der chemischen Entwicklung besteht darin, dass sich im Bereich der Hilfsstoffe für die Formulierung in den letzten Jahren keine besonderen Veränderungen eingestellt haben. Da die Gewinnmargen bei Hilfsstoffen in der Regel sehr viel geringer sind als beim fertigen Pharmakon, der regulatorische sowie der Aufwand für Prüfungen jedoch vergleichbar sind, sind nur relativ wenige neue Produkte entwickelt worden *[Lesney 2001]*. Das hat dazu geführt, dass sich die Pharmazeuten in der Vergangenheit viel stärker auf die sog. Pharmazeutische Technologie, worunter spezielle Fertigungstechnologien zu verstehen sind, spezialisiert haben. Dies ist auch in der sehr effizienten pharmazeutischen Produktion bei den Generika-Herstellern wiederzufinden.

7.1 Pharmazeutische Entwicklung

Aufgaben

Die pharmazeutische Entwicklung beschäftigt sich mit der Technologie der Bereitstellung des Wirkstoffs an der im Organismus benötigten Stelle. Insbesondere durch die zunehmenden Kenntnisse über die Wirkmechanismen haben sich für die Pharmazeuten in den letzten Jahren neue Aufgaben ergeben.

Vielfach bestimmen die Wirkstoffeigenschaften (insbesondere die Löslichkeit) ganz entscheidend die Wahl der Formulierung. Die Löslichkeit in Wasser vieler Wirkstoffe ist oft abhängig vom pH-Wert und zudem relativ gering, sodass formulierungstechnische Maßnahmen getroffen werden müssen, um die Bioverfügbarkeit zu erhöhen. Eine bereits zuvor erwähnte wichtige Maßnahme ist deshalb die Beeinflussung der Bioverfügbarkeit bereits bei der chemischen Herstellung der Wirkstoffe durch gezielte Einstellung der physikalischen Eigenschaften, soweit dies möglich ist. Dadurch kann der pharmazeutische Formulierungsprozess in Einzelfällen entscheidend vereinfacht werden. Wo dies nicht gelingt, sind aufgrund der Tatsache, dass das Feld der Hilfs- und Zusatzstoffe für die pharmazeutische Formulierung recht begrenzt ist und auch in Zukunft keine deutlichen Veränderungen zu erwarten sind, nur durch weitere Standardisierung von Anlagen und durch Automatisierung größere Effizienzsteigerungen zu erwarten. Diese fortschreitende Standardisierung und Automatisierung wird vermutlich auch die pharmazeutische Entwicklung stark verändern.

Für klinische Phase I-Präparate versuchen die Pharmaunternehmen derzeit, die Anzahl der Formulierungen aus Kostengründen stark einzuschränken. Für das ,dose finding' wird daher überall da, wo es möglich ist, der Wirkstoff verkapselt. Die eigentliche Formulierungsentwicklung setzt dann erst zur Phase II ein, wenn es darum geht, die Bioverfügbarkeit zu überprüfen (,application to man'). Werden bereits zur Phase I Tabletten benötigt, lässt sich die Formulierungsentwicklung nach erfolgter Standardisierung durch automatisierte Robotersysteme durchführen. Solche Systeme verbreiten sich derzeit sehr stark und werden in immer stärkerem Maße direkt mit der Analytik gekoppelt *[Weinmann 2001]*. Es können auch vollkommen automatisiert Kompatibilitätsstudien durchgeführt werden. Die Herstellung dieser stark standardisierten Prüfpräparate für die klinische Phase I lässt sich somit leicht von der eigentlichen Prozessentwicklung abkoppeln. Denn für die Entwicklung der Formulierung der späteren klinischen Prüfmuster und für die Herstellung dieser Prüfmuster steht während der Prüfungen der Phase I noch ausreichend Zeit zur Verfügung.

Da bereits bei vielen Firmen die Standardformulierung für klinische Tests in der Phase I die Kapselformulierung ist, könnte ein Trend dahingehen, dass diese auch als Endformulierung angesehen wird. Ein limitierender Faktor dabei ist allerdings die immer noch geringere Leistung von Kapselabfüllmaschinen im Vergleich zu Tablettenpressen und die damit verbundenen scheinbar höheren Kosten.

Problem: Erste Substanzlieferung

Der Beginn der pharmazeutischen Entwicklung ist maßgeblich von der Lieferung erster größerer Substanzmengen aus der chemischen Entwicklung abhängig. Wie in der Abbildung 7.1 dargestellt wird, verlaufen chemische und pharmazeutische Entwicklung zunächst nacheinander und dann völlig getrennt voneinander parallel ab. In vielen Fällen sind die benötigten Mengen für das erste Klinikmaterial im Verhältnis zu den Mengen für die Langzeit-Tox-Studien und für Stabilitäts- und Formulierungsversuche klein. Deshalb muss man sich in beiden Bereichen – in der Pharmazie und in der Chemie – um eine möglichst frühzeitige Bereitstellung der ersten großen Mengen bemühen. Analog zu dem für die chemische Entwicklung und Produktion beschriebenen Entwicklungsprozess wird auch in der pharmazeutischen Entwicklung deshalb bisher ein Scale up in mehreren Stufen vorgenommen. Für den Prozess der Granulierung wird in vielen Pharmaunternehmen auf Granulierer unterschiedlicher Größe zurückgegriffen. Typische Größen für das Scale up sind 20 kg, 80 kg und 250 kg Batch-Größe. Die Größe des verwendeten Granulierers folgt – wie in der Chemie – dem Bedarf an Drug Product in den einzelnen Phasen der Entwicklung. Hierbei treten wiederum die üblichen Scale up-Probleme auf, wie bereits für die chemischen Prozesse beschrieben.

Allein durch die derzeitigen technologischen Entwicklungen wird sich die Schnittstelle zwischen Chemie und Pharmazie deutlich verändern. Diese Schnittstelle ist in der Vergangen-

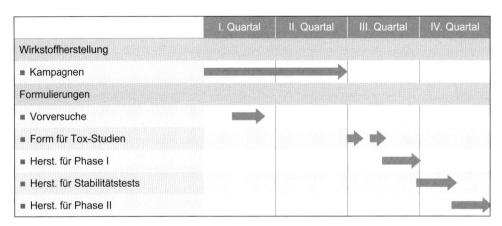

Abbildung: 7.1 Ablauf an der Schnittstelle zwischen Chemie und Pharmazie im alten Prozess.

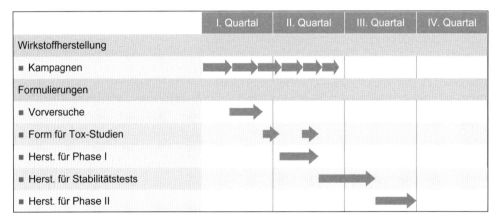

Abbildung 7.2 Ablauf an der Schnittstelle zwischen Chemie und Pharmazie im neuen Prozess.

heit besonders kritisch gewesen, da die chemische Entwicklung mit ihren teilweise längeren Vorlaufzeiten erst relativ spät erste Substanzmengen für die frühe Formulierungsentwicklung, für vorläufige Stabilitätsmuster oder Kompatibilitätsstudien bereitstellen konnte. Im neuen Prozess erfolgt die Bereitstellung nicht nur deutlich früher. Durch den Verbesserungsprozess in der Substanzbereitstellung ergibt sich zudem auch insgesamt eine größere Substanzmenge für den nachfolgenden Prozessschritt.

7.2 Der neue Weg

Durch die Flexibilisierung in der Chemie wird auch die pharmazeutische Entwicklung flexibler (Abbildung 7.2). Das geht einher mit einem Zeitgewinn in einer der besonders zeitkritischen frühen Phase der Entwicklung. Die Abbildung zeigt den Prozess stark vereinfacht.

Schnelle Versorgung für Tox-Studien

Der Hauptabnehmer des formulierten Produktes der pharmazeutischen Entwicklung ist die Tox-Abteilung im Unternehmen. Wie ausgeführt, wird sich die Zahl der Batches in der Chemie stark erhöhen, während der einzelne Ansatz kleiner wird. Die Substanzmenge für Tox-Studien wird sich deshalb im Normalfall nicht mehr aus einem Chemie-Batch liefern lassen. Daher müssen künftig mehrere Chemie-Batches formuliert werden. Dies bedeutet einerseits Mehraufwand, andererseits wird es dadurch eine Zunahme an Erfahrung und Flexibilität geben. Da die Tox-Studien relativ lange dauern, kann dieser Prozessschritt nun sehr schnell begonnen und dann mit späteren Substanzmengen kontinuierlich weiter beliefert werden. Für die Chemie ergibt sich hieraus die Aufgabe, bei der Herstellung der kleineren Batches eine einheitliche Produktqualität sicherzustellen. Gerade dies erscheint als eine der Stärken des neuen Konzeptes für die Herstellung in der Chemie. Aufgrund der Lernkurven und besseren Passgenauigkeit von Equipment und Ansätzgröße wird eine exzellente und vor allem durchgehende Qualität in der Chemie gewährleistet, die die aus der Vergangenheit her bekannten Qualitätsunterschiede zwischen den einzelnen Batches vergessen macht. Hierdurch wird nicht nur sichergestellt, dass die Tox-Studien ungeachtet einer größeren Zahl von Wirkstoff-Batches durchgeführt werden können, sondern insbesondere dass auf der pharmazeutischen Seite das erforderliche Vertrauen geschaffen werden kann, sich an der Gestaltung der neuen Prozesse zu beteiligen.

Aufteilung von Substanzbereitstellung und Formulierungsentwicklung

Analog zur Chemie bietet sich auch in der Pharmazie eine Aufteilung der Entwicklungsaufgaben an. Ziel einer ersten Abteilung ist die kurzfristige Bereitstellung von Prüfpräparaten für die klinische Phase I mit ausreichender Stabilität. Die Formulierung kann hier aufgrund der einmaligen Durchführung und der geringen Zahl der Prüfmuster quasi ‚teil-manuell' erfolgen. Erst recht, wenn auf Kapseln zurückgegriffen werden kann. Für eine zweite, parallel arbeitende Gruppe ergibt sich – neben Stabilität, Wirksamkeit und Verträglichkeit des Produktes – die Forderung, ein produktionsorientiertes Verfahren im Sinne des Prozessketten-Konzeptes zu entwickeln. Dabei wird erforderlich sein zu klären,

1. innerhalb welchen Zeithorizonts sich der Bedarf an Drug Product mit welcher Geschwindigkeit entwickeln wird,
2. welches Ausmaß an Flexibilität in der Geschwindigkeit der Anpassung der Produktionsszenarien gewünscht wird,
3. wie die Anknüpfung im späteren Produktionsmaßstab an die Versorgung durch die chemische Produktion gestaltet werden kann,
4. in welcher Form die künftige Produktion in die bestehende pharmazeutische Produktionslandschaft integriert werden soll.

Aus diesen Aspekten ergibt sich auch, wie hoch der Grad an Automatisierung innerhalb der Produktion gewählt werden muss. Ein hohes Maß lässt sich – wie bereits für die Chemie diskutiert – nur schwer erreichen, wenn die Entwicklung parallel das Ziel des Scale up und des damit verbundenen ‚trouble shooting' verfolgt. Es erscheint daher zweckmäßig, auf ein Scale up weitestgehend zu verzichten und durch eine modular orientierte Konzeption zu ersetzen. Unsere Alternative für die frühe pharmazeutische Entwicklung ist deshalb auch dort der Einsatz eines quasi-kontinuierlichen Produktionsprozesses. Hierbei soll die Substanzversorgung für die Phase-III-Studien analog zur Chemie bereits durch den Einsatz der finalen Produktionstechnologie erfolgen.

Trends in der pharmazeutischen Entwicklung

Wie dargestellt, weist aus Gründen der Geschwindigkeit eine vereinfachte Formulierung für die Prüfpräparate der klinischen Phase I zunächst Vorteile auf. Die einfachere Kapselformulierung ist indessen teurer als die klassische Tablettenformulierung. Bei typischen Blockbuster-Produkten wird man daher nach der Phase I eher in eine Entwicklung einer Tablette als Darreichungsform investieren. Bei kleineren Produkten für Nischenmärkte (z. B. Krebstherapeutika) kann man sich jedoch vorstellen, bei der Kapsel zu bleiben. Bei Blockbustern hat diese Vorgehensweise zur Konsequenz, dass der pharmazeutischen Entwicklung nur die Zeit der Phase I-Prüfung bis Abschluss der Herstellung des Phase II-Materials zur Verfügung steht, um sowohl die finale Formulierung zu entwickeln als auch durch ein Scale up auf den Maßstab des Produktionsniveaus zu gelangen. Zugleich soll noch die Forderung erfüllt werden, möglichst marktnah zu operieren. Allerdings ist bei diesem Prozess zu berücksichtigen, dass die Anzahl der Formulierungen aufgrund des bereits erwähnten hohen Aufwands der Qualifizierung neuer Hilfsstoffe relativ begrenzt ist. Zumindestens für Nischenprodukte besteht eine Chance, in der Entwicklung Zeit und Kosten zu sparen, wenn man bei der ursprünglichen Kapselformulierung bleibt. Man würde bereits früher in der Entwicklung über eine beginnende Lernkurve verfügen. Die bessere Verfahrensentwicklung kann möglicherweise einen Teil der höheren Kosten pro Kapsel wieder auffangen. Ein schnellerer Marktzugang wird die Mehrkosten aus der Produktion in vielen Fällen ohnehin deutlich überkompensieren.

Diese kurze Diskussion zeigt die Grenzen einer nur an Fertigungskosten orientierten Entscheidung auf. Über den reinen Vergleich von Fertigungskosten hinaus sollte vielmehr eine Betrachtung auf Basis des Life-Cycle-Ertrages beider Varianten (Kapsel vs. Tablette) erfolgen, für den gerade der Zeitpunkt des Markteintritts eine entscheidende Größe darstellt.

Für Blockbuster kann unserer Meinung nach nur ein hoher Standardisierungsgrad und eine hohe Automatisierung angestrebt werden, bei der nur wenige Produktionssysteme für Formulierung und Abfüllung zu qualifizieren sind. Dass wir dabei an kontinuierlich produzierende Monoanlagen denken, hilft auch im Falle der pharmazeutischen Entwicklung. Die Produktionsanlage wird ebenfalls eine Monoanlage und daher kleiner sein als die bislang häufig verwendeten Multi-Purpose-Anlagen. In der Entwicklung würden wir genau entgegengesetzt vorgehen wie in der Chemie. Es würde für jeden der genannten Prozesse – Tablettenherstellung, halbfeste und flüssige Formulierungen – je eine Standardanlage geben. Diese Standardanlage wird in der Entwicklung für die Formulierungen nach Phase I eingesetzt. Der Aufwand, der dabei in der Entwicklung zu erbringen ist, liegt in einer umfassenden Reinigung der kontinuierlich zu betreibenden Anlage. Dagegen steht aber der Vorteil des Fehlens eines Scale up-Faktors. Für die Qualifizierung des Systems aus Anlage und Produkt dienen in diesem Fall die Herstellungen der Stabilitätsmuster der Marktware.

Für eine weitgehend individualisierte Medizin der Zukunft ergibt sich eine andere Perspektive, wie das Beispiel Gentherapie zeigt. Hier wird die pharmazeutische Produktion an den Patienten heranrücken müssen. Es gilt, in der Losgröße 1 – ggf. unmittelbar vor der Verabreichung – eine pharmazeutische Herstellung quasi in Form einer ‚Produktion der Dosisform am Krankenbett‘ aufzubauen. Abgesehen von allen medizinischen und zulassungsrechtlichen Herausforderungen, die mit derartigen Ansätzen verbunden sind, wird aus Sicht des Produzenten eine erhebliche Anforderung hinsichtlich Sicherstellung der Integrität einer Prozesskette von Probenentnahme am Patienten/Gentechnische Bearbeitung/Herstellung der Dosisform und Verabreichung entstehen.

Bei aller Individualität des Patienten werden solche Herausforderungen in ihrer Komplexität nur durch ein hohes Maß an Standardisierung sowie damit verbundener Reproduzierbarkeit und Sicherheit der Prozesse zu meistern sein. Im Kern werden die Fragen zu klären sein, wie der Zulassungsprozess für derartige Produkte aussehen soll und von wem die Kosten für derartige Therapieformen aufgebracht werden können.

7.2.1 Fazit

Die pharmazeutische Entwicklung befindet sich auf Basis der klassischen Vorgehensweise in einer schwierigen Situation.

- Mit nur geringen Substanzmengen muss der/die pharmazeutische Technologe/-in zeitnah eine Formulierung für die klinische Phase I bereitstellen.
- Mit dem Fortschreiten der Entwicklung kann sich das Produkt ändern (Kapsel, Tablette), und die Pharmazie muss neben den Problemen, die sich aus den Substanzeigenschaften des Wirkstoffes ergeben können, auch die Schwierigkeiten bei der Entwicklung einer Formulierung für den Markt sowie diejenigen eines mehrfachen Wechsels beim Equipment überwinden.

Die pharmazeutische Entwicklung befindet sich also in einer typischen Komplexitätsfalle.

Die Vorteile des neuen Prozesses lassen sich wie folgt zusammenfassen:

- mehr Zeit für die erste Formulierungsentwicklung,
- klare Definition der Transferpunkte (Labor-Technikum-Produktion),
- geringere Anzahl von Wechseln beim Equipment (ein Scale up-Schritt),
- eine auch in der Pharmazie deutlich verringerte Komplexität.

7.3 Pharmazeutische Produktion

7.3.1 Einführung

Bisherige Strategie

Nach der bisherigen Strategie sind die Konzentration auf wenige Produktionsstandorte sowie große Apparate wichtige Faktoren, um zu ausreichend großen und damit wirtschaftlichen Stückzahlen in der Produktion zu gelangen (Ausnutzung von Skalengrößen-Effekten).

Für die Produktion gilt, analog der Chemie, dass es drei Anlagenkonzepte gibt, wobei die erste Variante einen Multi-Purpose-Betrieb und damit den heutigen Standard darstellt und die beiden anderen Varianten eine Monoanlage (für nur ein Produkt) sowie eine flexible Monoanlage auf Basis kleiner Module. Ein solcher Aufbau von Anlagen wurde bereits durch die Firma Pharmadule realisiert *(www.pharmadule.com)*. Diese Konzeption bietet gerade dann einen enormen Flexibilitätsgewinn, wenn hochwirksame Produkte in eine bestehende Produktionslandschaft integriert werden sollen.

Für die pharmazeutische Herstellung gibt es keinen wesentlichen Unterschied zwischen den Produkten, die aus eigenen Wirkstoffen hergestellt werden und solchen, die von einem externen Lieferanten zugekauft werden. Auf der Stufe des Wirkstoffs muss im Fall einer Trennung von Chemie- und Pharmazieproduktion ein geeigneter Puffer gebildet werden, dessen Größe von der Stabilität der Chemieproduktion, der Resonanzzeit und dem pharmazeutischen Produktionstakt abhängt. Dies könnte nach unserer Ansicht in der Höhe des geplanten Quartalsbedarfs liegen und wäre damit bereits eine erhebliche Verbesserung gegenüber den aktuellen Bestandshöhen; langfristig könnten die Bestände dann mit wachsender Produktionserfahrung weiter reduziert werden. Aus diesem Puffer erfolgt die Belieferung der pharmazeutischen Erzeugnisse. Auch für wichtige Hilfsstoffe sollte an dieser Stelle jeweils der Bedarf eines Quartals (laut Plan) bereitgestellt werden.

Problem: Durchlaufzeiten

Die Durchlaufzeiten in der Endfertigung sind in Relation zu den tatsächlich (manuell oder maschinell) vorgenommen Operationen recht hoch. Aus der Lean-Perspektive beurteilt steckt ein beträchtliches Maß an ‚Verschwendung' in den Prozessen, das prinzipiell vermeidbar ist. Die Ursache hierfür geht auf ein typisches Problem der Pharmaindustrie zurück: Je näher ein Produkt an den Markt und damit an den Menschen herankommt, desto höher wird der GMP-Anspruch und in Verbindung hiermit der Prüf- und Qualitätssicherungsaufwand. Die Durchlaufzeiten in der Endfertigung und Verpackung sind häufig nicht durch die Produktion, sondern durch die die Qualität überwachenden QA- und QC-Einheiten bestimmt. Diesem Problem versucht man sich bereits seit einiger Zeit zu nähern. Typische Lösungsansätze sind entweder die Einführung von mehr EDV (z.B. SAP-gestützte Systeme) oder ein Reengineering der Abläufe. Bei denjenigen Konzepten, die sich als Reengineering verstehen, wird oft auf weniger EDV, auf eine Standardisierung von Formularen und punktuell auch auf die typischen Qualitätsverbesserungs-Tools japanischer Unternehmen wie Kanban, auf Verbesserungsteams oder auf dedizierte Anlagen gesetzt. Solche Lösungen passen sich zwar problemlos in unser Konzept ein; wir verfolgen allerdings stets einen ganzheitlichen Ansatz und greifen nicht auf den punktuellen Einsatz ausgewählter Elemente eines bestimmten Methodenarsenals zurück. In einer Veröffentlichung von *Ramsay [2001]* wurde gezeigt, dass eine Verringerung der Durchlaufzeit in der Endfertigung um 70% möglich ist. Entscheidend dabei war die Erkenntnis, dass in der Ausgangssituation 30% des Durchlaufs dem Handling wie z.B. der Duplizierung und Übertragung von Dokumenten zuzurechnen war. Diesen Tätigkeiten kann kein Beitrag zum Produktnutzen zugeordnet werden; es handelt sich also um eines der Beispiele der zuvor angesprochenen ‚Verschwendung', die in den Prozessen steckt. Bei unserem neuen Ansatz, der im Idealfall zu einer Fertigung auf Bestellung mit durchgängigem Pull-Prinzip führen soll, muss diese Form des Dokumentenmanagements drastisch ‚verschlankt' werden. Umso mehr, als in unserem Konzept die Gesamtzahl der Batches steigen wird und dies unter Beibehaltung bisheriger Abläufe zu einem Zusammenbrechen der Endfertigungen im Bereich Dokumentation führen würde.

Neuere Erfahrungen der Autoren aus anderen Teilbereichen zeigen, dass sich auch fertigungsorientierte Verbesserungsansätze aus der Automobilindustrie – wie eine Kombination von 5S und SMED (‚single minute exchange of dies', d.h. schnelle Rüstwechsel) zur Erhöhung der Anlagenverfügbarkeit und der qualitätsgewichteten Gesamtausbeute (OEE ‚operational equipment effectiveness') – mit großem Erfolg auf die Verblisterung und Verpackung in der Tablettenendfertigung zur Reduktion der Durchlaufzeiten übertragen lassen. Gerade

OEE-Konzepte und systematische Ansätze zur Verkürzung von Rüstvorgängen werden erfolgreich in der Verpackung eingesetzt. Wie bereits erwähnt, fehlt es oftmals allerdings an einem ganzheitlich angelegten Verbesserungskonzept, das die gesamte Fertigung umfasst und für eine durchgängige Flussorientierung sorgt.

Problem: Regulatorische Anforderungen

Für den pharmazeutischen Teil der Produktion sehen wir, bedingt durch die regulatorischen Anforderungen, gerade dann einen Trend zu dedizierten Anlagen vorgezeichnet, wenn über hochwirksame Verbindungen gesprochen wird. Insofern stellt sich lediglich die Frage, wie man dieses Ziel möglichst effizient umsetzen und zum Vorteil des Unternehmens nutzen kann.

7.3.2 Der neue Weg

Dedicated Equipment

Ein Einsatz von dedizierten Anlagen ist durch die Implementierung des vorgestellten Prozesses möglich. Soweit das Produktionsvolumen es zulässt, sind unserer Ansicht nach derartige Anlagenkonzeptionen einer Multi-Purpose-Anlage immer vorzuziehen. Ähnlich wie in der Chemieproduktion spricht das aus der Vielzahl von gleichen Ansätzen erzielbare vertiefte Prozessverständnis (Lernkurve), das als Basis für kontinuierliche Prozessverbesserungen fungiert, für eine konsequente Dedizierung. In der Pharmaproduktion bieten Monoanlagen noch weitergehende Vorteile. Die Qualität der Produkte steigt bei der Übertragung in ein ,dedicated Equipment', weil z. B. eine Kreuzkontaminierung ausgeschlossen und die Reinigung deutlich vereinfacht wird.

Kontinuierlich laufende Anlagen sind im Produktionsmaßstab ausschließlich als ,dedicated Equipment' zu betreiben, da die aufwendige Reinigung ansonsten alle bisher aufgeführten Vorteile zunichte machen würde. Berücksichtigt werden könnte evtl., dass zumindest für Salben das benötigte Geräte-Know how weitgehend im Bereich der Kosmetik-Hersteller vorhanden ist. Dieser Ansatz bietet sich besonders bei der Formulierung von parenteralen und halbfesten Formulierungen an.

Gebäude

Für das Gebäude in der pharmazeutischen Endfertigung bietet sich ebenfalls das Konzept einer leeren Halle an. Diese kann auch modular und standardisiert in Form von Containern ausgelegt sein (Beispiel: Pharmadule). Im Unterschied zu den ersten Stufen der Chemieproduktion muss allerdings besonderer Wert auf die Lüftungstechnik gelegt werden. Ein Konzept sieht die Verwendung von Compartments mit eigener Zu- und Abluft (inkl. sterilfiltrierter Druckluft) vor, das z. T. bereits von den Behörden gefordert und sich mittelfristig schon aus Gründen der Arzneimittelsicherheit in Bezug auf Kontaminationen durchsetzen wird. Die weitere Medienversorgung (z. B. Wasser für Injektionszwecke) würde analog zum bisherigen Vorgehen aus einem zentralen Netz entnommen werden.

Anlagen

Für die Gerätedimensionierung stellen wir uns analog zur Chemie drei Anlagentypen vor:

- eine Mikroanlage für die typischen Kleinprodukte,
- einen mittleren Anlagentyp, wie im Beispiel bereits erwähnt, und
- eine klassische Blockbuster-Anlage, wie in vielen Pharmaunternehmen vorhanden.

Eine Blockbuster-Anlage als Monoanlage möchten wir künftig nur noch für wenige Produkte einsetzen. Der Schwerpunkt in der Produktion würde sicher bei den kleineren und mittleren Anlagen zu finden sein. Unterschiede ergeben sich lediglich bei den Formulierungen (Ampullen, Vials, Flaschen usw.). Anlagentechnisch lassen sich in diesem Bereich durch den neuen Ansatz diverse Innovationen realisieren. Dank der relativ großen Anzahl unterschiedlicher Tabletten, Ampullen, Tuben usw. sind die zugrundeliegenden Technologien oft in anderen Industriezweigen bereits verfügbar und könnten relativ leicht adaptiert werden.

Typen von Formulierungen

In der pharmazeutischen Produktion werden grundsätzlich drei Formulierungsformen unterschieden:

(1) feste Arzneiformen (Tabletten usw.)

(2) halbfeste Arzneiformen (Salben usw.)

(3) Parenteralia (Infusionen, Injektionen usw.)

Es liegt auf der Hand, dass sich Unterschiede in den Produktionstechnologien und in der endgültigen Festlegung der Arzneimittelformulierung für den Markt ergeben. Beispielsweise sind noch heute Tabletten in einer Dosierung und in einer Größe auf dem Markt. Bei Salben dagegen gibt es unterschiedliche Tubengrößen. Die Frage, ,wie viel appliziert wird', bestimmen Arzt und Patient. Das Thema Injektionslösungen ist dagegen komplexer, da es neben fertigen Spritzen für eine Einmalanwendung auch Klinikflaschen gibt, bei denen Menge und Dosierung festzulegen sind.

Tabletten

Bei Tabletten wird man eine Einwaage im Batch vornehmen, falls er nicht kontinuierlich zudosiert werden kann (siehe Diskussion 7.3.3). Ab der Vermischung bis hin zum Tablettenpressen und evtl. einer Glasur ist eine kontinuierliche Monoanlage denkbar. Der Idee einer Plattform-Technologie folgend ist zudem die Herstellung von drei Tabletten mit unterschiedlichem Wirkstoffgehalt aus einem Granulat denkbar. Damit besteht die Möglichkeit, mit einer Anlage die Tabletten kostengünstig herzustellen und gleichzeitig in der Produktion die Voraussetzung für eine Individualisierung der Produkte zu schaffen.

Vor dem Hintergrund einer Individualisierung ist in der Zukunft langfristig ein Bedarf an ,halben Formulierungen' zu sehen. Dabei handelt es sich um einen Wirkstoffbedarf seitens des Patienten, der nur dadurch gedeckt werden kann, dass er vorhandene Tabletten teilt, da ihm die benötigte Dosierung standardmäßig nicht zur Verfügung steht. Eine zunehmende Individualisierung muss also davon begleitet sein, dass dem Patienten entsprechende ,Sub-Formulierungen' zugänglich gemacht werden. Gerade im fortgeschrittenen Lebensalter kann eine derartige Aufgabe immer schlechter bewältigt werden. Abgesehen davon, dass die Teilung oftmals zur Zerstörung der Tablette führt. Überall dort, wo zudem eine individuelle Dosierung, d. h. Einstellung eines speziellen Medikamentenspiegels, wünschenswert ist (Beispiel: Marcumar), sprechen auch medizinische Vorteile für eine Verfügbarkeit dieser bislang fehlender Dosierungen. Mit der Erarbeitung von Differenzierungsmerkmalen in solche Richtungen können sich z. B. Vorteile für Generika-Hersteller ergeben, die über reine Kostenerwägungen hinaus weitere Anreize für ihre Kunden schaffen wollen, um im Wettbewerb zu bestehen.

Salben und Parenteralia

Bei Salben und Injektionslösungen ist nach der Verwägung ebenfalls eine semi- kontinuierliche Vermischung denkbar. Auch die Abfüllung, das Labelling und die Sortierung sind vollständig automatisch zu realisieren. Einen Batch-Prozess stellt derzeit die Sterilisation bei Parenteralia dar. Hier könnte man sich allerdings Batches in der Größe des Tagesausstoßes vorstellen und damit eine einfache Dokumentation anhand des Abfülltages. Durch die sog. ‚white line'-Technik ist hierbei eine direkte Steuerung der Produktion durch die Bestellung des Kunden denkbar. Besonders dort, wo ein ‚frisches' Produkt benötigt wird, besteht die Möglichkeit für einen Wettbewerbsvorteil. Andere Vorteile könnten sich durch ein direktes Labelling für spezielle Großkunden ergeben, wenn dies z.B. dem Kunden ermöglicht, seine eigene Bestandsführung zu verbessern. Ein weiterer Nutzen wäre z.B. ein persönliches Package für einen Kunden mit einer langfristigen Vertragsbindung.

Bei Parenteralia besteht – im Gegensatz zu Tabletten – eine besondere Anforderung hinsichtlich der Produktdifferenzierung: Neben den typischen Einmalanwendungen (z.B. Fertigspritzen für Kontrastmittel) gibt es unterschiedlich große Vorratsflaschen mit 100 ml, 150 ml oder 1 000 ml (z.B. für Kliniken). Es erscheint wenig sinnvoll, die 1000 ml-Flaschen unterschiedlicher Kontrastmittel auf einer Anlage zu füllen und dafür eine aufwendige Zwischenreinigung durchzuführen. Dies hätte zur Konsequenz, dass man für jede der verschiedenen Anwendungstypen – Fertigspritze, kleine Flasche, große Flasche – eine eigene Anlage realisieren müsste. Hier ist vielmehr typisches Know how aus der Lebensmittelherstellung für eine effiziente Abfüllung und eine Produktdifferenzierung möglichst nah am Markt gefordert.

Organisation

Wie schon ausgeführt, muss der Herstellleiter eines pharmazeutischen Betriebes in Deutschland ein nach dem Arzneimittelgesetz (AMG) besonders qualifizierter Pharmazeut sein. Darüber hinaus sind in der Produktion vom Gesetzgeber keine weiteren Pharmazeuten vorgeschrieben. Man würde also analog dem Chemiebereich in einem stark produktionsorientierten System versuchen, für die Pharmaproduktion vor allem Verfahrensingenieure und Betriebswirte zum Einsatz zu bringen. Die personellen Ressourcen, die hier freigesetzt würden, sollten viel stärker in der frühen Entwicklung zur optimalen Verfahrensentwicklung eingesetzt werden. Bei einem stabilen Herstellverfahren werden weniger pharmazeutische Fachprobleme im Vordergrund stehen und die Produktion zunehmend unter ingenieurstechnischen sowie betriebswirtschaftlichen Gesichtspunkten zu betrachten sein. Gerade hier entstehen neue Anforderungen an die Qualifikation und die Fähigkeiten zur Zusammenarbeit des dort tätigen Personals. Die Zukunft wird nicht mehr in der punktuellen Optimierung der Abläufe innerhalb der Pharmaproduktion allein liegen, sondern diese in den Kontext der Erfordernisse der gesamten Versorgungskette stellen und hieraus gezielte sowie funktionsübergreifende Optimierungsprogramme ableiten müssen.

7.3.3 Modell für eine kontinuierliche Solida-Fertigung

In Weiterführung der bisherigen Überlegungen wollen wir uns noch einmal dem Thema Prozess-Innovation zuwenden. Weitergehende Entwicklungen über den von uns aufgezeigten Weg einer Multiplizierung von Anlagen gleichen Typs und gleicher Größe hinaus sollten auf kontinuierlich produzierende Anlagen gerichtet sein. In vielen Fällen sind kontinuierliche Fertigungen für einzelne Prozessschritte möglich. Dies gilt z.B. für die Tablettierung und Verblisterung/Verpackung. Es fehlen derzeit für die Integration aller Fertigungsschritte bezüglich Granulierung und Coating noch ausgereifte technische Lösungen *[Körblein 2009]*.

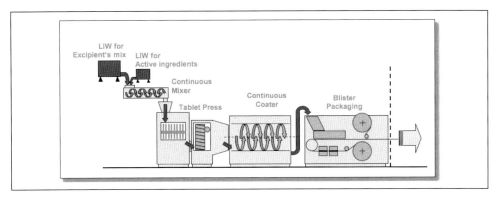

Abbildung 7.3 Vision einer kontinuierlichen Solida-Fertigung (mit freundlicher Genehmigung von Günter Körblein).

Im Idealfall kann eine Granulierung so durchgeführt werden, dass die Wirkstoffe in ebenfalls kontinuierlicher Dosierung zudosiert werden. Andernfalls ist weiterhin eine präzise Vormischung im Batch-Prozess notwendig, bevor die kontinuierliche Granulierung gestartet werden kann. Die nachfolgende Tablettierung ist heute bereits kontinuierlich möglich. Allerdings wird diese in der Regel semi-kontinuierlich aus vorgefertigten Batches der Granulierung gefahren. Zudem sind in der konventionellen Fertigung die Prozessschritte nicht miteinander verbunden und räumlich getrennt. Für den nächsten Schritt eines kontinuierlichen Coating verfolgen einige Hersteller eigenständige Systeme wie z. B. das ‚SuperCel' von der Fa. GEA oder das auf der Achema 2009 gezeigte ‚Driaconti' von der Fa. Driam. Auch die Fa. Bohle bietet eine Lösung zum kontinuierlichen Coating an. Last but not least fehlt nur noch eine direkte Anbindung an eine Verpackungsanlage, die problemlos verwirklicht werden kann.

Aus der Zusammensetzung aller oben beschriebenen Prozessschritte entsteht eine neue Fabrik. Eine Vision von zusammenhängender kontinuierlicher Solida-Fertigung ist in der Abbildung 7.3 dargestellt. Als Alternative dazu könnte man sich auch eine Integration des Granulierungsprozesses in die Wirkstoffherstellung vorstellen. Dadurch ließe sich der Gesamtprozess verkürzen, da dann der Wirkstoff nicht mehr als Makro- bzw. Mikroware, sondern direkt als fertiges Granulat anfallen würde. Damit würde die Lagerung eines Wirkstoffes im Prinzip obsolet.

Durch die Synchronisation von Wirkstoffherstellung, Solida-Fertigung (und Verpackung) schon in der Entwicklung entsteht zunächst einmal eine durchgängige ‚*Entwicklungs-Supply Chain*', die auf gemeinsamen Gestaltungsprinzipien aufbaut. Nach der Fertigung des Phase III-Bedarfes könnte sie in dieser Form, d. h. durch den Transfer der Anlagen, in die Produktion übernommen werden. Dort bildet sie dann den Teil ‚Make' der Pharma Supply Chain für ein Produkt, dessen Anlagenpark bei steigenden Marktbedarfen multipliziert werden kann.

7.3.4 Fazit

In der bisherigen Produktionswelt der Endfertigung wird häufig mit Multi-Purpose-Equipment in einem stark segmentierten Prozess gearbeitet. Daraus ergeben sich drei wesentliche Probleme:

(1) Die Durchlaufzeiten sind zu hoch für eine Fertigung auf Bestellung.

(2) Der logistische Aufwand bei unerwarteten Marktschwankungen ist groß.

(3) Das Problem möglicher Kreuzkontaminationen bei komplexen Prozessen führt bei den Zulassungsbehörden zu erhöhter Aufmerksamkeit.

Die Alternative eines Einsatzes von modularen dedizierten Anlagen löst die beiden letztgenannten Probleme sofort. Hinsichtlich Punkt 1 bdeuten sie eine erhebliche Verbesserung.

7.4 Modellbeispiel III

Wir gehen davon aus, dass wir eine vollkontinuierliche Anlage vom Vorprodukt gereinigt übernehmen. Die Formulierung der Wirkstoffmengen für die Tox-Studien und die klinische Phase I wird vermutlich aus Zeitgründen in 2 Teilen erfolgen müssen. Die Formulierung und Abfüllung selbst wird in 2 Tagen zu realisieren sein. Der Aufwand für die Reinigung beträgt nicht mehr als eine Woche, sodass jeder Auftrag mit ca. 1,5 Wochen Gerätebelegung zu berechnen ist. Durch eine Zusammenfassung zu nur zwei Aufträgen lässt sich bereits eine relativ große Charge erhalten. Die Ausbeute wird bei diesen ersten beiden Chargen relativ niedrig sein. Dies ist jedoch zu verschmerzen, da man im Regelfall versuchen wird, bereits für diese beiden Chargen den gleichen Anlagentyp zu verwenden wie in der Produktion. In unserem Beispiel würde man versuchen, eine Anlage auszuwählen, deren Durchsatz bei ca. 7,5 kg pro Tag liegt. Inklusive der Reinigung hätte die Anlage somit bei zwei Reinigungen pro Jahr eine Maximalkapazität von ca. 1,5 to und wäre somit für den erwarteten Marktbedarf von 500 kg ausreichend dimensioniert. Damit ließe sich auch bei einem Spitzenbedarf am Markt noch flexibel reagieren.

Für unser Beispiel würde dies bedeuten, dass 500 kg Wirkstoff bei 10%igen Lösungen zu 5 to oder, wenn man eine wässrige Lösung annimmt, 5 000 l Produktlösung führen. Die Abfüllung sollte nach Bedarf in 5 000 Flaschen zu 1 l, 50 000 Flaschen zu 100 ml, 50 000 000 Spritzen mit 1 ml oder einer Kombination davon erfolgen. Die Anlage soll bis zur eigentlichen Abfüllung nur mit einer Lösung arbeiten, da wir diese dann in alle drei zu verwendenden Flaschentypen abfüllen und anschließend für den jeweiligen Markt etikettieren können. Selbst wenn man annimmt, dass der Anteil an Klinikflaschen hoch ist, wird man relativ leicht auf 25 000 oder mehr Einzelverpackungen kommen. Daraus ergibt sich bei Einzelprüfung auch in einem vollkontinuierlichen Prozess mit einem Gerät nur eine sehr geringe Analysendauer pro Gebinde. Dies ist mit Inline-Methoden wie NIR-, IR- oder Raman-Spektroskopie zu realisieren.

7.5 Ausblick

Technologien zur Qualitätsverbesserung

Für die Pharmaproduktion kann in ähnlicher Weise von neuen Technologien profitiert werden wie in der Chemie. Beispielhaft sind für die Herstellung von Salben aus Öl und Wasser Anlagen konzipiert worden, die eine effizientere Herstellung von Emulsionen mit Mikroreaktoren versprechen *[Bayer et al. 2000]*. Auch aus der Lebensmittelverarbeitung können geeignete technische Lösungen übernommen werden. Zur Qualitätsverbesserung in der pharmazeutischen Endfertigung halten statistische Tools wie automatische Prozesskontrollen *[Walsh et al. 2001]* oder multivariate PLS-Steuerungen *[Martin 2001]* zunehmend Einzug.

Eine interessante Technologie zur Optimierung der Abläufe in der Supply Chain stellen sog. ‚smart labels' dar *[Harrop 2001]*. Smart labels können zur eindeutigen Identifizierung von Produkten genutzt werden. Wir können uns also eine Anlage vorstellen, die kontinuierlich z. B. 1 000 ml-Flaschen eines Kontrastmittels in der Konzentration 1 mol/l abfüllt. Die Flaschen werden nicht etikettiert. Nach Eingang der Bestellung erfolgen Etikettierung, Verpackung und Versand. Die Festlegung, für welches Land oder für welchen Kunden das Produkt etikettiert werden muss, kann somit ganz am Ende der Supply Chain erfolgen. In den Regionen wird somit das Lager vollkommen überflüssig.

8. Analytik

Beitrag von A. Hartung und S. Küppers

8.1 Aufgabenstellung

Historisch gesehen stellte die Analytik in der Pharmaindustrie weitestgehend eine Einheit für die Qualitätsprüfung dar, die in der Forschung, Entwicklung und Produktion in ähnlicher Weise eingesetzt wurde. Bereits in den 70er Jahren des letzten Jahrhunderts setzte – initiiert durch die Entwicklung spektroskopischer Verfahren – eine Spezialisierung ein. In der Forschung fanden vermehrt leistungsfähige spektroskopische Verfahren (NMR, ICP-Methoden, MS-Techniken usw.) Anwendung, um Strukturaufklärung, Spurenidentifizierung o. ä. zu ermöglichen. Die Analytik in der Entwicklung und Produktion hingegen entwickelte sich mit neuen Techniken (HPLC, IC usw.) hin zu hochspezialisierten quantitativen Verfahren. Die Entwicklung in der Forschungsanalytik hat seither – bedingt durch die immer komplexeren Herausforderungen der Wirkstofffindung, der Hinwendung zu Biomolekülen als Wirkstoffe usw. – eine extreme Spezialisierung erlebt. Bereits heute haben die Analytiker in der Forschung einerseits und der Entwicklung und Produktion andererseits kaum noch eine gemeinsame Basis. Dieser Trend wird sich fortsetzen und an der Schnittstelle zwischen F&E zu einer zunehmenden Herausforderung in der Kommunikation untereinander werden.

In den Bereichen Entwicklung und Produktion ist zwar die Aufgabenstellung nach wie vor ähnlich, jedoch gibt es auch hier einen Trend zur Spezialisierung. Auslöser sind der im letzten Jahrzehnt gewachsene regulatorische Druck (bereits zum Zeitpunkt der Zulassung soll ein qualitativ hochwertiges Produkt vorliegen), die steigenden Anforderungen an die Effizienz der Produktion in der Pharmaindustrie (verursacht durch das sich wandelnde Umfeld; vgl. Kapitel 2) und auch die sog. PAT-Initiative der FDA (21. Century Initiative). Letztere fordert dazu auf, mehr die Produktqualität durch die Qualität des Prozesses (Kontrolle der qualitätsbestimmenden Faktoren) und weniger durch die Qualität einer einzelnen oder mehrerer Zwischenstufen zu definieren. Dadurch ist die Entwicklungsanalytik stärker noch als bisher auf dem Weg, zu einer ‚Analytik des Verstehens' zu werden, wogegen die Produktionsanalytik zum Nachweis der Reproduzierbarkeit eingesetzt wird. In der Entwicklung werden Trennverfahren eingesetzt, typischerweise kombiniert mit Massenspektroskopie, aber auch allen anderen Varianten der Spektroskopie. Ziel ist, immer genauer die Einzeleffekte zu identifizieren und möglichst auf molekularer Ebene zu verstehen. Die Produktionsanalytik jedoch bewegt sich in Richtung des Prozesses und wendet sich der Verfahrenstechnik und dem Anlagenbau zu. Angestrebt wird vermehrt eine makroskopische Bulk-Steuerung des Prozesses. Dazu werden aufgrund der Zeitkonstanten ebenfalls zunehmend spektroskopische Werkzeuge eingesetzt, wobei in erheblichem Maße auf das Verständnis in molekularen Dimensionen bewusst verzichtet wird. An deren Stelle treten Modellbildung, Modellierung und Auswertung komplexer analytischer Informationen zur Gewinnung der Aussage ‚Prozess führt zu identischer Qualität' oder ‚nicht'. Der Validierungsaufwand bei solchen Konzeptionen ist erheblich; daher nehmen die Bemühungen zu, bei denen der Aufbau der Modelle und die Validierung solcher Prozesse unabhängig vom eingesetzten Wirkstoff realisiert werden. Erste Erfolge auf diesem Weg führen bereits heute zu kommerziell verfügbaren Anlagen für die pharmazeutische Formulierung, Granulierung und Trocknung bis hin zur fertigen Tablette *[Hartung et al. 2010, Fa. Hüttlin]*.

Die Bedeutung der Analytik in der Pharmaindustrie wird sich insgesamt weiter wandeln. Dies ist vor allem auf vier Ursachen zurückzuführen:

(1) Die Analytik in der Qualitätskontrolle ist aufgrund regulatorischer Anforderungen bereits gut ausgebaut – hier ist langfristig ein deutliches Schrumpfen der Größe der Laboranalytik bei innovativen und kostenorientierten Unternehmen zu erwarten.

(2) Bei der klassischen Laboranalytik ist mit erheblichen Fortschritten im Bereich der Automatisierung zu rechnen.

(3) Die Prozessanalytik wird sich deutlich stärker in die Verfahrensentwicklung und Optimierung hineinbewegen.

(4) Eine Verstärkung der Innovationsbemühungen in der Pharmaindustrie wird vor allem zu höheren Anforderungen bei forschungsnahen Fragestellungen führen.

Ein weiterer wichtiger Aspekt ergibt sich insofern, als die Innovation im Bereich Prozessanalytik auch einen Beitrag zur Verbreiterung von ,parametric release' in der Produktion leisten kann. Unter ,parametric release' ist die Freigabe von Chargen aufgrund der Tatsache zu verstehen, dass die Bandbreiten vorher definierter, qualitätsrelevanter Parameter eingehalten wurden – ohne im Nachgang an die Produktion die Charge einer Analytik zu unterziehen. Dies wird überall dort relevant werden, wo bereits in der Entwicklung zur Festlegung von prozessrelevanten Parametern und deren Bandbreiten qualitätsrelevante Parameter im Prozess (chemische Reaktion, Trocknung, Granulierung usw.) gemessen werden müssen.

Kostenvergleich zwischen Labor- und Prozessanalytik

In der Vergangenheit wurde die Analytik als ,Kontrolle' betrachtet. Durch die bereits erwähnte PAT-Initiative der FDA ist die Betrachtung als Prozesswerkzeug nicht nur legitim, sondern ganz bewusst von den Aufsichtsbehörden gewünscht.

Gegenstand der Prozessanalytik sind chemische, physikalische, biologische, mathematische und statistische Techniken und Methoden zur zeitnahen Erfassung kritischer Parameter von chemischen, physikalischen, biologischen Prozessen oder Umweltprozessen. Ziel ist die Bereitstellung von relevanten Informationen und Daten für die Prozessoptimierung, -automatisierung, -steuerung und -regelung zur Gewährleistung einer konstanten Produktqualität in sicheren, umweltverträglichen und kostengünstigen Prozessen. In der Praxis findet man derzeit bei deutlich mehr als 95 % der aktuell eingesetzten Verfahren in der Pharmaindustrie die Analytik noch immer in der Kontrollfunktion, zumeist im Labor. In wenigen Prozent der Verfahren wird parallel auch die Prozessanalytik im oben genannten Sinn eingesetzt. In verschwindend wenigen Fällen erfolgt im Prozess eine Freigabe durch die Analytik. Beim Vergleich der Kostenstrukturen ist zudem zu berücksichtigen, ob lediglich klassische Laboranalytik organisatorisch in die Prozessnähe verlegt (Offline-Analytik) oder die Analytik in den Prozess integriert wird (Abbildung 8.1). Im ersten Fall kann man durch organisatorische Maßnahmen 10–20 % der Kosten einsparen (zur Umsetzung siehe auch Kapitel 10).

Bei Inline- oder Online-Prozessanalysenverfahren wie NIR im Vergleich zur Laboranalytik mit HPLC oder GC sind die Einsparpotentiale hingegen gewaltig. In der Chemieproduktion wurde an markanten Anwendungsbeispielen gezeigt, dass mit Prozessanalytik bei 1–2 Analysen pro Tag die Break-Even-Kurve durchbrochen wird (Abbildung 8.2).

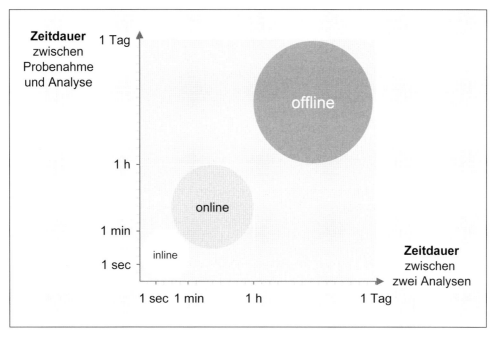

Abbildung 8.1 Zeitachsen der Analytik. Offline, auch in Prozessnähe, führt immer zu einem deutlichen Verlust an Prozesssteuerungsfähigkeit.

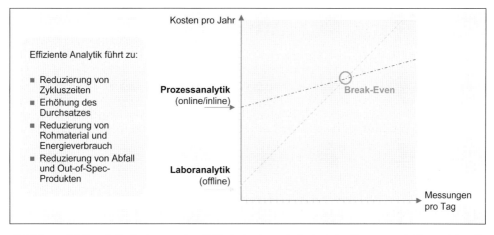

Abbildung 8.2 Durch Reduzierung der Kalibrierkostenanteile bei der Prozessanalytik erreicht die Prozessanalytik oft bereits bei 1-2 Analysen pro Tag den ,Break-Even'.

Typischerweise wird eine NIR-Steuerung jedoch mit ‚Multiplexing' an mehrere Prozesse oder Prozessschritte gekoppelt. Es ist nachvollziehbar, dass die Kosten in der Anwendung auf einen Bruchteil sinken. Typische ROIs für Nachrüstprojekte in Chemie und Biotechnologie liegen unter 2,5 Jahren. In 75 % der Fälle wird der ROI in weniger als zwei Jahren erreicht. In den genannten Fällen sind alle Kosten ebenso berücksichtigt wie eine interne Kapitalverzinsung [Hajduk 2008]. Bei Nachrüstprojekten ist die Situation zudem nicht ganz optimal, da die Prozessanalysensysteme häufig nicht voll ausgelastet werden können. Da jedoch der Durchsatz der Anlagen steigt, wird häufig ein erheblicher Zusatznutzen erreicht. Der Grund für diesen erheblichen Vorteil der Prozess- gegenüber der Laboranalytik liegt im Unterschied zwischen ‚dedizierten' und Multi-Purpose-Anlagen. In einer typischen Prozessanwendung wird ein Kalibriermodell erstellt und dann immer wieder verwendet. Das Modell wird mit jedem Ansatz, oder sogar nur täglich, bei Austausch des Gerätes sowie bei wesentlichen Umbauten an der Anlage oder in ähnlichen Fällen geprüft oder erneuert. Bei einer Laboranlage, z.B. einer HPLC, handelt es sich um ein Multi-Purpose-Gerät, das für die jeweilige Analyse kalibriert wird. Bei nur einer Analyse beträgt dann der Anteil der Kosten der Kalibrierung zwischen 50 % und 80 % der Gesamtkosten der Analyse. Dieser Kostenanteil fällt bei der Prozessanalytik weg. Zu beachten ist bei einem Kostenvergleich zwischen Labor- und Prozessanalytik lediglich der Aufwand der Erstellung und Validierung eines Modells in der Prozessanalytik.

In der Praxis findet man derzeit bei neuen Verfahrensübertragungen von der Entwicklung in die Produktion eine Vorgehensweise, bei der die Analytik der Entwicklung übergeben sowie am neuen Standort revalidiert und zugleich durch die Verfahrensoptimierung am Produktionsstandort ein PAT-Projekt initiiert wird. Dieses etabliert prozessnahe Analysenverfahren, die dann zusätzlich eingesetzt werden, jedoch nicht in die Zulassungsanmeldung einfließen. Die Kosten der Erstellung und Validierung eines Prozessanalytik-Modells werden daher momentan meist ohnehin ausgegeben – die Laboranalytik muss als zulassungsrelevant validiert werden. Es erscheint hier neues Denken notwendig. Insbesondere muss es gelingen, auf ein deutlich verbessertes Qualitätsniveau von regulatorisch 100%iger Qualität zu kommen. Das heißt, dass es gelingen muss, durch eine datenbasierte Prozesssteuerung – die nicht nur reaktiv, sondern steuernd ausgelegt ist – die Qualität der Prozesse so zu optimieren, dass bei der Wirkstoffherstellung keine Verunreinigung von mehr als 0,05 % vorhanden ist bzw. bei der Fertigung des Pharmaproduktes keine Abweichung von der Spezifikation auftritt. Hier verringern sich dann die Validierungsaufwendungen drastisch, und auch relevante Aufwendungen für die Zulassung – wie die Erstellung relevanter Dokumente (‚potential impurities', ‚impurities found') werden deutlich sinken.

Als Basis für eine Kostenbetrachtung können Erfahrungen aus der Chemie und Biotechnologie verwendet werden. Aus der Produktion z. B. von Nahrungszusatzstoffen sind Zahlen bekannt, die besagen, dass sich die Etablierung einer Prozessanalytik-Methode in 75 % der Fälle in weniger als 2 Jahren amortisiert [Hajduk 2008]. Unter der Annahme, dass die Fertigung eines Pharmaproduktes über ca. 10 Jahre läuft und die Kosten bei der Prozessanalytik über die Laufzeit bei ca. 10 % der Laboranalytik liegen, erübrigt sich eine weitere Diskussion.

8.2 Der neue Weg

Will man einen Blick in die Zukunft der Analytik in der Produktion der Pharmaindustrie wagen, so gilt es zunächst, einige Grundannahmen zu treffen. Derzeit wird die Analytik in der Regel als Teil des Qualitätssystems im Unternehmen betrachtet. Dabei ist sie häufig als Werkzeug des Qualitätsmanagements organisiert, teilweise sogar hierarchisch als Teil der

QM-Welt zugeordnet. Bleibt die Analytik Teil der ‚Qualitätskontrolle', sind Optimierungs-potentiale organisatorischer Natur und eher eingeschränkt. Es besteht zwar die Möglichkeit, einige neue Techniken einzusetzen, um Organisationsformen zu optimieren sowie Durchlauf-zeiten zu verkürzen und 10–20 % der Kosten zu senken. Letztlich ändert sich aber nichts.

Wird die Analytik jedoch als Teil des Prozesses verstanden und das Ziel angestrebt, auf die ‚herkömmliche Art' der Produktfreigabe zu verzichten (und damit die Chancen der FDA-PAT-Initiative zu ergreifen), sind die Potentiale erheblich. In unserem neuen Konzept soll somit davon ausgegangen werden, dass die Analytik Teil der Produktion und *nicht* (!) Teil des Qualitätssystems ist. Erklärtes Ziel muss sein, auf jedwede Qualitätsprüfung in der Pro-duktion im klassischen Sinn zu verzichten und stattdessen die Prozesse so zu steuern, dass ein Produkt mit gewünschter Qualität erzielt wird und nicht die Qualität des Produktes bzw. Prozesses noch nach erfolgter Zulassung sukzessive auf ein technisch ausgereiftes Niveau angehoben werden muss. Die Freigabe einer Charge soll perspektiv automatisches Ergebnis der Produktion in demjenigen Sinne sein, dass eine Freigabe bei Fehlen von Abweichungen im Prozess automatisch erfolgt (‚parametric release').

Unter diesen Annahmen kann in der Verfahrensoptimierung der Produktion ein Know how aufgebaut werden, um die Prozesssteuerung mit in die Verfahren zu integrieren. Die NIR o.ä. wäre damit ein Werkzeug zur Verfahrensoptimierung wie z.B. eine Waage oder ein PT100.

Der Wechsel von einer Batch- zu einer kontinuierlichen Produktion wird zur Folge haben, dass die Organisation der Analytik im Pharmaunternehmen sich analog den Beispielen aus der Chemie wandelt. Künftig wird die Analytik in eine typische Laboranalytik, die an we-nigen Punkten Kontrollanalysen durchführen wird, und eine Analytik für Prozesse, die den Prozess als solchen überwacht, aufzuspalten sein. Die Laboranalytik wird im Idealfall nur an zwei Stellen eine Analyse durchführen: (1) bei der ‚drug substance' (API) und (2) beim ‚drug product'. Später kann sogar Punkt 1 entfallen, wenn das API kontinuierlich zu einem Granulieransatz zudosiert wird.

Für die erstere kann man mit Blick auf die Analysentechniken erwarten, dass die klassische Laboranalytik mit stärkerer Automatisierung und stärkerer EDV-Unterstützung zum Ein-satz kommt. Insgesamt jedoch kann die Bedeutung der Laboranalytik beim ‚neuen Weg' vernachlässigt werden. Der Bereich der prozessnahen Analytik wird sich dagegen stärker an den Konzepten der Prozessanalytik aus der Chemie orientieren. Hier werden die op-tischen Analysentechniken eine deutlich größere Bedeutung erlangen *[VDI-Berichte 2000]*. Konzepte zur Gesamtbeurteilung des Prozesses, wie sie für die Pharmaindustrie notwendig erscheinen, sind inzwischen sowohl in der Chemie- als auch in der Lebensmittelindustrie entwickelt. Wichtige Antriebskräfte sind chemometrische Methoden, d.h. die Kombination von chemischer Analytik mit mathematischen und statistischen Modellierungstools *[Danzer et al.2001, Workman 2002]*. Es ergibt sich eine natürliche Schnittstelle zur chemischen oder pharmazeutischen Verfahrensentwicklung, bei denen statistische Verfahren mittlerweile auch von der FDA akzeptierte Tools sind, auf deren Verwendung auch die spätere Verfah-rensvalidierung (Challenge Tests) aufgebaut werden kann. Durch leistungsfähige Hard- und Software kann ein immer besseres Abbild der Wirklichkeit beschrieben werden *[Dantan et al. 2001]*.

Verkürzung der Analysenzeiten – ‚parametric release'

Zur Realisierung von kurzen Laufzeiten in der Supply Chain ist sowohl in der Chemiepro-duktion als auch in der pharmazeutischen Endfertigung eine schnelle Analytikbegleitung notwendig. Dabei soll so vorgegangen werden, dass die Freigabe der ‚drug substance' als klassische Laboranalytik erfolgt, da dies die Pufferstufe des Gesamtprozesses ist und somit in aller Regel ausreichende Analysenzeit zur Verfügung steht. Danach wird die Substanz nicht mehr im Labor geprüft. Gehalts- und Identitätsprüfungen mit UV-, IR-, NIR- und Raman-Spektroskopie, Partikelgrößenmessungen etc. sind oder werden in den Produktionsprozess integriert und sollten daher auch integraler Bestandteil der Verfahrensentwicklung sein. Die notwendige EDV-Infrastruktur zur Dokumentation der Daten steht zur Verfügung, ggf. sind Werkzeuge wie RFID zur Nachverfolgung, zum Nachweis der Echtheit des Produktes o. ä. bei komplexen Supply Chains zu etablieren.

Die Vorteile, die sich ergeben, sind:

(1) Analysenzeiten von in der Regel unter 1 min.

(2) Einsatz automatisierter Inline-/Online-Messsysteme, wobei durch Verpackungen, Gläser o. ä. gemessen werden kann.

(3) Einsatz von Chemometrie zur Messung neben der Zuordnung zur Klasse ‚Substanz' auch eine Zuordnung zur Klasse ‚Gehalt'.

Besonders der letzte Punkt ist für unser System wichtig und soll daher an zwei Beispielen aus der Granulierung und Abfüllung flüssiger Arzneiformen erläutert werden.

Bei der Herstellung von pharmazeutischen Sprühgranulaten, die im Bereich der festen Arzneiformen häufig als Zwischenprodukte zur Tablettenherstellung verwendet werden, ist es gelungen, den Produktionsprozess in einer Wirbelschichtanlage mit Hilfe zweier PAT-Sondentechnologien zu steuern. Bei der Wirbelschichtsprühgranulation handelt es sich um einen komplexen Prozess, der einer präzisen Kontrolle bedarf, um zuverlässige und vor allem auch reproduzierbare Ergebnisse zu erhalten. Die NIR-Technologie wird zur Überwachung des bei der Herstellung von festen Darreichungsformen bedeutenden Prozessparameters Produktfeuchte eingesetzt. Ein Partikelgrößenmessgerät, das nach einem faseroptischen Ortsfrequenzfilter-Verfahren arbeitet, erfasst ebenfalls inline die Partikelgröße und Teilchenverteilung.

Beide Inlline-Messmethoden ermöglichen eine kontinuierliche Überwachung des Zustands vom ablaufenden Prozess und dienen vor allem der Sicherung der Produktqualität.

Durch diese zeitnahen Messungen und die damit verbundene Produktionssteuerung lassen sich unnötige Wartezeiten, die z. B. durch Nachtrocknung bzw. Nachbefeuchtung oder anschließende Siebung/Klassierung der Granulate entstehen, Ausfallzeiten und Ausschuss schnell erkennen und ohne Unterbrechung des Prozesses korrigieren. Der Produktionsprozess wird ‚planbar' im Sinne eines kontinuierlichen Produktionsprozesses. Von der Restfeuchte und Partikelgröße des zu tablettierenden Granulats hängen bekanntermaßen die qualitativen Eigenschaften – wie z. B. Bruchfestigkeit und Zerfallszeit – der gefertigten Tablette ab. Sie sind daher wichtig für den Erfolg anschließender Verfahrensschritte.

Eine genaue Kontrolle der kritischen Prozessschritte ermöglicht eine verbesserte Qualität des Endprodukts und führt außerdem zu robusten Herstellungsprozessen. Der Prozess kann darüber hinaus unter Einsatz der Prozesssteuerung ohne Unterbrechung für Laboranalysen quasi-kontinuierlich durchgeführt werden. Das Kalibriermodell für die NIR kann für ein sehr breites Spektrum unterschiedlicher Produkte eingesetzt werden. Es steht somit ein Produktionssystem für planungssichere, kurze Durchlaufzeiten zur Verfügung, das zugleich flexibel an den Marktbedarf unterschiedlicher Produkte angepasst werden kann.

Wir möchten im zweiten Beispiel davon ausgehen, dass wir zwei Bulk-Lösungen eines Kontrastmittels A mit 0,5 mol/l- und 1 mol/l-Konzentration herstellen und zwei Lösungen des

Kontrastmittels B ebenfalls mit 0,5 und 1 mol/l. Unser Analyseverfahren muss also die Lösung und idealerweise die bereits etikettierte und verschlossene Flasche ohne Probenentnahme prüfen und zu einer der vier Klassen: Klasse I: Kontrastmittel A 0,5 mol/l, Klasse II: Kontrastmittel A 1 mol/l, Klasse III: Kontrastmittel B 0,5 mol/l, Klasse IV: Kontrastmittel B 1 mol/l zuordnen können. Dies ist mit den bereits genannten optischen Techniken machbar. In der Literatur sind weitere Beispiele für eine 100 %-Kontrolle von Abfüllprozessen bekannt, wenn es z. B. zu Konzentrationsänderungen im Verlauf des Prozesses wie bei der Insulin-Abfüllung kommen kann *[Herkert et al. 2001, Sielser 2006]*. Wir können damit die Prüfung und Zuordnung zur Klasse sehr spät in den Prozess legen, führen eine 100%-Prüfung durch und lassen die Verpackungsanlage bei Fehlern automatisch stoppen. Dies ermöglicht ein sehr hohes Maß an Individualisierung, das für die verbesserte Kundenorientierung notwendig ist. Beispiele für die Realisierbarkeit solcher Ansätze gibt es bereits in der chemischen Industrie, wo mit Hilfe hoch automatisierter Analysensysteme teilweise Produkte mit extremer Sicherheit einzeln geprüft werden *[Beckenkamp 2001]*.

Ähnlich lässt sich in der Pharmaindustrie bei der Prüfung der Reinheit vorgehen. Ziel des Produktionsprozesses ist die Herstellung eines Produktes mit einer Reinheit größer oder gleich dem Produkt, das in der Zulassung beschrieben worden ist *[Vessmann 2001]*. Praktisch bedeutet auch dies wieder die Rückführung der Messung auf eine Identitätsmessung. Das Produkt ist somit zur Klasse des Produktes mit einer Reinheit größer als die Spezifikation zuzuordnen. Im Rahmen der Entwicklung sind viele Batches für die Entwicklungsabteilungen vermessen worden. Mit diesem Datensatz lassen sich z. B. ein chemometrisches Modell *[Dantan et al. 2001]* oder ein Ansatz auf Basis der Berechnung der euklidischen Distanz *[Beckenkamp 2001]* verwenden.

Ein weiterer wichtiger Aspekt ergibt sich in anderem Zusammenhang: 2001 ist erstmals durch die PAT-Initiative eine parametrische Freigabe erlaubt worden. Das bedeutet in der Praxis, dass nicht mehr analytisch geprüft werden muss, wenn durch die Prozess-Steuerungsparameter und deren Überwachung die Qualität des Produktes gewährleistet werden kann. Es würde in diesem Fall lediglich die Überprüfung der Identität verbleiben, die allerdings – wie zuvor schon erwähnt *[Beckenkamp 2001]* – bereits vollständig automatisiert werden kann. Inzwischen sind viele PAT-Projekte initiiert. Die Zulassungen sind nur noch eine Frage der Zeit.

Die Qualitätsprüfung wird sich zudem stärker auf das Gebiet des Qualitätsvergleichs beschränken *[Vessmann 2001]*. Die analytischen Verfahren werden stärker auf die Frage hin ausgerichtet sein, ob die Qualität derjenigen entspricht, die im bisherigen Verlauf immer hergestellt wurde. Gerade in diesem Zusammenhang wird ein entscheidender Beitrag zur Verkürzung von Analysezeiten aus der Verfahrensentwicklung kommen. Als Ergebnis des bisher beschriebenen Konzeptes einer zukünftigen Arzneimittelentwicklung, das auf Dedizierung, Modularisierung und simultane Entwicklungsansätze von Chemie und Verfahrenstechnik setzt, ist zu erwarten, dass es sich in einer neuen Qualitätsdimension der Wirkstoffe niederschlagen wird. Ziel der Entwicklung wird sein, in Zukunft Produkte mit einer 100%igen regulatorischen Qualität herzustellen. Dies bedeutet, dass in den Wirkstoffen alle Einzelverunreinigungen in einer Größenordnung < 0,05 % anfallen. Künftige Qualitätsvergleiche werden somit drastisch vereinfacht, der erforderliche Zeitbedarf wird minimiert und gleichermaßen die Richtschnur für spätere Verfahrensverbesserungen im Rahmen der Routineproduktion sein.

Zur wichtigen strategischen Frage für die Pharmaunternehmen wird werden, ob klassische Laborverfahren der Analytik in die Zulassungsunterlagen einfließen sollen oder nicht. Die Überlegung, eine Laboranalytik an einem Produktionsstandort zu betreiben und dorthin Laborverfahren für die Freigabe von Zwischenstufen der chemischen oder pharmazeutischen Produktion zu übertragen, wird langfristig sicher nicht mehr zur Diskussion stehen. Es stellt sich lediglich die Frage, wie eine optimale strategische Ausrichtung für die Zulassung neuer Produkte aussehen könnte. Dazu sind zwei Varianten denkbar:

(1) Die Anmeldung erfolgt mit den Laboranalytik-Verfahren. Folglich müssten die Freigaben durch die Entwicklungsanalytik/Qualitätskontrolle erfolgen. Dies ermöglicht die Entwicklung geeigneter Prozessanalytik-Verfahren in der Produktion, und es wird eine Ummeldung in der Zulassung notwendig. Ein Vorteil dabei ist aber, dass die Validierung der Prozessanalytik im Produktionsequipment durchgeführt wird.

(2) In der Entwicklung werden parallel zur Verfahrensentwicklung die Prozessanalytik-Verfahren bestimmt und zusammen übergeben. Dies macht die Übergabe komplexer, würde jedoch eine Anmeldung/Zulassung in einem Schritt erlauben.

Derzeit wird sich die Pharmaindustrie der Herausforderungen und Chancen in diesem Teilgebiet langsam bewusst. Es ist davon auszugehen, dass die Frage der strategischen Ausrichtung in den Top-Etagen führender Pharmaunternehmen innerhalb der kommenden fünf Jahre zur Entscheidung anstehen wird.

9. Biotechnologie

9.1 Charakteristika, Herausforderungen und Veränderungen

Die Biotechnologie hat sich in den zurückliegenden Jahren mit ihren vielfältigen Anwendungsbereichen zu einem integralen, nicht immer unumstrittenen, Bestandteil unseres gesamten Lebensbereiches entwickelt. In den Jahren zwischen 2000 und 2007 verdoppelte sich in Deutschland der Anteil an biotechnisch hergestellten Arzneimitteln am Gesamtumsatz auf nahezu 14,6 %, während sich ihr Anteil nach Angaben des Verbandes Forschender Arzneimittelhersteller (VFA) bei den Neuzulassungen im Jahr 2007 auf 25 % belief *[VFA Statistics 2008]*. Unangefochtener Marktführer sind allerdings weiterhin die USA, wo rund ein 5faches an Umsatz mit Biopharmazeutika, verglichen mit Europa, erzielt wird.

Arzneimittel auf Basis biotechnologisch hergestellter Wirkstoffe sind inzwischen in vielen medizinischen Anwendungsgebieten vertreten. Für einige Indikationsgebiete gibt es sogar ausschließlich biotechnologisch hergestellte Präparate, weil die Biotechnologie bedeutsame Erfolge bei der Behandlung von bisher nicht therapierbaren Krankheiten aufweisen kann. Der steigende Anteil an Biopharmazeutika am Gesamtumsatz der Pharmaunternehmen in den letzten Jahren ist auch das Resultat einer erheblichen Zunahme biotechnologischer Produkte in der Entwicklung. In Konsequenz dessen haben inzwischen einige neue Produkte den Markteintritt erreicht, wie z.B. die Krebsmedikamente Avastatin oder Hercepin (beide Fa. Hoffmann La Roche), für die sich die ursprünglichen Hoffnungen auf ein deutliches Umsatzpotential erfüllt haben (siehe Tabelle 9.1). Biopharmazeutika haben also vielfach Blockbuster-Potential.

In den nächsten Jahren wird ihr prozentualer Anteil an der Summe aller Arzneimittel voraussichtlich weiter kontinuierlich ansteigen. Gleichermaßen werden aber auch die ersten Biopharmazeutika aus dem Patentschutz fallen, sodass sich hier Chancen für die Generika-Industrie abzeichnen, die bei den Original-Herstellern mit Umsatzeinbußen einhergehen können.

Erwartungen an Biotech-Unternehmen

Hinter dem Begriff ‚adverse drug reactions' verbirgt sich nach einer in den 90er Jahren im Journal of the American Medical Association (JAMA) publizierten Studie eine der häufigsten Ursachen für Krankenhauseinweisungen und Todesfälle in den USA (> 100 000 Todesfälle in 1994; *www.ncbi.nlm.nih.gov*). Vor diesem Hintergrund ist verständlich, warum mit ‚Pharmacogenomics' viele Hoffnungen verbunden werden. Durch mehr Wissen um diejenigen Gene eines Menschen, die das Verhalten gegenüber Arzneimitteln bestimmen, soll ein besseres Verständnis der Wirkmechanismen auf molekularer Ebene erzielt werden. Damit sollen Reaktionen auf Medikamente im Vorfeld zuverlässiger abgeschätzt und somit die

Tabelle 9.1 Die umsatzstärksten Biopharmazeutika im Jahr 2006 (Allgaier, Merckle Biotec GmbH 2008).

Präparat	Umsatz in 2006 (Mio. US-$)	Indikation
Remicade	4 428	Rheumatoide Athritis
Enbrel	4 379	Rheumatoide Athritis
Aranesp	4 121	Anämie
Rituxan/MabThera	3 861	Non-Hodgkins-Lymphom
Procrti, Eprex	3 180	Anämie
Herceptin	3 134	Brustkrebs
Neutasta	2 710	Neutropenie
Epogen	2,511	Anämie
Acastin	2,364	Darmkrebs
Lantus	2,093	Diabetes

Arzneimittelsicherheit deutlich erhöht werden. Die Vision geht dahin, dass das genetische Material eines Patienten (Genotyp) in der Arztpraxis auf mögliche Nebenwirkungen getestet wird, bevor der Arzt das Medikament verschreibt. Natürlich wäre auch denkbar, dass die Wirksamkeit eines Medikamentes in ähnlicher Weise im Vorfeld getestet wird, um das unter Effektivitätsgesichtspunkten optimale Arzneimittel – sollten mehrere zur Auswahl stehen – verschreiben zu können. Der nächste Schritt wäre dann eine Bündelung von Probanden-Populationen, die aufgrund von Selektivitätskriterien eines genetischen Profiling zusammengestellt werden, für klinische Studien. In ähnlicher Weise werden auch in anderen Bereichen entscheidende Beiträge von der Biotechnologie erwartet. Maßgeschneiderte Vakzine sollen in Zukunft die Krebstherapie revolutionieren und für hohe Umsätze sorgen. Von der Unternehmensberatung PriceWaterhouseCoopers (PWC) werden Umsätze von bis zu 42 Mrd. US-$ für das Jahr 2015 prognostiziert *[Pharma 2020: The Vision, PWC 2007]*. Biomarker sollen helfen, Patienten-Unterpopulationen zu identifizieren, die auf bestimmte Therapien besser ansprechen.

Es ist also ein klarer Trend zu einer in zunehmendem Maße individualisierten Medizin erkennbar, an dessen Ende der einzelne Patient und damit die Losgröße 1 in der Fertigung stehen könnte. Dieser Entwicklung muss einer Supply Chain der Zukunft Rechnung tragen; d. h. sie muss in der Lage sein, den einzelnen Patienten mit seiner individuellen Therapie zu versorgen. Daraus ergeben sich große Herausforderungen für die Pharmaindustrie, wobei gleichzeitig aber auch starke Impulse von der Biotechnologie für neue Fertigungs- und Distributionskonzepte ausgehen werden. Das Geschäftsmodell beruht weiterhin überwiegend auf einer Zusammenarbeit von Big-Pharma mit kleineren, innovativen Start up-Firmen der Biotechnologie-Branche. Erhebungen der ‚Kellog School of Management' *[Hu 2007]* weisen eine Zahl von über 500 Kooperationen zwischen Pharma- und Biotech-Firmen für das Jahr 2005 aus, was einen hohen Stellenwert dieser gemeinsamen Tätigkeiten – auch unter Finanzierungsaspekten – für den Biotech-Bereich unterstreicht. Die Strategie zielt weiter darauf ab, den Kooperationspartner im späteren Erfolgsfall evtl. in den eigenen Konzern zu integrieren. Diskussionen um eine vollständige Übernahme von Genentech durch Hoffmann La Roche, eine mögliche Übernahme von Alcon durch Novartis – und insbesondere der Kauf der Schweizer Firma Speedel ebenfalls durch Novartis – zeigen das eindrucksvoll.

Gesellschaftspolitisch wird die Biotechnologie weiterhin kritischer gesehen – vgl. die Diskussion um die Stammzellentherapie weltweit – als dies in der Wissenschafts-Community der Fall ist. Nur in Bezug auf die ‚rote Gentechnik' überwiegt eine positive Gesamtsicht. Für die Gesundheitssysteme werden sich gleichermaßen Herausforderungen wie Chancen ergeben. Einerseits sind Behandlungskosten mit biotechnologisch hergestellten Wirkstoffen in der Regel wesentlich höher als beim Einsatz konventioneller Präparate. Das basiert sowohl auf höheren Herstellungskosten, häufig aber auch auf dem nahezu konkurrenzlosen Therapieangebot und einem besseren Schutz vor generischem Wettbewerb. Andererseits könnten durch eine individuellere Medizin künftig auch erhebliche Kosten eingespart werden (z.B. Behandlung nur derjenigen Patienten, die auf einen spezifischen Wirkstoff ansprechen). Bei den Investoren gehört die Biotechnologie zu den wenigen Branchen, bei denen mittelfristig hohe Wachstums- und Gewinnraten erwartet werden.

Unter den Patienten haben insbesondere diejenigen, die an Krankheiten leiden, die bisher nicht oder nur eingeschränkt therapierbar sind, sicherlich die höchsten Erwartungen. Diese hohe Erwartungshaltung bei den Patienten und deren Lobbyismus bedingt – zusätzlich gefördert durch eine teilweise euphorische Medienberichterstattung – außerhalb einer Kosten-Nutzen-Kalkulation vieler Therapien, eine höhere Verlässlichkeit in die Stabilität der Absatzmärkte und Preise, als dies für konventionelle Therapien gilt. Die kritische Auseinandersetzung um das Nutzen-Aufwand-Verhältnis einer Impfung junger Frauen gegen Gebärmutterhalskrebs hat beispielhaft aufgezeigt, dass sich auch die Zulassungsbehörden solchen Emotionen nur schwer entziehen können. Die generelle Attraktivität der Biotech-Branche hat sich insbesondere in dem Verlauf der Börsenkurse der letzten Jahre wiedergespiegelt. Dies hat die schon bestehende Gründungswelle von vielen Start up-Unternehmen zusätzlich beschleunigt. Selbst wenn rasante Kursentwicklungen extrem anfällig für allgemeine Stimmungsschwankungen an den Börsen sind, so ist dennoch langfristig für Biotech-Firmen mit der Bereitstellung von ausreichendem Risikokapital zu rechnen.

Risikofelder

Entwicklungskosten für Biopharmazeutika sind gemeinhin höher als für konventionell hergestellte Präparate. Innovationsprojekte für bisher nicht zu behandelnde Indikationen haben darüberhinaus ein erhöhtes Risiko dergestalt, wenn das Projekt im Verlauf der Entwicklung aus unterschiedlichen Gründen eingestellt werden muss. Für einige Biotech-Unternehmen ist ein Risikoausgleich nur bedingt möglich, weil sie entweder über kein breites Entwicklungsportfolio verfügen oder eher selten bereits Produkte auf dem Markt haben.

Problematisch sind die teilweise nur geringen Erfahrungen mit den Anforderungen an Zulassungsverfahren. Zwar ist aufgrund der vielfach neuen Indikationen prinzipiell sogar eine gewisse Unterstützung der Behörden – zum Beispiel bei der Vergabe eines Orphan Drug Status durch die FDA – zu erwarten. Jedoch kann dies die offensichtlichen Schwächen einiger Biotech-Unternehmen, eine regelkonforme Entwicklung zu gewährleisten und die entsprechende Dokumentation zu erstellen, nicht ausgleichen. Daher ist eine enge Kooperation mit etablierten Marktteilnehmern oder eine Lizenzvergabe meistens gewünscht und noch sehr verbreitet. Die Bereitschaft zur Zusammenarbeit wird sich jedoch in dem Maße relativieren, wie über etablierte Produkte und Zusammenschlüsse finanzstarke und entwicklungserfahrene Unternehmen entstehen werden.

Häufig vernachlässigt wird in den strategischen Betrachtungen der Versuch einer Einfluss-
nahme auf die generell hohen Kosten in der Supply Chain. Die Notwendigkeit eines Kos-
tenmanagements ist aber immer geboten. Zwar unterscheiden sich Biopharmazeutika nicht
oder nur geringfügig bezüglich der anfallenden Kosten für den letzten Fertigungsschritt
(Labelling). Allerdings sind häufig höhere Distributionskosten zu erwarten, denn bei vielen
Präparaten sind die gefriergetrockneten oder in Lösung befindlichen Wirkstoffe oftmals nur
über eine lückenlose Kühlkette bis zum Patienten lieferbar.

Besonderheiten bei der Herstellung

Einen Schwerpunkt mit Blick auf die Kosten stellen die Wirkstoffherstellung und die Abfüllung dar.

(1) Der augenfälligste Unterschied zwischen Biopharmazeutika und konventionell hergestellten Arzneimitteln liegt in den Anforderungen an die Umgebungs- und Anlagenbe-
dingungen. Es gelten zumindest für den Down-Stream-Prozess der Wirkstoffherstellung
ähnlich strenge Anforderungen an Reinraumklassen wie bei der pharmazeutischen Endfertigung. Auch deshalb macht eine Trennung von Wirkstoffherstellung und pharmazeutischer Endfertigung (bis Bulk-Ware) hier in der Regel keinen Sinn.

Eine Standardisierung von Anlagen ist weitaus schwieriger als zum Beispiel in der Chemieproduktion. Denn unter dem Oberbegriff ‚Biotechnologie' sind verschiedene Technologien zusammengefasst, die teilweise erhebliche Unterschiede bezüglich des verwendeten Equipments und des Fertigungsprozesses zur Folge haben.

(2) Die Gefahr von Kreuzkontaminationen bei speziellen Technologien – wie der Verwendung von gentechnisch veränderten Viren (z. B. Adenoviren) – schließt eine Betreibung
dieser Anlagen als echte Multi-Purpose-Anlagen aus. In der Realität werden zumindest
die Fermentationsprozesse deshalb streng nach Fermentationstyp getrennt.

(3) Biotechnologische Wirkstoffe werden außerdem nicht allein durch analytische Methoden charakterisiert, sondern sind auch in starkem Maße abhängig von verfahrenstechnischen Parametern. Größere Veränderungen dieser Parameter bei Fermentation oder
Aufarbeitung bedürfen dann in der Regel Bioäquivalenzstudien, um den Nachweis zu
führen, dass noch ein Produkt mit derselben Wirksamkeit vorliegt. Die wesentlichen
Anlagenkriterien werden somit schon in einer frühen Entwicklungsphase für die spätere
Produktion festgelegt. All dies sind Aspekte, die ein zurückhaltendes Vorgehen bezüglich Verfahrensänderungen oder im Scale up bedingen. Ein weiterer Grund für deutlich
kleinere Produktionschargen liegt häufig in der Stabilität der Fermentationsprozesse
oder der Wirkstoffe.

Biosimilars

Biosimilars, d. h. Generika-Versionen von biotechnologisch hergestellten Medikamenten,
stellen eine besondere Herausforderung für den Entwicklungs- und Zulassungsprozess dar
und sollten gesondert betrachtet werden. Dadurch, dass nur eine Ähnlichkeit, aber keine
zweifelsfreie Identität der Wirkstoffstruktur mit dem Originalpräparat erzielt werden kann,
sind die Anforderungen an Biosimilars im Zulassungsprozesss ungleich höher. So kann innerhalb der EU die Zulassung eines neuen Biosimilars nur zentral bei der europäischen
Arzneimittelbehörde (EMA) beantragt werden. Die bei einem konventionell hergestellten
Generikum üblichen Pharmakokinetik-Studien reichen nicht aus, um Wirksamkeit und Sicherheit an den Probanden nachzuweisen, sondern müssen um weitere Studien ergänzt

werden. Erst dann wird die Zulassung erteilt. Die Limitierungen für den generischen Wettbewerber sind enorm, kann er doch nur den bisherigen Produktionsprozess kopieren, ohne signifikante prozessbezogene oder technologische Verbesserungen vornehmen zu können, die ihm einen ökonomischen Vorteil gewähren würden.

Obwohl bereits Präparate z. B. im Bereich der Nephrologie verfügbar sind, zeigen erste Erfahrungen im Markt, dass diese Produkte von Ärzten und Patienten mit einem gewissen Misstrauen betrachtet werden und daher in weitaus geringerem Maße zum Einsatz kommen, als dies reine Preisvorteile erwarten ließen.

Aktuelle Situation

In Anbetracht der hohen Spezialisierung von Biotech-Unternehmen, der geringen Erfahrung von jungen Unternehmen bezüglich der Entwicklungs- und Produktionsanforderungen und/oder der häufigen Partnerschaften mit anderen Firmen ergeben sich hohe Anforderungen an die Koordination der Entwicklungsaktivitäten. Insbesondere aus der Übertragung von Verfahren aus der Entwicklung in den Produktionsmaßstab resultieren häufig schwerwiegende Verzögerungen. Hier zeichnen sich interessante Entwicklungen ab, durch Einsatz völlig neuartiger Materialien Teilbereiche im Herstellungsprozess zu revolutionieren. Während z. B. bislang überwiegend Edelstahl-polierte Anlagen für die Produktion zum Einsatz kommen, werden derzeit Konzepte diskutiert, durch Verwendung von Einmalbeuteln aus Plastik ein vergleichbares Maß an Prozesssicherheit (Sterilität) zu deutlich reduzierten Herstellkosten zu erzielen. Hier böte sich die Chance, analog zu dem für Chemie und Pharmazie diskutierten Ansatz, durch eine Multiplizierung von Anlagen völlig neue Wege in der Biotechnologie zu beschreiten.

Tragfähigkeit des neuen Konzepts

Nachstehend soll erläutert werden, inwieweit unser Konzept den besonderen Anforderungen an die Herstellung von Biopharmazeutika genügen kann. Aus den Rahmenbedingungen ergeben sich folgende Einschränkungen für die Produktion:

- Noch notwendiger als in Chemie-Pharma ist die Vermeidung eines Scale up bzw. eine Anpassung an neue Anlagen.
- Ohnehin wird schon häufig ,semi-dediziertes' Equipment eingesetzt (Anlagen zur Vermeidung von Kreuzkontaminationen).
- Häufig werden aus Stabilitätsgründen kleinere Chargen und eine schnellere Distribution erforderlich.
- Wegen der hohen Herstellkosten ist Kosteneffizienz hier von besonderer Bedeutung.

Daraus folgt, dass ein Entwicklungskonzept auf der Basis nur eines einzigen Scale up-Schritts mit gleichzeitiger Flexibilität für wachsenden Marktbedarf für diesen Teil der Industrie ideal geeignet ist. Das Stabilitätsproblem fordert geradezu eine Fertigung auf Bestellung. Dass eine Standardisierung zusätzlich Kosten sparen kann, ist für Produkte mit einem hohen Kostenanteil in der Produktion besonders attraktiv. Da ein derartiges Entwicklungskonzept auch immer mit dem Aufbau von technologischem Know how verbunden ist, welches nicht leicht zu kopieren sein wird, mag hier auch eine Quelle zukünftiger Wettbewerbsvorteile (kritische Erfolgsfaktoren) liegen, die im Sinne eines Life Cycle-Managements für biotechnologische Produkte interessant werden wird.

9.2 Fazit

Zusammenfassend möchten wir festhalten, dass sich teilweise die Produktionsprozesse in den Bereich der Biotechnologie verlagern werden. Allerdings stellen sich auch für die Zukunft die gleichen Aufgaben wie bei den klassischen chemischen Reaktionen. Zur optimalen Gestaltung der Produktionsprozesse ist daher die Frage, wie groß der Anteil biotechnologisch hergestellter Produkte wirklich wird, relativ unerheblich. Die Biotechnologie wird allerdings von einem Supply Chain-Konzept für flexibles Wachstum und niedrige Produktionskosten besonders profitieren. Insbesondere ergeben sich für sie durch technische Innovationen – wie z. B. ‚Disposables' – Vorteile, die die gegenwärtige Produktionswelt in der Biotechnologie nachhaltig verändern werden.

10. Komplexitätsmanagement in der Praxis

10.1 Vorbemerkungen und Begriffsdefinition

Gegenwärtig gibt es für die Pharmaindustrie noch keinen geschlossenen strategischen Ansatz, der als generelle Handlungsmaxime für ein neues *Komplexitätsmanagement* herangezogen werden könnte. Klar ist nur, dass im Mittelpunkt aller Überlegungen die Notwendigkeit steht, die innere und äußere Komplexität der bestehenden Supply Chain deutlich zu reduzieren, die damit verbundenen Kosten zu senken und nachhaltige Ansätze für ein Redesign der gesamten Supply Chain zu finden.

Wir wollen in der weiteren Diskussion unter dem Begriff des ‚Suppy Chain Management' alle diejenigen Aktivitäten innerhalb und außerhalb eines Unternehmens verstehen, die im Zusammenhang mit der Bearbeitung eines Kundenwunsches anfallen. Da unser Ineresse auf einer Verbesserung des Flusses innerhalb von Prozessketten liegt, beschäftigen wir uns bei unserer Analyse vordringlich mit den Material- und Informationsflüssen innerhalb der Supply Chain. Nachfolgend werden wir Ergebnisse vorstellen, die auf Projekte im Bereich der Wirkstoffproduktion zurückgehen und insbesondere diejenigen Elemente herausarbeiten, die es ermöglichen, die *innere* Komplexität innerhalb der Supply Chain zu reduzieren und dadurch Beiträge zu Produktivitätssteigerungen zu leisten. Natürlich lassen sich diese Erfahrungen auch auf die Bulk-Produktion übertragen; für den Bereich Konfektionierung gibt es ebenfalls schon positive Projekterfahrungen.

Betrachtung der Komplexitätsdimensionen

Es wurde im Rahmen der Einleitung bereits auf eine Besonderheit der Pharmaindustrie hingewiesen, dass nämlich die Komplexität – verstanden als Summe innerer und äußerer Komplexität – innerhalb der Supply Chain in der Regel vom Wirkstoff zur Packung sprunghaft ansteigt. So hat man es oftmals mit nur einem Wirkstoff zu tun, der im nächsten Schritt in verschiedenen Dosierungen verarbeitet wird (Bulk-Produktion), um dann mit länderspezifischen Aufmachungen und Packungsgrößen (Verpackung/Distribution) weltweit vertrieben zu werden (Abbildung 10.1). Die strategische Frage, mit welchen Produkten und Aufmachungen ein Unternehmen in welchen Ländern vertreten sein will, ist also ein wesentlicher Komplexitätstreiber in der Supply Chain.

Operativ kann ein hoher Grad an innerer Komplexität in der Produktion (API, Bulk, Konfektionierung) entstehen, wenn nicht in Monoanlagen produziert wird, sondern eine Vielzahl von Produkten durch eine Multi-Purpose-Anlage geschleust werden muss. Neben der großen planerischen und logistischen Herausforderung sind zudem branchenspezifische Zwänge gegeben, z.B. GMP-Anforderungen hinsichtlich des zu betreibenden Reinigungsaufwandes und damit der erlaubten Reihenfolge an Produktion, die das *operative Komplexi-*

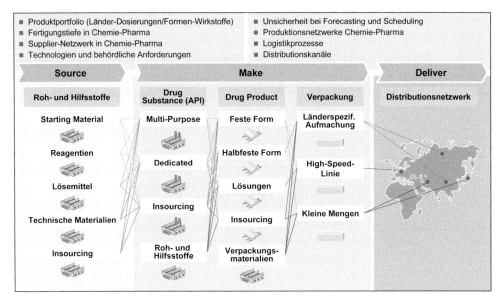

Abbildung 10.1 Komplexitätstreiber in der Pharmaindustrie.

tätsmanagement zusätzlich erhöhen. Gleichzeitig geht gerade durch Rüst- und Reinigungsaufwände ein erheblicher Anteil an Produktionskapazität und Flexibilität verloren.

Komplexitätsdimensionen und Redesign der Supply Chain

Bei unseren weiteren Überlegungen soll die Frage im Vordergrund stehen, wie sich Prozessveränderungen im Bereich der Fertigung auf die vor- und nachgelagerten Teile der Supply Chain und damit deren Gesamtkomplexität auswirken. Es geht also um die Frage, was die konkreten Auswirkungen einer Neugestaltung des Material- und Informationsflusses auf die Gesamtkonfiguration der Supply Chain sein werden. Anders ausgedrückt sind alle Maßnahmen, die auf eine Verbesserung des *operativen* Komplexitätsmanagement abzielen, auf ihre Auswirkungen auf die *strategische* Komplexität hin zu untersuchen und vice versa. Wichtig ist, dass diese nicht unabhängig voneinander betrachtet werden, sondern unter Berücksichtigung der gegenseitigen Abhängigkeiten eine ganzheitlich angelegte Lösung erarbeitet wird. Das Design der zukünftigen Supply Chain ist also daran auszurichten, dass im Ergebnis die strategische und die Prozessdimension vernünftig ausbalanciert sind. Diese Forderung bedeutet nichts anderes, als dass mit der Qualität der Prozesse die Basis für die Konfiguration der Supply Chain gelegt wird und sich umgekehrt aus der Konfiguration der Supply Chain notwendige Anforderungen und Begrenzungen für die Prozesse ergeben (Abbildung 10.2).

Aufgrund der Interdependenz von strategischer Ausrichtung und individuellem Prozessdesign wird klar, dass eine singuläre Optimierung in Einzelbereichen der Supply Chain nicht zielführend ist. Jede Prozessverbesserung muss auf ihre Passfähigkeit zum übergeordneten Supply Chain-Design überprüft werden. Umgekehrt ist jedes Neudesign daraufhin zu testen, inwieweit es veränderte Anforderungen an die Prozesse stellt. Anders gesagt: alles,

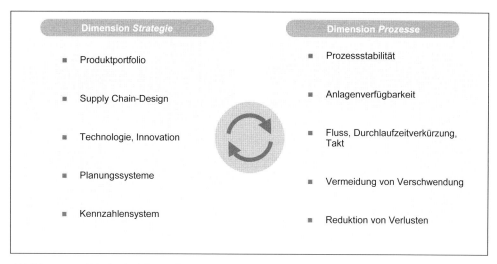

Abbildung 10.2 Wechselspiel von Strategie und Prozessen.

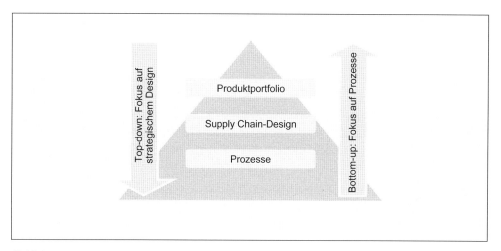

Abbildung 10.3 Allgemeiner Ansatz für ein Redesign-Projekt.

was im Bereich *Make* einer Supply Chain an Optimierung passiert, wird die Art und Weise, wie geplant wird *(Plan)*, verändern und muss sich daher nahtlos in die weiteren Teile der Supply Chain *(Source, Deliver)* einpassen. In einem Projekt, das auf die Optimierung einer bestehenden Supply Chain ausgerichtet ist, müssen daher in einem ‚Gegenstromverfahren' ‚top-down' die strategischen Fragen – beispielsweise zu Art und Umfang des Produktportfolio – geklärt und Designlösungen für die Supply Chain gefunden werden, während ‚bottom-up' die hierfür notwendigen Voraussetzungen auf Prozessebene zu schaffen sind (Abbildung 10.3).

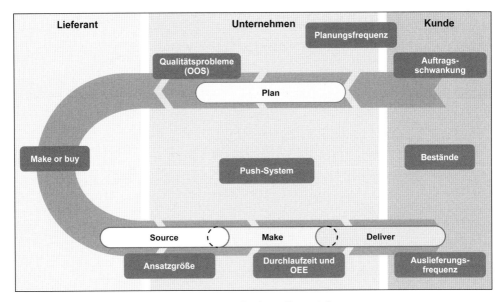

Abbildung 10.4 Supply Chain-Assessment aus der Lean-Perspektive.

Prozessverbesserungen im Bereich der Fertigung

Für eine Verknüpfung der beiden Dimensionen *Strategie* und *Prozesse* bietet das SCOR-Modell (Supply Chain Organisation Reference Model) mit den Grundelementen *Plan, Source, Make* und *Deliver* einen geeigneten Diskussionsrahmen. In der Kombination des SCOR-Modells mit der Lean-Perspektive entsteht ein grundsätzlich neues Bild, das es ermöglicht, konkrete Ansätze für eine Neukonfiguration der Supply Chain zu identifizieren (Schwachstellenanalyse) und hieraus eine inhaltliche und zeitliche Umsetzungsplanung für die angestrebten Verbesserungsprojekte abzuleiten (Abbildung 10.4). Darüberhinaus können auch kritische Erfolgsfaktoren sowie ein adäquates Kennzahlensystem mit allen wesentlichen Performance-Indikatoren – wie Durchlaufzeiten, Bestandshöhe oder Produktivitätsgewinne mit den dazugehörigen Zielgrößen – abgeleitet werden.

Aus der Darstellung in Abbildung 10.4 wird nochmals gut erkennbar, dass letztlich jede Verbesserung innerhalb des Bereiches *Make* auf alle anderen Elemente der Supply Chain ausstrahlt und daher jegliche Form der Prozessverbesserung in einem Teilbereich zu den Anforderungen der verbleibenden Bereiche passen muss (,strategischer Fit').

Natürlich ist bei der konkreten Anwendung von Lean-Prinzipien in der Pharmaindustrie eine Reihe von Transferleistungen zu erbringen, die durch Besonderheiten dieser Branche geprägt sind. So gibt es in der Pharmawelt vernetzt zu betrachtende Aspekte wie Ansatzgröße und Scale up-Effekte, die in vergleichbarer Form in der Teilefertigung anderer Industriezweige nicht auftreten. Zudem gilt es, bei der Umgestaltung von Produktionsprozessen – wie z.B. der Änderung von Ansatzgrößen – die behördlichen Zulassungsverfahren zu berücksichtigen, die aufgrund unterschiedlicher Länderanforderungen eine eigene Komplexität aufweisen. Somit kann durchaus ein zentraler Unterschied im Verhältnis zu klassischen Lean-Optimierungsprojekten in der Teilfertigung – bei der Maschinen über Nacht verrückt und die Lot- oder Pitchsizes auf kurzer Zeitachse geändert werden – entstehen, da das regulatorische Change-Management immer integraler Bestandteil eines Designkonzeptes sein muss. Letztlich bestimmt also der Umsetzungszeitraum des regulatorischen Change-Managements die Umsetzungsgeschwindigkeit von Lean-Projekten in der Pharmaindustrie entscheidend mit.

Eine Analyse auf Basis der fünf Lean-Prinzipien *Wert, Wertstrom, Fluss, Pull* und *Perfektion [Womack et al. 1991]* zeigt, dass auf Prozessebene vor allem zwei Verbesserungen anzustreben sind:

(1) Reduktion der operativen und planerischen Komplexität.

(2) Beschleunigung aller (Haupt- und Unterstützungs-) Prozesse.

Als Ergebnisse derartiger Verbesserungen darf für die Pharma Supply Chain erwartet werden, dass die Gesamtdurchlaufzeiten, die Bestände sowie die Kosten für gebundenes Kapital drastisch sinken. Typischerweise ist damit zu rechnen, dass bis zu 50 % Verkürzung der bisherigen Durchlaufzeit erreicht werden. Weitere Effekte sind:

- Erhöhte Lernzyklen, die zu Prozessstabilisierung und Reduktion von Abweichungen führen.
- Effektivitätsgewinne und Erhöhung der Anlagenproduktivität durch Vermeidung von Verlusten.
- Effizienzgewinne durch eine verbesserte prozessorientierte Organisation und konsequente Reduktion von ,Verschwendung' unter Einbeziehung aller Mitarbeiter.
- Erhöhte Transparenz zum Kapazitätsgedarf (Personal, Maschinen).
- Vereinfachte Produktionsplanung.

Natürlich ist ein derartiges Potential nur dann zu heben, wenn die bisherigen Prozesse – bis hinunter zur konkreten Frage, wie beispielsweise die Ansatzgröße zu verändern, der Takt über die gesamte Prozesskette zu harmonisieren und Anlagenkonfigurationen zu modifizieren sind – neu gestaltet werden und die gesamte Organisation diese Veränderung auf Mitarbeiterebene aktiv vorantreibt.

10.2 Einstiegsprogramm für Multi-Purpose-Einheiten (Stabilisierung)

Wir haben bereits darauf hingewiesen, dass Lean-Programme mit ihrer radikal veränderten Sichtweise auf Prozesse und Strukturen eine große Herausforderung an die bestehende Kultur eines Unternehmens darstellen. Vereinfachend kann gesagt werden, dass der wesentliche Unterschied zwischen beiden Perspektiven darin besteht, dass im Rahmen einer Lean-Initiative ein Fokus auf Prozessverbesserungen in kontinuierlichen Schritten gelegt wird, während im klassischen Ansatz ,Technologie' und daraus resultierend Skalengrößeneffekte und Auslastungsüberlegungen im Vordergrund stehen. Das gilt ganz allgemein und ist nichts Pharma-spezifisches. In Bezug auf den klassischen Ansatz weisen Six-Sigma-Ansätze mit ihrem mathematisch-wissenschaftlichen Hintergrund eine höhere Systemkompatibilität auf (sie sind allerdings auch nicht so radikal in Bezug auf die Prämissen), was dazu führt, dass sie eine hohe Akzeptanz in der Pharmaindustrie finden und dort mittlerweile weit verbreitet sind. Dagegen tut sich die Pharmaindustrie mit der Adaption einer Lean-Philosophie wesentlich schwerer. Teilweise gibt es ideologisch anmutende Grabenkämpfe, ob die Zukunft in einem reinen Six-Sigma-Ansatz, einer Lean-Ausrichtung oder doch eher

in einem Lean-Six-Sigma-Ansatz *[George et al. 2004]* liegt, der das Beste aus zwei An-
schauungswelten miteinander kombinieren soll. Unbestritten ist jedoch, dass sich eine Reihe berechtigter Fragen formulieren lässt, welche die Herausforderung, die in einer Adaption
des Lean-Ansatzes für die Pharmaindustrie liegt, klar benennen und die nach Antworten
verlangen. Beispielhaft seien folgende Fragen aufgeführt:

- Wie können Prinzipien der Teilefertigung auf die spezifischen Bedürfnisse der Chemie-
  und Pharmaindustrie mit ihren Besonderheiten wie einer Batch-Fahrweise übertragen
  werden?
- Wie können flussorientierte Konzepte in bestehende Anlagenkonfigurationen integriert
  werden?
- Wie kann die Vorstellung einer kontinuierlichen Verbesserung aller Prozesse mit der Forderung nach einem Status ‚in Compliance' aus Sicht der Zulassungsbehörden vereinbart
  werden?
- Passen GMP-Anforderungen und Lean-Philosophie zusammen?
- Ist der Zenit der Lean-Philosophie bereits überschritten und für die Pharmaindustrie
  überhaupt noch relevant?

Es fehlt also bislang ein konkretes *Einstiegsprogramm*, das es dem Management einer Multi-Purpose-Einheit erlauben würde, positive Erfahrungen mit ersten Prozessverbesserungen
zu machen, dabei zu lernen und für eine Akzeptanz der Lean-Perspektive innerhalb der
Organisation zu sorgen, ohne diese dabei zu starken Spannungskräften auszusetzen.

10.2.1 Case Study API-Produktion

Wir wollen dies am Beispiel einer für die Pharmaindustrie typischen Multi-Purpose-Einheit
aus dem Bereich *Wirkstoffproduktion* diskutieren. Dabei sei nochmals darauf verwiesen,
dass eine analoge Vorgehensweise auch in den Bereichen Bulk-Produktion oder Konfektionierung umgesetzt werden kann.

Unsere Annahme ist, dass es sich um eine Funktion handelt, deren Aufgabe darin besteht,
einzelne Intermediate und Wirkstoffe unter Berücksichtigung von GMP-Anforderungen in
einer Größenordnung von bis zu 5 to p. a. herzustellen. Vertreten ist ein klassisches Produktionsequipment mit Rührwerken, Zentrifugen und Trockner, dessen Anlagen alle flexibel
miteinander kombiniert werden können und die in einem vollkontinuierlichen Schichtmo-
dell (24/7-Fahrweise) betrieben werden. Grundlage der Produktion ist eine Kampagnen-
Fahrweise mit einer mittleren Zahl von Rüstwechseln (20 p. a.), wobei keine Monoproduk-
tionen stattfinden. Das ‚Eisberg-Modell' in der Abbildung 10.5 stellt die Vorteile aus Sicht
eines klassischen Produktionssystems den Nachteilen aus einer Lean-Perspektive gegenüber.

Hier ist nur der Schluss möglich, dass die postulierten Vorteile – wie Flexibilität in der
Bedarfsanpassung, Batch-Fahrweise oder die Möglichkeit, eine Vielzahl von Produkten herstellen zu können – durch erhebliche Nachteile erkauft werden. Auch darf nicht vergessen
werden, dass diese Art zu produzieren auch Konsequenzen darauf hat, wie die Entwicklungsprozesse innerhalb eines Unternehmens zu gestalten sind. Die wichtigsten vier Defizite aus
Lean-Sicht – Durchlaufzeiten, Bestände, wandernde Engpässe und Managementkomplexi-
tät – sind in der Abbildung 10.5 dargestellt. Es wird deutlich, dass es sich bei den eingangs
postulierten Verbesserungen (a) Reduktion der Komplexität und (b) Beschleunigung aller
Prozesse um zentrale Hebel handelt, die wesentliche Defizite einer Multi-Purpose-Einheit
umgehen und somit einen entscheidenden Beitrag zur Produktivitätssteigerung leisten. Das

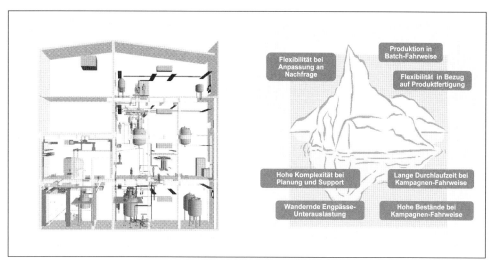

Abbildung 10.5 Bewertung der Multi-Purpose-Funktion aus Lean-Perspektive.

hieraus abgeleitete Einstiegsprogramm für eine Multi-Purpose-Einheit sollte daher darauf abzielen, die Durchlaufzeiten und Bestände zu senken sowie die Flexibilität und Verfügbarkeit der Anlagen zu steigern. Die nachfolgend aufgeführten 5 Säulen sollten Kernbestandteile eines Einstiegsprogramms sein:

Säule 1: Durchgehende Qualitätsorientierung (‚Excellence in Quality')

Säule 2: Standardisierung und Visualisierung

Säule 3: Stabile Prozesse

Säule 4: Schnelle Rüst- und Reinigungprozesse

Säule 5: Einbindung der Mitarbeiter

Ganz im Sinne, wie das Dach eines Hauses nur dann sicher steht, wenn alle Mauern tragen, ‚ruht' die Stabilisierungsphase auf allen fünf Säulen – gleichzeitig und gleichberechtigt. Gerade am Anfang einer Veränderungsinitiative kann es zu Schwierigkeiten oder auch Widerständen kommen, die den mit dem Veränderungsprozess beauftragten Personenkreis dazu bringen können, Abstriche an dem Programm machen zu wollen. Insbesondere die Thematik ‚Standardisierung und Visualisierung' kann erfahrungsgemäß zu Schwierigkeiten in der Umsetzung führen, da es zu hoher Transparenz innerhalb von Einheiten kommt und deshalb abgelehnt wird. Auch das in dieser Phase geforderte hohe Maß an Disziplin – vor allem im Sinne einer ‚Führungsdisziplin' – kann Probleme bereiten. Diesen Tendenzen sollte in keinem Fall nachgegeben werden. Echte Verbesserungen lassen sich nur durch eine durchgehende Standardisierung erreichen, die es auch erforderlich macht, die Vorgänge innerhalb einer Organisationseinheit transparent für alle darzustellen. Dies ist dies auch ein Kernthema bei der Säule 5 ‚Einbindung der Mitarbeiter', an der von Anfang an gearbeitet und dem durch eine ausgewogene Zusammensetzung des Change-Teams Rechnung getragen werden muss.

Aus einer solchen Initiative, die wir ‚Stabilisierungsphase' nennen wollen, lassen sich unmittelbar Produktivitätsvorteile – d. h. Beiträge zur Kostenreduktion – ziehen sowie Flexibilität und Liefertreue der gesamten Supply Chain steigern. Diese Schwerpunkte des Veränderungsprogramms, das den individuellen Anforderungen der Organisation anzupassen ist, führen dazu, dass auf einer kurzen Zeitachse erste Erfolge bei der Verbesserung und Stabilisierung der Prozesse zu erzielen sind. Nur so können die Mitarbeiter und das Management für den Veränderungsprozess begeistert und die anfängliche Skepsis gegenüber der Veränderung abgebaut werden. Um Vorbehalten zu begegnen und Mitarbeitern Chancen zur Beteiligung zu eröffnen, muss gleich zu Beginn ein Schwerpunkt auf eine Mitarbeiterschulung zu allgemeinen Lean-Themen gelegt werden. Im weiteren Projektverlauf treten dann eher organisationsrelevante Themen wie Aufgaben und Rollen stärker in den Vordergrund. Hierzu zählt insbesondere, dass sich die Führungsmanschaft mit ihren veränderten Aufgaben identifiziert und die an sie gestellten, neuen Anforderungen umsetzt und das neue Verhalten vorlebt.

Der übergreifende Fokus auf Qualität, Standardisierung und Visualisierung sorgt dafür, dass die in der Anlage laufenden Prozesse überwacht und durch zeitnahe Steuerungsmaßnahmen stabilisiert werden (Einfluss auf Säule 4), was mit einem Rückgang der Abweichungen verbunden sein wird. Dies ist nicht nur vor dem Kostenhintergrund relevant ('cost of quality'), sondern sorgt auch dafür, dass die aus den Abweichungen resultierenden Verzögerungen für nachfolgende Produktionen reduziert werden. Zudem verbessert es den GMP-Zustand. Die systematische Arbeit an der Verkürzung von Rüst- und Reinigungszeiten sowie eines anforderungsorientierten Wartungs- und Instandhaltungskonzeptes ('Total Productive Maintenance' TPM) erlaubt es, versteckte Kapazitätsreserven der Anlage zu mobilisieren. Es kann davon ausgegangen werden, dass sich Halbierungen der bestehenden Rüstzeiten schon durch vergleichsweise einfache Organisationsmaßnahmen mit einem Schwerpunkt auf der Arbeitsvorbereitung wie z. B. die Verwendung von Rüstwagen realisieren lassen.

Diese Ansätze sind nicht auf die Chemieproduktion beschränkt, sondern können entsprechend auch im Bereich der Pharmaproduktion zur Anwendung kommen. Gerade OEE-Initiativen im Bereich Verblisterung, Verpackung sind bereits etabliert und haben zu erheblichen Kapazitätsgewinnen geführt.

 Exkurs 'Umgang mit frei werdender Produktionskapazität'

Für ein Reinvestment von gewonnenen Kapazitäten gibt es zwei Möglichkeiten (Abbildung 10.6):

In einer klassischen Perspektive entsteht der Produktivitätsgewinn dadurch, dass die frei werdende Zeit für zusätzliche Produktion genutzt werden kann. Dies mag dann interessant sein, wenn Anlagen an der oberen Kapazitätsgrenze gefahren werden und durch den Kapazitätsgewinn ggf. sogar notwendig geglaubte Investitionen vermieden werden können.

In der zweiten Perspektive, die der Lean-Sichtweise angelehnt ist, wird die frei werdende Zeit dazu genutzt, die Kampagnenzahl in einem ersten Schritt zu verdoppeln. Hieraus erwächst ein erster Beitrag zur Reduktion der Durchlaufzeit aufgrund einer Halbierung von Kampagnenlaufzeiten.

Ein derartiges Einstiegsprogramm kann gut innerhalb eines Zeitraumes von 2 Jahren bewältigt werden. Zudem bietet solch ein 'Lean Pilot' vielfältige Möglichkeiten, flankierend zu den prozess-orientierten Themen die eigene Organisation weiterzuentwickeln. Wir denken hier an notwendig werdende Anpassungen hinsichtlich der Rollen/Aufgabenprofile der Mitarbeiter bei der Transformation in eine prozessorientierte Organisation – gerade auch,

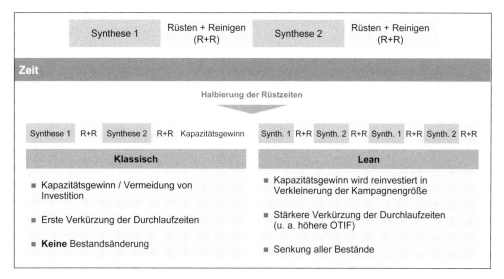

Abbildung 10.6 Nutzung von frei werdendem Kapazitätszuwachs.

was die Aufgaben des Führungspersonals angeht – aber auch an das Training neuer Verhaltensweisen und Kommunikationsformen.

Kernstück jedoch ist, durch dieses Programm bestehende Ressentiments gegenüber Lean-Ansätzen in der eigenen Organisation abzubauen und zu zeigen, dass derartige Ansätze auch in dem regulierten Pharmaumfeld erfolgreich umsetzbar sind und eine auf ersten Erfolgen basierende Begeisterung für das Veränderungsprogramm in der gesamten Organisation schaffen kann. Ein Erfolg mit der Stabilisierungsphase wäre dann ein guter Startpunkt, in einer Ausweitung der Initiative den zweiten und entscheidenden Schritt beim Thema Komplexitätsmanagement in der Multiple-Purpose-Einheit anzugehen.

10.3 Das Linienkonzept in der Multiple-Purpose-Einheit

Das Linienkonzept in der Fertigung basiert auf der Bildung von Produktfamilien, die unter Einbeziehung der vor- und nachgelagerten Teile der Supply Chain zu einer die Fertigung überspannenden Prozessorganisation für jede Produktfamilie ausgebaut wird. In diese sind alle für die Erfüllung ihrer Aufgaben notwendigen Funktionen wie Logistik, Technik oder QA-QS integriert.

Für die Bildung der Produktfamilien gibt es unterschiedliche Ansatzpunkte, wobei der klassische Weg über die Bildung von Produktfamilien entsprechend des Flusses in der Fertigung üblicherweise eingeschlagen wird. Marktorientierte Segmentierungen sind eher selten. Die Einführung des Linienkonzepts erfolgt in 3 Phasen (Abbildung 10.7).

Ausgehend von der Erstellung einer Produkt-Geräte-Matrix (Phase 1) wird unter Berücksichtigung der späteren Batch-Größen die künftige Apparatezuordnung in der Produktion festgelegt. Dies beinhaltet die Zuordnung von Verfahren zu Apparaten, wobei auch Überlegungen zur Bewältigung von Engpässen (,de-bottlenecking') einfließen. Danach wird auf eine Organisationsebene gewechselt, und es erfolgt das Design einer neuen prozess-

Produktsegmentierung	Prozessorientierte Organisation	Fluss
■ Produkt-Geräte-Matrix	■ Integration Support-Funktionen	■ Taktorientierte Produktion
■ Batch-Größe	■ Rollen, Aufgabenprofile	■ Gemba-Management
■ Engpassmanagement	■ Taktharmonisierung	■ Kontinuierliche Verbesserung

Abbildung 10.7 Phasenorientierte Einführung des Linienkonzepts

orientierten Organisation in Phase 2, an deren Grundlage schon in der Stabilisierungsphase gearbeitet wurde. In dieser Phase wird sichergestellt, dass alle Prozessschritte ausreichend harmonisiert sind, um die Grundlage für einen Fluss in der Produktion zu bilden. Hierzu gehört auch, die bisherigen Aufgabenzuordnungen zu überdenken und alle prozessfernen Aktivitäten – wie z. B. Tätigkeiten in der Qualitätskontrolle – soweit als möglich näher an den Produktionsprozess zu verlegen. Den Abschluss bilden die Aufnahme der taktorientierten Produktion und der Einstieg in einen kontinuierlichen Verbesserungs- und Veränderungsprozess. Hier ist insbesondere das Management gefragt, das – ganz im Sinne des Gemba-Gedankens *[Imai 1997]* – vor Ort tätig werden muss.

Welches sind die typischen Effekte, die mit Hilfe eines Linienkonzeptes für eine Multi-Purpose-Einheit in der Wirkstoffproduktion erzielt werden können? Die Erfahrung zeigt, dass auf einer Zeitachse von bis zu 2 Jahren als wesentliche Effekte

- die Durchlaufzeiten um bis zu 50 % zurückgehen,
- ein Rückgang der Kapitalbindungskosten um bis zu 30 % möglich wird,
- die Fehlerquote zumindest halbiert wird,
- der zeitliche und personelle Aufwand für Planungsaufgaben erheblich sinkt.

Es wird deutlich, dass einerseits das Linienkonzept langfristig angelegt und für die Pharmaindustrie in allen Multi-Purpose-Bereichen von entscheidender Bedeutung ist. Andererseits wird es zum zentralen Hebel für das Komplexitätsmanagement, woraus ihm ein wesentlicher Beitrag zur Steigerung der Produktivität innerhalb der gesamten Supply Chain erwächst. Zudem erlaubt es, Ergänzungs- oder Erweiterungsinvestitionen wesentlich zielgerichteter durchzuführen. Im Linienkonzept ist die Möglichkeit gegeben, diese Investitionen in aufeinander aufbauenden Teilpaketen zu realisieren, die zeitnah den realen Auslastungserfordernissen angepasst sind. Gerade dies ist bei klassischen Investitionskonzepten in ganze Anlagen nicht möglich, da hier nur Vorhersage-basierte Ja-nein-Entscheidungen möglich sind (Abbildung 10.8).

Das Linienkonzept hat seinen Kristallisationskern im Bereich der Fertigung, um den alle anderen Teile passend herum positioniert werden. Das Linienkonzept mit seinem Ausgangspunkt im Bereich Make der Supply Chain verändert also auch zu einem entscheidenden Ausmaß die Art und Weise, wie bislang im Teil *Plan* gedacht und gehandelt wurde und ermöglicht den Einstieg in eine andere Gestaltung der vor- und nachgelagerten Versorgungsketten *(Source, Deliver)*. Ohne Anpassung der Prozesse in den vor- und nachgelagerten Bereichen wären sämtliche Änderungen des Produktionskonzeptes auch völlig unwirksam. Ein neu gestaltetes Produktionssystem, das Rückgriffe auf schlanke Produktionsmethoden

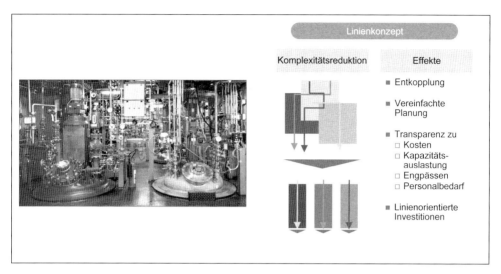

Abbildung 10.8 Vorteile des Linienkonzeptes.

macht, kann nicht mehr in den alten Supply Chain-Rahmen eingepasst werden. Im folgenden Kapitel wird auf den Aspekt der Gestaltungsmöglichkeiten eingegangen.

Für die internen und externen Kunden werden alle Veränderungen in Form einer höheren Liefertreue und Zuverlässigkeit des Produzenten sowie in Form einer überlegenen Fähigkeit zur schnelleren Abwicklung von Projekten sichtbar. Gerade im Bereich des Mittelstandes werden sich diese drei Faktoren nach Auffassung der Autoren als entscheidende Differenzierungsmöglichkeiten für den Wettbewerb der Zukunft herauskristallisieren.

Um sämtliche positiven Effekte erreichen zu können, wird die Fähigkeit gefragt sein, kontinuierlich angelegte, an Nachhaltigkeit orientierte Veränderungen und Anpasungen zu akzeptieren. Nur derjenige, dem es gelingt, die eigene Organisation offen für Veränderungen zu halten und die Fähigkeit ausbildet, Chancen und Notwendigkeiten für Anpassungen zu erkennen, kann langfristig alle Vorteile eines neuen Entwicklungs- und Produktionssystems ziehen. Diejenigen, die ausschließlich den Werkzeugcharakter eines Lean- oder Six-Sigma-Ansatzes vor Augen haben und sich von kurzfristigen Produktivitätserwägungen leiten lassen, werden die dargestellten Potentiale nicht heben können. Letztlich kommt es darauf an, die richtige Balance des technologischen und sozialen Systems (Stichwort: Einbindung der Mitarbeiter) innerhalb einer Unternehmung zu finden, deren wechselseitige Abhängigkeiten gerade in der Veränderung zu erkennen und diesen ausreichend Rechnung zu tragen.

Das Scheitern vieler Veränderungsprojekte mag darin begründet sein, dass eine bestehende Unternehmenskultur und der ggf. notwendig werdende Anpassungsbedarf im Kontext eines konkreten Veränderungsprojektes zu wenig verstanden sind, bevor dieses gestartet wird.

11. Weitere Elemente der Versorgungskette

Es wurde bereits erläutert, dass auf Basis der momentanen Vorgehensweise gerade in der Anlauf- und Wachstumsphase neue Arzneimittel nicht immer rechtzeitig und in ausreichender Menge geliefert werden können, um alle Märkte zu bedienen. Außerdem haben wir gezeigt, dass nach unserer Ansicht die Entwicklung in der Forschung weiter in Richtung einer individualisierten Medizin gehen wird.

Wie aber sollen die Herausforderungen einer individualisierten Medizin bewältigt werden, wenn eine durchgängige Versorgungssicherheit und Verlässlichkeit (‚on time in full') in der Supply Chain nicht uneingeschränkt gesichert ist? Die anfänglichen Schwierigkeiten bei der Versorgung nationaler Gesundheitsbehörden mit Tamiflu bei den ersten Ausbrüchen der Vogelgrippe mögen als prominentes Beispiel dienen. In Deutschland stehen Lieferschwierigkeiten verschiedener Hersteller im Zuge der Einführung von Rabattverträgen durch die AOK im Jahr 2007 exemplarisch einerseits für verpasste Marktchancen gerade in der Anlaufphase – wobei es sich hier nicht um Neueinführungen handelte – andererseits aber auch für Versorgungsrisiken, die sich für die Bevölkerung aus einer nicht funktionierenden Supply Chain ergeben können. Anders ausgedrückt: die Chancen einer effizienten Supply Chain wurden bisher zu wenig genutzt. Es erscheint überraschend, dass einige Pharmahersteller offenbar keine genauen Erkenntnisse darüber haben, wie gut oder schlecht sich ihre Produkte am Markt verkaufen werden.

Verständlicherweise hat die Lagerhaltung in der Supply Chain neben rein wirtschaftlichen auch strategische und humanitäre Bedeutung: weder Pharmafirmen, noch Großhändler oder Apotheker möchten riskieren, dass ein Medikament nicht rechtzeitig zur Verfügung steht. Notfalls werden einzelne Medikamentenpackungen auch um die Welt geschickt, wie es im Falle von Antidota bei schweren Vergiftungen durchaus vorkommt, wenn damit Leben gerettet werden kann. Gerade aber die Strategien hinsichtlich Vorratshaltung bei den Großhändlern können aufgrund mangelnder Transparenz zu einer erheblichen Unsicherheit beim Hersteller führen. So wird z. B. durch die Entscheidung einer großen Zwischenhandelsorganisation, ein bestimmtes Medikament verstärkt an Lager zu nehmen, beim Hersteller der Eindruck entstehen, dass die Nachfrage nach diesem Produkt gerade ansteigt. Er wird also seine Produktion entsprechend ankurbeln. Entscheidet der Großhändler jedoch anschließend, dass er die aufgebauten Bestände dieses Arzneimittels jetzt erst einmal abverkauft, bevor er eine weitere Bestellung tätigt, so wird der Hersteller auf einem Großteil seiner inzwischen durch die gesteigerte Produktion hergestellten Ware sitzenbleiben. Dieses als ‚Peitschen-Effekt' (‚bull-whip') bekannte Phänomen führt oft dazu, dass ein großer Teil des Lagerbestandes als Verlust abgeschrieben werden muss, da Arzneimittel eine nur relativ begrenzte Haltbarkeitsdauer haben und bei Überschreitung vernichtet werden müssen. Wie hoch das Einsparpotential sein könnte, beweisen Berechnungen, aus denen hervorgeht, dass die Pharmaindustrie durch ein besseres Management der Supply Chain allein 1,3 Mrd.

US-$ an Abschreibungskosten durch solche Lagerverluste vermeiden könnte *[Nairn 2001]*. Beim modernen Supply Chain- Management geht es jedoch nicht nur um Einsparungen, sondern auch um Beiträge zum Umsatzwachstum. Die Vorteile einer schnellen Reaktion auf Marktanforderungen werden besonders bei Präparaten wie z. B. Impfstoffen offensichtlich. Die Geschwindigkeit, mit der ein Hersteller einen neuen Impfstoff beim Ausbruch einer Grippe-Epidemie zur Verfügung stellen kann (siehe Beispiel Tamiflu), wird die Gesamtumsätze dieses Produktes erheblich beeinflussen. Daher kommt der Bedarfsvorhersage eine wichtige Rolle zu. Leider aber sind diese Markteinschätzungen häufig ungenau. Es darf erwartet werden, dass eine Zunahme des Internethandels zu einer weiteren Verschärfung der Intransparenz hinsichtlich der zu erwartenden Bedarfsmengen führen wird. Dies wird auch Auswirkungen auf die Profitabilität der Hersteller haben, da das Geschäftsmodell Internethandel darauf beruht, z. B. innereuropäische Preisunterschiede von Arzneimitteln auszunutzen.

Natürlich muss die Situation nicht so bleiben, wie sie ist. Alle unsere bisherigen Ausführungen haben gezeigt, welche strategische Bedeutung die Durchlaufzeit in Entwicklung und Produktion für das Geschäftsmodell Pharma hat. Die in der Pharmaindustrie angestrebte Flexibilität auf Markt- und Umfeldveränderungen kann also durch das neue, von uns beschriebene Modell möglich gemacht werden.

Eine alternative Form in der Entwicklung und in der Produktion, die auf der Zeitachse wirkt, ist demzufolge eine notwendige Voraussetzung für die künftige Wettbewerbsfähigkeit. Gerade hier erweist sich die Lean-Philosophie mit ihrer durchgehenden Ausrichtung auf Kundenbedürfnisse und der Orientierung an dem ‚magischen Dreieck' von Qualität-Lieferzeit-Kosten als nützliche Erweiterung des Horizontes der Pharmaindustrie. Durchschlagende Wettbewerbsvorteile sind unseres Erachtens daher nur über ein außerordentlich effizientes Management der gesamten Versorgungskette zu erreichen – also durch die von den Autoren angestrebte ‚Exzellente Pharma Supply Chain'. Dies ist einfacher gesagt als getan, da, wie von uns beschrieben, von den verantwortlichen Personen bisher häufig eine Optimierung von Teilsystemen (Punktoptimierung) betrieben wird. Eine ganzheitliche Betrachtungsweise erfordert hingegen folgendes Vorgehen:

- Prüfung der Auswirkungen der Änderungen in der (Wirkstoff-/Pharma-) Produktion auf die gesamte Versorgungskette.
- Nachgeschaltete Anpassung der Abläufe in der Versorgungskette unter Adaption aller Prozesse. Dabei darf durchaus auf die Erfahrungen anderer Branchen (‚lessons learned') zurückgegriffen werden.
- Bewertung dieser Auswirkungen auf die Beeinflussung der Gesamtökonomie unter Berücksichtigung der Chancen und Risiken, die eine Umstellung mit sich brächte.

Es wurde bereits deutlich gemacht, dass das neue Bild der Pharmaindustrie aus den drei Elementen schnelle Entwicklung, schnelle Produktion und hervorragendes Supply Chain-Management (Exzellenz-Niveau) zusammengesetzt sein soll. Diese drei Elemente bilden den Grundstock für die zukünftige Prozess-Exzellenz in der Pharmaindustrie, die sich nahtlos in das aus der Lean-Welt bekannte ‚magische Dreieck' von Qualitäts-, Zeit- und Kostenorientierung einpasst (Abbildung 11.1).

Nachfolgend ist aufzuzeigen, wie man mit den beiden beschriebenen Elementen (schnelle Entwicklung und schnelle Produktion) das dritte Element effizient umsetzen kann. Begonnen wird mit dem Vertrieb, es folgen die Themen Beschaffung sowie EDV und schließlich ein kurzer Blick auf die Unternehmenskultur.

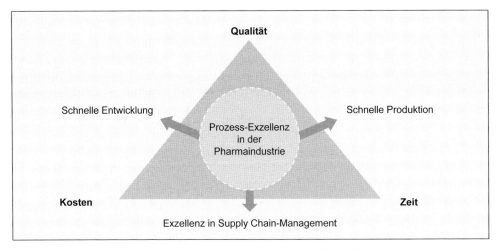

Abbildung 11.1 Elemente einer neuen Prozess-Exzellenz in der Pharmaindustrie.

11.1 Vertrieb und Distribution von Arzneimitteln

Im Vertrieb wird derzeit branchenübergreifend mit neuen Wegen experimentiert. Für die Distributionskette der Pharmaindustrie ist eine Zunahme des Internet-Handels in den letzten Jahren sicherlich die größte Veränderung, die Chancen für neue Marktteilnehmer und gleichermaßen Risiken für die Vertreter etablierter Versorgungswege darstellen. Außerdem wird hiermit wahrscheinlich nur der Auftakt für weitergreifende Veränderungen im Zuge des Trends zur Individualisierung aufgezeigt. Es darf nicht vergessen werden, dass Veränderungen in einem Lebensbereich oftmals von technischen Voraussetzungen in anderen Bereichen abhängen. Genannt seien hier nur die mittlerweile weit verbreiteten Fahrradkuriere, die schnelle Transporte von Arzneimittel in Großstädten möglich machen (siehe auch Exkurs ‚Life-Cycle-Konzept' in Kap. 4). Hier bieten sich vielfältige Möglichkeiten, in einen Direktvertrieb und damit in eine Lieferung ‚on demand' von Arzneimitteln (wöchentlich, täglich) einzusteigen.

Eine Besonderheit des Vertriebs von Arzneimitteln ist die zunehmende Verschiebung im Verhältnis von Arzt-Apotheker-Patient, die im Kapitel 2 beschrieben wurde. Wo vorher der Arzt oder der Apotheker weitgehend die Wahl eines Präparates dominiert hat, gewinnt der Patient deutlich an Einfluss. Zusätzlich wird die Politik bei der Auswahl von Präparaten (siehe Aut-idem-Regelung in Deutschland) im Zuge der steigenden Geldknappheit öffentlicher Kassen mehr und mehr einwirken. In der Folge wird der bereits vorhandene komplexe Entscheidungsprozess (Arzt, Apotheker, Patient und Politik) noch komplizierter.

Künftige Herausforderungen

Auch für die Pharmaindustrie wird sich der Wettbewerb bei Arzneimitteln ergänzend auf Serviceleistungen ausdehnen. Der ‚Dienst am Kunden' wird damit einen Schwerpunkt künftiger Wettbewerbsanstrengungen bilden, weshalb Dienstleistungsketten systematisch entwickelt werden müssen. Der Ansatz des ‚targeted approach' hat längst erkannt, dass nicht mehr das Medikament allein im Fokus stehen darf, sondern Gesamtlösungen – bestehend aus dem Arzneimittel und einem maßgeschneiderten Servicepaket – angeboten werden müssen. Über die Entwicklung neuer Serviceleistungen wird den Unternehmen ein zusätzliches Werkzeug der Differenzierung und der Unternehmensentwicklung zur Verfügung stehen. Derartige Überlegungen werden aber auch in starkem Ausmaß auf die Produktentwicklung rückwirken. Bei Pharmazeutika wird sich dies im Wesentlichen auf die Endfertigung und Konfektionierung beziehen, da die Zusammensetzung der Produkte – von Ausnahmen abgesehen – nicht veränderbar ist. Ergänzt werden wird dies durch ein Pharma-spezifisches Kundenmanagement ('Customer Relationship Management'), das als Mindestanforderung Kundenportale zum multilateralen Informationsaustausch mit anderen Patienten (Betroffenengruppen) und dem Pharmaunternehmen vorsieht. Gerade im Bereich chronischer Erkrankungen ist bereits jetzt abzusehen, welche Bedeutung Service- und Convenience-Aspekte für die Patienten und damit auch für das Pharmaunternehmen haben. Es kann davon ausgegangen werden, dass diese Aspekte noch deutlich an Bedeutung zunehmen werden. Der Patient wird künftig auch höhere Anforderungen an eine komfortable und schnelle Lieferung des Produktes stellen. Die Apotheken bieten auf den ersten Blick – was das Thema Geschwindigkeit angeht – gute Servicebedingungen. In der Regel erhält der Patient innerhalb von 24 Stunden das benötigte Präparat – allerdings zum Preis hoher Lagerbestände.

Problem: Vielstufige Distribution

Allerdings geschieht dies dadurch, dass sich der Patient das gewünschte Arzneimittel an Sammelstellen, bislang überwiegend den Apotheken, selbst abholt. Abgesehen von den anderen Serviceleistungen der Apotheken dient dies zunächst dazu, die Distributionskosten nicht unerträglich hoch werden zu lassen. Denn das eigentliche Problem der Distribution von Arzneimitteln ist die Distanz zwischen Hersteller und Kunden durch zu viele Stationen in dem momentanen Logistiksystem. Oft hat der Hersteller neben dem Zentrallager am Standort der Produktion weitere regionale Lager in verschiedenen Ländern. Üblicherweise sind dem Produzenten nachgelagert ein Pharmagroß- und mit den Apotheken ein Pharmaeinzelhandel. Häufig befinden sich in der Versorgungskette noch zusätzlich gemeinschaftliche Lager von verschiedenen Produzenten (Beispiel: PharmLog). Typischerweise weist die Pharma Supply Chain also eine Vielzahl von Stationen auf. Die Folge ist, dass mit der Zahl der Zwischenhändler auch der Preis für ein Medikament steigt, da für jeden Beteiligten im System eine ausreichende Marge vorhanden sein muss.

In diesem System ist momentan eine noch aufwendigere und damit kostenintensivere Distribution in Form von Einzellieferungen nach Hause auch vor dem Hintergrund des Produktwertes letztlich nicht zu rechtfertigen. Anders als bei Automobilen ist der Wert einer Arzneimittelpackung eher als gering zu erachten. Daher erscheint es sinnvoll, den Endverbraucher in die Einzelverteilung aktiv einzubinden. Soll dennoch eine komfortablere, schnellere Distribution ermöglicht werden, dann gibt es zur Verkürzung und Vereinfachung der Distributionswege keine Alternative. Mit Blick auf die Zukunft sollte ein neuer Distributionsweg auch die Anforderung an eine verbesserte Compliance bei der Einnahme von Medikamenten mit abdecken, damit hieraus ein Beitrag zur langfristigen Aufrechterhaltung der öffentlichen Gesundheitssysteme erwachsen kann. Die Finanzierung wird sich aus den Einsparungen (Reduktion von 'Verschwendung') bei der Optimierung des bestehenden Systems beispielsweise durch Wegfall der Margen der Zwischenhändler ergeben.

Verkürzung der Distributionswege

Eine Möglichkeit besteht im direkten Versand durch den Hersteller, der bislang noch nicht möglich ist. Für die diversen Nutzergruppen gibt es dabei unterschiedliche Ansätze. In den

USA z. B. sind vor allem die Kliniken als Großnutzer daran interessiert, durch direkten Einkauf beim Hersteller Kosten zu sparen. Die japanische Firma Yuyama beabsichtigt, mit einer zweiten Generation eines Abfüllautomaten auf den Markt zu kommen, der eine individuelle Abfüllung und Zusammenstellung von Tages- bis Wochendosen aus Bulk-Ware erlaubt *[Uenaka 2008]*. Die Produkte werden in Folien eingeschweißt, sind wesentlich leichter zu öffnen als konventionelle Medikamentenpackungen und leisten damit einen aktiven Beitrag zur Verbesserung der Anwendung beim Patienten. Derartige Geräte können in Apotheken, Krankenhäusern oder z. B. auch in Altenheimen eingesetzt werden, sofern diese über einen (angestellten) Apotheker verfügen. Gerade in Deutschland ist durch das Aufkommen der Internet-Apotheken eine Alternative zum bestehenden System entstanden. In Deutschland war bislang die Apotheke noch zwingender Bestandteil der Distribution, während nunmehr auch der Bezug über Drogerien, die im Verbund mit (ausländischen) Internet-Apotheken arbeiten, möglich wird. Andere Distributionswege für rezeptpflichtige Arzneimittel wie die postalische Zustellung sind für in Deutschland ansässige Firmen mittlerweile unter Auflagen möglich, da zugelassene deutsche Präsenzapotheken eine Zulassung zum Versandhandel beantragen können. Die Preisbindung bleibt dabei jedoch weiterhin bestehen. Rabatte werden bislang nur für rezeptfreie Arzneimitteln gewährt.

Aus welchen Gründen sollte der Arzt künftig nicht gleich die Bestellung des Medikamentes beim Hersteller auslösen können? Grenzwertig dürfte schon heute die Versorgung von chronisch Kranken und Dauernutzern von stets den gleichen Präparaten sein, für die eine wiederholte Beratung zumindestens durch den Apotheker nicht notwendig erscheint und wohl in der Realität auch nicht erfolgt. Für den Patienten-Arzt-Kontakt müssten dabei andere Lösungen geschaffen werden. Eine angemessene Lösung müsste lediglich die Überwachung kritischer Patientendaten durch den Arzt sicherstellen. Hier gibt es bereits fortschrittliche Ansätze im Bereich der Telemedizin, die den Patienten aktiv zum Arztbesuch auffordern, sobald voreingestellte Grenzwerte in der Überwachung verletzt werden. Über sog. ‚Home hubs' können bestimmte Daten des Patienten wie z. B. Blutdruckwerte per Internet an den Arzt kontinuierlich weitergeleitet werden. Im Ausland wird ein direkter Vertriebsweg über Internet-Apotheken bereits zunehmend erschlossen. Sobald mit dem Verkauf keine aktive Beratung oder Kontrolle durch den Apotheker seitens der Patienten mehr gewünscht wird, steht dieser Weg für alle Arzneimittel offen. Trotzdem ist u. a. im Bereich des Groß- und Einzelhandels mit zunehmender Konzentration zu rechnen, gerade wenn das Mehrbesitzverbot von Apotheken in Deutschland fallen sollte, um durch Größeneffekte Kosteneinsparungen auf Apothekenseite zu ermöglichen.

Eine Verkürzung der Distributionskette lässt sich indessen auch mit weniger radikalen Maßnahmen erreichen. Dazu kann in erheblichem Umfang auch eine stärkere Nutzung der neuen Medien für z. B. elektronische Bestellungen beitragen.

- Sammelbestellungen. Rezepte von Patienten aus Altenheimen werden gesammelt und einer Apotheke unter Aushandlung von Sonderkonditionen zugeleitet, die einen Zwischenhändler ausschließen könnte).
- Schaffung von transparenten Systemen, bei denen Großhändler und Produzenten die Abflüsse an Produkt zeitgleich bzw. vor Produktauslieferung verfolgen können.

Die Hersteller haben an diesen Veränderungen durchaus Interesse, da für sie der Markt transparenter wird und damit neben einer stärkeren Kundenbindung auch eine bessere Produktionsplanung erreicht werden kann. Eine Online-Bestellung sollte ohne weiteres natürlich auch dem Hersteller zugänglich sein; in unserer Vision einer Losgröße 1 wird sie sogar notwendig werden. Die Vorteile von solch erhöhter Transparenz liegen in der frühzeitigen Kenntnis von Herstellungsanforderungen, die dann den Einstieg in eine vorausplanende

Produktion auf Basis eines Levelling als nächsten Schritt möglich macht. Zumindestens für den Bereich der chronisch Kranken ist dies vorstellbar, da hier von einem relativ konstanten Bedarf ausgegangen werden kann. Damit wird eine am wirklichen Bedarf orientierte Fertigung nach dem Pull-Prinzip möglich. Im derzeitigen System ist dieser Zeitgewinn nur sehr eingeschränkt nutzbar, da eine Fertigung auf Bestellung bisher nicht vorstellbar erscheint.

Eine weitere Gelegenheit zur Kostenentlastung ergibt sich z. B. aus einer Reduzierung der Lagerbestände. Momentan befinden sich bei jedem Glied der Versorgungskette eigenständige Lager. Es gibt keine Ausrichtung der Produktion auf einen externen Bestandspuffer (z. B. bei Apotheken oder Großkunden). In einer funktionierenden Supply Chain sind verschiedene Varianten der gemeinsamen Nutzung von Bestandspuffern denkbar. Die notwendigen Software-Tools existieren oder werden gerade etabliert (e-Kanban).

Fertigung auf Bestellung

Unser Produkt soll ein Paket sein, in dem das enthalten ist, was dem Patienten dient – also alles, was unter dem erweiterten Servicegedanken zu verstehen ist. Wir haben bereits ausgeführt, dass es sich um eine speziell angepasste Maßeinheit eines Pharmazeutikums, eine Zusammenstellung verschiedener Pharmazeutika oder auch ein Pharmazeutikum mit Hilfsmitteln oder speziell für den Kunden wichtigen Hinweisen handeln kann. Das Produkt kann auch eine Dienstleistung enthalten. Die tatsächlich aus der Sicht des Kunden relevante Produktionstiefe ist somit extrem gering. Der Wertverzehr bei dieser Produktionskette ist – ebenfalls in Relation z. B. zur Automobilindustrie – außerordentlich niedrig. Die Chancen für eine höhere Kundenbindung sind indessen hoch. Insgesamt ist zu erwarten, dass mehrere Arten von Vertriebswegen parallel existieren werden, da die Kunden unterschiedliche Bedürfnisse haben. Hierzu einige Beispiele:

- Kontrastmittel: Die Kunden (Krankenhäuser oder Ärzte) sind sowohl in ihrer Anzahl gut überschaubar als auch mit Blick auf die Abnahmevolumina relativ konstant.

- Chronische Leiden: Die Patienten sind in der Regel gut informiert und langjährige Partner. Aus dem direkten Vertrieb kann das Unternehmen lernen, welcher Zusatznutzen für die jeweilige Kundengruppe besonders wichtig ist und sich an diese Bedürfnisse anpassen.

- Einmalige Anwendungen: Bei z. B. Grippemitteln werden sich Pharmaunternehmen und Kunden/Patienten auch künftig weitgehend unbekannt bleiben. Bei akuten Krankheiten werden wir somit einen Vertrieb weiterhin über Arzt und Apotheke in der derzeit etablierten Form vorfinden, wobei der Einsatz moderner Informationstechnologien auch hier mehr Transparenz schafft und damit zu Verbesserungen von Service und Planbarkeit genutzt werden kann. Dies steht im Einklang mit den Überlegungen zum Thema Pharmacogenomics, die als Vision die Testung des genetischen Profils des Patienten vor Erstverschreibung eines Medikamentes vorsehen, sodass es auch in Zukunft unverändert inhaltliche Gründe für eine Aufrechterhaltung des Patienten-Arzt-Kontaktes gibt.

11.1.1 Case Study Therapieblister

Ausgangsituation

Die Ausgaben für Medikamente sind – trotz aller Sparanstrengungen – in Deutschland im Jahre 2008 um 5,3 % auf 29,3 Mrd. Euro gestiegen *[Süddeutsche Zeitung 2009]*. Wir wollen uns hiervon einen Ausschnitt, nämlich den Bereich der Kombinationstherapien näher anschauen. Dieser zeichnet sich dadurch aus, dass die Patienten über unterschiedlich lange Zeiträume mehrere Medikamente gleichzeitig nehmen müssen. Die Spanne reicht von Kurzzeittherapien bis zur Behandlung chronisch Kranker. Als Beispiel sei die Indikation Hypertonie genannt, die eine Behandlung mit Diuretika, Betablockern oder ACE-Hemmern erforderlich machen kann (Deutsche Liga zur Bekämpfung des Bluthochdrucks e.V.). In allen Fällen ist die Einhaltung eines präzisen Einnahmeschemas – insbesondere, wenn mehrere Medikamente zu nehmen sind – seitens der Patienten erforderlich, um den gewünschten Therapieerfolg zu erzielen.

Aus Sicht von Arzt und Patient ergeben sich mehrere Herausforderungen bei der konventionellen Bereitstellung von Medikamenten – insbesondere dann, wenn verschiedene Präparate zu regelmäßigen Zeitpunkten in korrekter Dosierung über einen längeren Zeitraum hinweg einzunehmen sind.

Anwendungsprobleme

Folgende Aspekte bestimmen das Anwendungsverhalten beim Patienten:

- Sortieren
  - Unterschiedliche Medikamente müssen eingenommen werden
  - Tabletten müssen aus mehreren Blistern entfernt werden
  - Verluste durch Herunterfallen (Beschädigung) einzelner Tabletten
- Schwierigkeiten bei der Beschaffung einzelner Medikamente und Folgekosten (Eigenbeteiligung) durch nicht aufeinander abgestimmte Packungsgrößen
- Dosierungen
  Ggf. müssen Tabletten geteilt werden, da die richtige Dosis als Formulierung nicht erhältlich ist
- Dauer der Medikamenteneinstellung
  Vermeidung von Nebenwirkungen, wie z.B. Müdigkeit durch zu hohe Dosierung

Zusammengefasst heißt dies, dass das Wohlbefinden des Patienten zu wesentlichen Teilen bei ihm selbst liegt. Er trägt dabei eine hohe Verantwortung für die komplexen Anforderungen des Sortierens und des Bereitstellens. Sie können beim Patienten Druck erzeugen (Angst vor Fehlern) oder bei fortgeschrittenem Alter eine Überforderung des Patienten darstellen.

Compliance-Probleme

Für den Behandlungserfolg ist die Einhaltung des Therapieplans wichtig. Sowohl für den Arzt als auch für den Patienten ergeben sich Herausforderungen, um zu einer zufriedenstellenden Compliance zu kommen. Beim Arzt besteht die Unsicherheit, ob der Patient die Medikamente regelmäßig und zum richtigen Zeitpunkt, in der Vielfalt vollständig, in der richtigen Dosierung einnimmt (halbieren ja oder nein) und eine Verträglichkeit der Medikamente untereinander gegeben ist

In vielen Fällen bleibt die Unklarheit für den Arzt gerade beim Ausbleiben des gewünschten Therapieerfolges bestehen. Eine echte Erfolgskontrolle der Behandlung wird erst möglich, wenn die oben beschriebenen Faktoren besser gesteuert werden können.

Für den Patienten ist relevant, dass Fehler beim Sortieren zu Verträglichkeitsproblemen, Gesundheitsrisiken und der Gefährdung des Therapieerfolges führen können. Ein öffentliches Interesse an diesem Aspekt der Gesundheitsversorgung ergibt sich vor dem Hintergrund der Frage, ob medikamentöser Aufwand (Kosten) und erzielter Therapieerfolg (Nutzen) in einem angemessenen Verhältnis zueinander stehen. Auf Grund der hohen Anforderungen an die Patienten durch komplexe Einnahmeregime sind häufig Fehler zu erwarten, die zu Behandlungsmisserfolgen und somit zur ‚Verschwendung' von öffentlichen und privaten Mitteln führen. Die jährlichen Kosten der Non-Compliance werden in Deutschland auf über 5–10 Mrd. Euro geschätzt *[Marstedt 2007]*.

Bislang gab es allenfalls behelfsmäßige Ansätze zur Versorgung von Patienten mit Kombinationstherapie als vereinzelte, lokale Lösungen wie beispielsweise im Krankenhaus Northeim/ Niedersachsen, wo durch angestellte Apotheker der individuelle Medikamentenbedarf der Patienten für den Zeitraum einer Woche zusammengestellt wird.

Anforderungen an eine umsetzbare Lösung

Entscheidend für eine umsetzbare Lösung ist die Frage nach angemessener Komplexität eines Wochenblisters. Einerseits gilt es sicherzustellen, dass eine ausreichende Anzahl an Medikamenten für die notwendige Therapiemaßnahme zur Verfügung steht, andererseits aber auch die Komplexität in der Beschaffung, Fertigung und Distribution beherrschbar ist. Desweiteren müssen Patienten-individuelle Dosierungen verfügbar sein, die auch denjenigen Bereich abdecken, der durch bislang am Markt erhältliche Dosierungen nicht zugänglich ist. Hierunter sind die sog. halben oder gar viertel Dosierungen zu verstehen, die das Zerteilen (Halbieren, Vierteln) einer Tablette durch den Patienten erforderlich macht. Die Tabletten müssen sich leicht aus den Blistern lösen lassen, um eine altersgerechte Patientenversorgung zu ermöglichen.

Bei Verträglichkeitsproblemen oder Änderungen in der Zusammensetzung der Präparate muss eine unmittelbare Versorgung des Patienten durch die angepasste Medikamentierung und den neu gestalteten Blister erfolgen können. Zur Überwachung des Therapieerfolges kann in einem ersten Schritt auf bestehende Ansätze zur kontinuierlichen Erhebung relevanter Patientenwerte (z. B. Blutdruck) und schnelle Übermittlung der Daten an den Arzt zurückgegriffen werden. Die Datenübermittlung könnte durch unabhängige Technik (z. B. Pulsmessuhr) erfolgen oder an eine Rücksendung der leeren Blister gekoppelt werden (Wendeumschlag). Dieser Schritt kann zusätzlich zur Unterstützung der Kontrolle der Einnahme dienen. Die Lösung muss, um volkswirtschaftlich ausreichende Attraktivität zu besitzen, langfristig tragfähig sein und darf nicht zu einem Preisaufschlag führen. Es erscheint im Übrigen fragwürdig, ob das Konzept des Reimports, das sich die Preisunterschiede für Medikamente in den Ländern der europäischen Gemeinschaft zu Nutze macht, langfristig wirklich tragfähig ist.

Die Herausforderung besteht also darin, einen abgegrenzten, für das öffentliche Gesundheitssystem interessanten Markt zu finden, der mit einer überschaubaren Anzahl generischer Medikamente (< 10) gut zu bedienen ist. Darauf aufbauend könnte eine Supply Chain für den individuellen Bedarf der Patienten geschaffen werden.

Gestaltungsmöglichkeiten auf Basis eines Lean-Manufacturing-Konzepts

Die Indikation Hypertonie bietet sich beispielhaft als Versuchsfeld an. Hierbei handelt es sich um einen attraktiven und stabilen Markt (ca. 30 Mio. Patienten in Deutschland), der mit einer überschaubaren Anzahl an Medikamenten (Diuretika, Betablockern, ACE-Hemmer) gut bedient werden kann. Die zur Therapie benötigten Präparate werden in Form von Generika bezogen. Die Herstellung in den notwendigen Dosierungen erfolgt auf Basis zu etablierender schlanker pharmazeutischer Produktionsverfahren (Fließfertigung) in geeigneten kleinen Losgrößen. Im Verpackungsschritt wird durch Zusammenführen der

Einzelmedikamente ein Patienten-individueller Blister erstellt oder in regionalen Zentren (Apotheken) mit Hilfe eines Abfüllautomaten (Beispiel: Firma Yuyama). Dies sichert kurze Durchlaufzeiten in der Supply Chain, die z. B. für schnelle Reaktionszeiten auf Medikamentierungsänderungen durch den Arzt notwendig sind.

Attraktiv wird das Modell insbesondere dann, wenn durch eine deutliche Effizienzsteigerung in den Herstellungsprozessen gegenüber einer konventionellen Produktion auf Zuzahlungen durch die Patienten verzichtet werden kann. Die Versorgung des Patienten erfolgt direkt über die herstellende Firma, die in Form regionaler Herstellungszentren organisiert werden kann. Vorausgesetzt, dass alle rechtlichen Fragen gelöst sind, böte dieser Ansatz regionalen Apothekervereinigungen die Möglichkeit, sich neue Geschäftsfelder zu erschließen und durch das bessere Erfüllen der Anforderungen an Compliance und Anwendungspraxis sowie Kostenvorteile für die Patienten im Wettbewerb mit Internet-Apotheken zu bestehen.

Ein Zusammenwirken von Patient, Arzt und Hersteller kann auf unterschiedliche Weise gestaltet werden:

Internet-basierter Zugang über den Arzt

Der Arzt verfügt über ein Web-basiertes Formular. In dieses Formular trägt er die benötigten Präparate mit Angaben zur Dosierung sowie zur Therapiedauer ein. Das Formular gilt gleichzeitig als Rezept (elektronische Unterschrift des Arztes) und wird elektronisch zum Hersteller geschickt. Im Verlaufe weiterer Konsultationen des Patienten sind beliebige Änderungen möglich.

Die Zukunftsvision geht dahin, dass der Hersteller das Produkt individuell für den Patienten erstellt und es diesem per Post (oder durch gleichwertigen Anbieter) zuschickt. Der Patient hat keine weiteren Aufwendungen; er schickt ggf. lediglich Packungen zurück, wenn er Probleme mit der Anwendung oder Compliance hat (Beschwerdeformular auf der Packung). Den gleichen Weg könnten auch Messdaten des Patienten nehmen (z. B. Blutdruckwerte). Gekoppelt an das Rezept erfolgt die Abrechnung zwischen Krankenkasse und Hersteller.

Internet-basierte Maske beim Apotheker

Ähnliches Prinzip: Der Patient bringt seine Rezepte zur Apotheke, wo sie in einen Medikamentenplan umgesetzt werden. Bei Generika kann es im Prinzip kein Problem mit Konkurrenzpräparaten geben, zudem müssen ohnehin alle gängigen Präparate z. B. für Bluthochdruck angeboten werden. Gerade im direkten Vergleich zu bisherigen Internet-Apotheken wird im Falle des Therapieblisters ein signifikanter Zusatznutzen angeboten, der eine ausreichende Differenzierung erzeugt.

Abschließend kann festgehalten werden, dass durch die Verbindung von schlanker Produktion, schnellen Durchlaufzeiten und damit schnellen Reaktionsmöglichkeiten auf Medikamentenänderungen beim Patienten sowie Entfall von Zuzahlungspflichten somit ein nachhaltiges Alleinstellungsmerkmal gegeben ist, das einem langfristigen Wettbewerbsvorteil gleichkommt. Gesamtgesellschaftlich wäre ein derartiges Modell attraktiv, da es in einem relevanten Markt schnell zu deutlichen Kosteneinsparungen für die Gesundheitsträger führt und gleichzeitig Lernchancen bietet, die ein Ausdehnen des Modells auf andere Indikationsgebiete ermöglicht.

Zudem könnten sich positive Auswirkungen für die forschenden Pharmaunternehmen ergeben, die zu einer längerfristigen Weiterentwicklung beitragen würden. So ist als Vision durchaus vorstellbar, dass in einer Welt, in der ausschließlich eine patientenindividuelle Versorgung stattfindet, neue Anforderungen an die Wirkstoffformulierung zu stellen sind. Bei einer Produktion auf Bedarf könnte auf die üblichen Zwänge bei der Formulierungsentwicklung – z. B. mehrjährige Lagerstabilität – verzichtet werden. Hierdurch würde der Entwicklungs- und ggf. auch der Herstellungsaufwand reduziert.

11.1.2 Fazit

Technische Unterstützung finden Vertriebswegoptimierungen derzeit immer stärker durch das Internet. Neben einem verbesserten Informationsaustausch werden auch Kooperationen möglich, die zu Verkürzungen und Vereinfachungen in der Distribution zum Nutzen der Kunden und der Kostensituation führen. Gesetzliche Aspekte und Sicherheitsprobleme sollten aus unserer Sicht zu lösen sein, da den Bestrebungen nach besserem Kundenservice bei gleichzeitig zumindest konstanten Kosten für das Gesundheitswesen auf Dauer kaum standzuhalten ist. Durch die erhöhte Markttransparenz wird eine Fertigung auf Bestellung z. B. auf Basis des hier vorgestellten Konzeptes realitätsnah.

11.2 Beschaffung

Das Thema Beschaffung hat trotz erkennbarer Fortschritte in den letzten Jahren noch nicht die strategische Bedeutung für die Pharmaindustrie, die ihr eigentlich zukommt. Zwar werden die Bemühungen anderer Branchen registriert, Einkaufsvolumina zu bündeln und durch informationstechnologische Lösungen schneller abzuwickeln. Aufgrund der bisherigen Systematik der Fertigung jedoch ist die Einkaufsfrequenz eher unregelmäßig, wobei vielfach versucht wird, punktuelle Kostenvorteile durch Wahl des aktuell günstigsten Lieferanten zu realisieren. Dabei sind die eingekauften Mengen oft so klein, dass keine Nachfragemacht für den einzelnen Käufer entstehen kann. Dies ist an anderer Stelle bereits erkannt worden: Zur Bündelung des individuellen Bedarfs und Stärkung der Einkaufsmacht bietet z. B. der Verband der Chemischen Industrie (VCI) seinen Mitgliedern eine Internet-Plattform für Bestellungen, für die der VCI Preisvorteile ausgehandelt hat und die von ausgesuchten Lieferanten bedient werden. Analoges wird für den Bereich Transport angeboten.

Lediglich bei solchen Rohstoffen oder Verpackungsbestandteilen, die regulatorisch relevant sind, gibt es fest definierte und qualifizierte Lieferanten. Die Bestellfrequenzen sind jedoch auch hier unregelmäßig. Die Verträge mit den Lieferanten basieren daher in der Regel auf Entscheidungen mit hoher Unsicherheit und enthalten einen dementsprechenden Risikoaufschlag (Transaktionskosten). Die Situation würde sich ändern, wenn sich die Produktion eines Pharmaunternehmens von einem Zustand hoher Unsicherheit zu einem System mit hoher Planungssicherheit und kontinuierlichen Entwicklungen wandelt. Dann können mit den Lieferanten deutlich längerfristige Verträge auch für kleinere, aber kontinuierliche Liefermengen abgeschlossen werden.

Die Tendenzen im Zulassungsbereich kommen den Partnern in der Versorgungskette in einem weiteren Punkt entgegen: Im Rahmen der internationalen Harmonisierung (ICH) werden die Startmaterialien der Chemieproduktion kontinuierlich besser definiert. Die

Pharmaindustrie hat eine Möglichkeit erhalten, anhand klarer Kriterien festzulegen, was sie als regulatorisches Startmaterial verwendet. Damit kann der Startpunkt der Synthese auf eine spätere Stufe des chemischen Produktionsprozesses verlegt werden. Dies würde gleichsam die Verlagerung eines Teils der Produktion an einen Zulieferer vereinfachen. Der Anteil der chemischen Produktion vor dem regulatorischen Startmaterial könnte dann bei einem Zulieferer gefertigt werden, während nach dem Startmaterial beim Pharmahersteller selbst produziert wird.

Als Vorbild kann wieder die japanische Automobilindustrie dienen, bei der in großer Zahl kleine und kleinste Unternehmen die kontinuierliche Zulieferung von Teilen wie Autositzen o.ä. übernimmt (,Tier'-Konzept). Erste Ansätze für die Übertragung solcher Konzepte aus der Automobilindustrie in die Pharmaunternehmen stellen z.B. die bedarfsgerechte Belieferung der Endfertigungsfabriken mit Hartgelatinekapseln und bedruckten Packmaterialien durch kleinere Zulieferfirmen dar. Das Potential in diesem Bereich ist bei weitem noch nicht ausgeschöpft, was u.U. auch damit zu tun hat, dass ein derartiges Vorgehen sowohl auf Widerstand im Einkauf treffen kann (Fehlen von Skalengrößeneffekten), aber auch die weltweite Belieferung durch einen Hersteller nicht möglich ist und stattdessen auf verschiedene regionale Anbieter zurückgegriffen werden müsste. Dies wird in der Regel nicht gewünscht.

Die Zulieferer ihrerseits könnten prinzipiell als Spezialisten in ihrem Teil der Versorgungskette über kontinuierliche Verbesserungen und Bündelungen, die wiederrum Skaleneffekte erlauben, zur Kostenreduzierung in der Prozesskette beitragen. Die Suche nach Lieferanten würde damit ihren Focus von ,wer liefert in diesem Jahr den Rohstoff X in der Menge Y zum günstigsten Preis?' hin zu einer strategischen Frage des ,wer ist der beste Partner, mit dem langfristig dieses Produkt gemeinsam hergestellt werden kann?' verschieben. Dieses strategische Konzept würde zu einer stärkeren Vernetzung zwischen Lieferanten und Pharmaunternehmen führen, die auch das heutige e-Procurement, wie es z.B. in dem klassischen Fall der Laborchemikalienbeschaffung bereits praktiziert wird, noch weit übersteigt. Weiterhin eröffnet sich erhebliches Potential zur Senkung von Qualitätskosten dadurch, dass z.B. auf Doppelanalysen beim Hersteller und beim Kunden verzichtet wird. Zunächst müssen dafür allerdings die notwendigen Strukturen und insbesondere das hierfür notwendige Vertrauen zwischen Lieferanten und Kunden geschaffen werden. So müsste eine Wiederbeschaffung von Ausgangsmaterialien beim Pharmahersteller durch den Zulieferer selbst und in dessen Eigenverantwortung (ggf. vor Ort beim Produzenten) wahrgenommen werden, während die Qualitätssicherung beim Hersteller durch den Warenempfänger wahrgenommen werden sollte. Befindet sich der Lieferant in einem Zustand ,qualifiziert', könnte dieser Schritt auch entfallen. Die Abrechnung von Lieferungen könnte auf Basis verabredeter Qualitätskennziffern für die Produktion des Pharmaherstellers erfolgen.

All dies würde zu einer stärkeren Lieferantenintegration (Prinzip des verlängerten Arms) führen. In analoger Form könnten auch andere Konzepte wie ,Vendor Managed Inventory' übernommen werden. Hiermit wäre der Einstieg in eine neue Form der Zusammenarbeit (,Collaborative Supply Chain') geschaffen. Deren Vertrauensbasis würde es dann auch ermöglichen, das Thema IT-Systeme und deren Kompatibilität innerhalb der gesamten Supply Chain anzugehen, wodurch sich weitere Produktivitätsgewinne erzielen ließen. In der langfristigen Vision einer ,Lean Enterprise' würden diese natürlich insbesondere durch radikale Systemvereinfachungen bei der Einführung von elektronischen e-Kanban-Systemen, einem firmenübergreifenden Qualitätsmanagementsystem und einem flankierenden Lean Accounting-Ansatz entstehen.

Outsourcing

Bislang wird im Outsourcing u. a. eine Möglichkeit der preisgünstigen Beschaffung von Ausgangsmaterialien und Zwischenprodukten gesehen. Von der Chemie- und Pharmaindustrie wurde in den vergangenen Jahren vermehrt der Weg nach China und Indien eingeschlagen, wobei diese Strategie aus Sicht der Autoren aktuell mehr und mehr in Frage gestellt wird. Insbesondere die mangelnde Zuverlässigkeit (Liefertreue) der Lieferanten im Bereich Wirkstoffproduktion, aber auch Schwächen im Bereich Komplexitätsmanagement (z. B. Mehrsprachigkeit von Gebrauchsinformationen) erweisen sich in der Praxis als Belastung, die durch die bestehenden Kostenvorteile auf Basis niedriger Lohn- und Investitionskosten nicht ausgeglichen wird. Bisher geht man in der Regel davon aus, dass auch die Partner mit ähnlichen Produktionstechnologien arbeiten und somit aus dem Prozess im Rahmen der Verlagerung in ein Niedriglohn-Land keine wesentlichen Kostenvorteile entstehen können.

Mit unserem Ansatz wird sich diese Sichtweise verändern, da Outsourcing gezielt in eine Gesamtsicht auf den Herstellungsprozess integriert werden kann. Für diejenigen Materialien wie z. B. Grundstoffe, die von einem anderen Produzenten bereits in großen Mengen optimiert hergestellt werden, wird Outsourcing auch weiterhin ökonomisch attraktiv bleiben. Für die produktspezifischen Anteile des Herstellungsprozesses wie der Anfertigung von regulatorischem Startmaterial einer Wirkstoffsynthese oder auch von späteren Intermediaten würde sich ein strategischer Vorteil mit dem von uns gewählten Ansatz ergeben. Entsprechend dem modularen Ansatz der Automobilindustrie, wo der ‚First-tier supplier' für die Bereitstellung ganzer Baugruppen verantwortlich ist, könnte in einer ‚delegated sourcing'-Strategie *[Cousins 2008]* ein strategischer Partner gesucht werden, der für die Herstellung des Startmaterials verantwortlich zeichnet und alle Themen wie Qualität, Mengen und Bestände, Liefertermine und kontinuierliche Prozessverbesserungen im nachgeordneten Supplier-Verband koordiniert. Analog könnte in der Verpackung vorgegangen werden. Somit hätte der Pharmahersteller nur einen Ansprechpartner sowie dabei niedrige Transaktionskosten und könnte trotzdem seine Philosophie vermittelt über den ‚First-tier supplier' durchsetzen.

Daneben kann man sich vorstellen, dass Wettbewerber ihre jeweiligen Stärken im Produktionsprozess netzwerkartig gemeinsam gegen einen dritten Wettbewerber bündeln. Produktionsaufträge werden innerhalb des Netzwerkes – orientiert an den Kernkompetenzen, d. h. Beherrschen von Spezialtechnologien oder Verfügbarkeit spezieller Produktionsvolumina des Herstellers – vergeben. Eine gemeinsame Produktionsphilosophie kann innerhalb des Netzwerkes etabliert werden, und somit ist auch eine kontinuierliche Erarbeitung von Wettbewerbsvorteile gegenüber Dritten möglich. Ein kooperierendes Projektmanagement ermöglicht es dem einzelnen Hersteller, Aufträge zu übernehmen, die für ihn allein zu groß wären. Solche Ansätze sind z. B. auf dem Gebiet des Patentaustauschs bereits üblich. Grundvoraussetzung ist natürlich, dass ein wirksamer Schutz des Patentes besteht.

Wir haben zuvor erläutert, dass es zur Erreichung einer effizienten und kostengünstigen Supply Chain in Zukunft möglicherweise nicht mehr entscheidend ist, sämtliche Aktivitäten im Unternehmen selbst durchzuführen, da mit der Chemie- und Pharmaproduktion sowie der Distribution drei zwar eng verzahnte, dennoch relativ unabhängige Untereinheiten geschaffen werden. Vielmehr wurde deutlich, dass es durchaus sinnvoll erscheinen kann, bestimmte Produktionsschritte verstärkt an Zulieferfirmen zu vergeben, die dann durch langfristige Lieferverträge ihren Beitrag zum Gesamtprodukt jeweils ‚just-in time' (siehe ‚delegated sourcing'-Strategie) erbringen. Dies würde einem Modell ähnlich wie in der Fahrzeugindustrie entsprechen, bei dem z. B. die Reifen für einen PKW erst wenige Stunden, bevor er vom Band rollt, in der Fabrik angeliefert werden. Derartige Netzwerke müssen natürlich bereits in der Entwicklungsphase aufgebaut werden, um sie in den Zulassungsdokumenten berücksichtigen zu können.

Nachstehend werden die Auswirkungen des neuen Konzepts der Supply Chain für den chemischen Bereich besprochen, wobei ähnliches für die Biotechnologie und Pharmazie gilt.

Für den Bereich Chemie gibt es bereits ein dichtes Netz der Zusammenarbeit mit Zulieferfirmen, da kaum eine Pharmafirma über eine bis zu Rohölprodukten gestaffelte Basisproduktion verfügt. Für ein Outsourcing in der Chemie bieten sich verschiedene Möglichkeiten an:

- Bezug von Rohstoffen (kein Outsourcing im eigentlichen Sinn).
- Vergabe von Process Research-Aufgaben wie z. B. das Auffinden der besten Syntheseroute bei in Spitzenzeiten kurzfristig nicht ausreichenden In-house-Kapazitäten in den entsprechenden Laborentwicklungsabteilungen. Die Ressourcen des Outsourcing-Partners werden in diesem Fall als „verlängerte Laborbank" genutzt.
- Netzwerkverbund auf Basis von Kernkompetenzen: Nutzung von Spezialtechnologien z. B. für asymmetrische Synthesen, Durchführung von Reaktionen mit sensiblen Reagenzien (Phosgen, Nitrierungen, Cyanierungen u. a.), biotechnologische Transformationen oder auch Verwendung spezieller Technologien zur Isolierung und Aufreinigung von Produkten.
- Modulansatz: Bezug von Startmaterial oder späten Intermediaten aus einer Hand.

  Notwendige Subaktivitäten, die auch Spezialtechnologie beinhalten können, werden vom ‚first-tier Supplier' organisiert und verantwortet.

- Nutzung von Kapazitäten eines externen Partners bei Engpässen in den eigenen Versuchs- oder Produktionsbetrieben.

Vor allem bei der zuletzt genannten Outsourcing-Variante sollten sich Synergieeffekte durch einen schnelleren und reibungsloseren Technologietransfer zwischen dem Unternehmen und dem Outsourcing-Partner durch das neue Supply Chain-Konzept ergeben. Zwar gehört – nach den über die Lernkurve durch häufige Wiederholung von Ansätzen bei der Verfahrensentwicklung gemachten Aussagen – die Synthese des Wirkstoffs nach wie vor zu den Kernaufgaben der chemischen Entwicklung des Pharmaunternehmens der Zukunft. Doch könnte es durch die Einführung von Standard-Reaktormodulen und dedizierten Anlagen sehr viel einfacher werden, das Verfahren auf einen Outsourcing-Partner zu übertragen. Insbesondere wenn es gelingt, die verwendeten Gebäudeteile beweglich zu gestalten. Dabei sind verschiedene Vorgehensweisen denkbar. Entweder der Chemikalienhersteller baut in seiner Produktionshalle das gleiche Rührwerksmodul auf, wie es im Pharmaunternehmen verwendet wird, oder der Pharmahersteller stellt es ihm zusammen mit der Beschreibung des chemischen Verfahrens für die Dauer der Kampagne oder auch für eine längerfristige Belieferung mit dem gewünschten Reaktionsprodukt in einem Container zur Verfügung. Durch die Verwendung des baugleichen Rührwerkequipments beim Chemikalienhersteller und im Pharmaunternehmen lässt sich zunächst eine schnelle Übertragung des in den Entwicklungsabteilungen des Pharmaunternehmens aufgebauten Know-hows sicherstellen. Insbesondere dann, wenn die Anlagen in einer mobilen, qualifizierten Einheit (Container) bereit gestellt werden. Soll das Verfahren später wieder zurückübertragen werden, könnten auch Verbesserungen, die der Outsourcing-Partner in der Zwischenzeit vorgenommen hat, wieder problemlos in den Produktionsprozess des Pharmaherstellers übernommen werden.

Eher wird jedoch der Outsourcing-Partner an einer langfristigen Belieferung des Pharmaunternehmens interessiert sein. Durch Übertragung eines festgelegten Supply Chain-Konzepts könnte auch der Chemikalienhersteller profitieren. So könnte er sich auf einen vermehrten

Rohstoffbedarf des Pharmaunternehmens aufgrund von Umsatzsteigerungen bei einem neuen Präparates flexibel und ohne übertriebene Lagerhaltung und damit verbundener Kosten einstellen, indem auch in seinen Fabrikhallen ein *Multiplizieren* anstelle des bisherigen Scale up der Rührwerks- und Ansatzgrößen durchgeführt wird.

In letzter Konsequenz kann unsere Neukonzeption zu einer völlig veränderten Aufteilung der Verhältnisse zwischen Outsourcing-Partnern und Pharmaunternehmen führen, wie dies in der Automobil- und Elektronikindustrie realisiert ist. Der Trend zur Reduzierung der Fertigungstiefe und zur Beschränkung auf Kernkompetenzen hat in der Pharmaindustrie zumindestens die Chemieproduktion aufgrund der langwierigen und komplexen Prozesse noch nicht erreicht. Diese Sicht würde sich ändern mit einem Outsourcing-Konzept, das nicht mehr ausschließlich als Möglichkeit zu Einsparungen im Produktionsprozess gesehen wird, sondern als strategischer Ansatz. Letztlich handelt es sich um einen Weg zur Reduktion der Komplexität des Gesamtprozesses.

11.3 IT-Systeme

Üblicherweise geht die Supply Chain-Idee von der Überlegung aus, dass eine verbesserte Kommunikation zu einer schnelleren Anpassung der gesamten Produktionskette führt. Im einfachsten Fall wird eine Veränderung des Marktbedarfs an alle Teilbereiche der Supply Chain – unabhängig davon, ob sie Teil des Unternehmens sind oder Zulieferer – gleichzeitig kommuniziert. Alle Bereiche erhöhen ihren Ausstoß entsprechend, die gesamte Prozesskette wird schneller, und die Marktbedürfnisse können befriedigt werden. Diese Aufgabe ist mit relativ einfachen Software-Tools wie Datenbanken und eMail-Systemen lösbar. Diese Tools dienen dazu,

- die Daten in der Supply Chain zu standardisieren und zu harmonisieren,
- die Vernetzung von Kunden, Zulieferern und Lohnherstellern mit dem Pharmaunternehmen zu ermöglichen,
- die Beziehungen zwischen den einzelnen Partnern zu definieren und zu automatisieren,
- Transparenz über die Lagerbestände zu erhalten und die Bestände zu minimieren,
- die Prozesse in der Supply Chain messbar zu machen und zu optimieren.

Wir wollen diese Tools selbstverständlich auch für unsere Prozesse nutzen und werden erläutern, wozu wir bei der Umsetzung unseres Konzeptes zusätzliche EDV-Lösungen benötigen. Beschaffung, Produktion und Vertrieb bilden in unserem Konzept eine Einheit, die der Vorstellung der Automobil- und Prozessindustrie von einer Kanban-Steuerung recht nahe kommt. Bei der bisherigen Betrachtung des Produktionskonzeptes ist klar geworden, dass dieser Weg nur funktionieren kann, wenn alle Schritte des Produktionsprozesses 'im Takt' bleiben. Eingeplante Puffer sind nicht für den Regelfall gedacht, sondern sollen mangelnde Prozessstabilität ausgleichen und gleichzeitig Flexibilität liefern, um dem Kunden auch in Problemsituationen immer die gleiche Qualität und den gleichen Service zukommen zu lassen. Im Sinne eines kontinuierlichen Verbesserungsprozesses sollen die Puffer permanent reduziert werden.

Dass extrem komplexe Herstellungsprozesse auch bei einem geringen Volumen mit Erfolg durchgeführt werden können, zeigen die Computer-, Auto-, Möbel- oder auch Flugzeugindustrie. Gerade in der Automobilindustrie finden sich Beispiele moderner Produktionsmethoden beim 'Smart', wo komplexe Prozesse zu einem funktionsfähigen Fahrzeug führen.

Dabei ist zu erkennen, dass sich eine Vernetzung unabhängiger Kettenglieder – hier sogar unabhängiger Unternehmen – zu einem teilweise realen Fließband aufbauen lässt.

Die vorhandenen EDV-Systeme basieren auf der Variante einer Vernetzung von Teilschritten mit Zulieferern, wie sie im Toyota-Produktionssystem praktiziert wird. Hierbei wurde noch vielfach mit mechanischen Steuerhilfen wie Karten, Farbcodes oder Schaltern gearbeitet. Im Fall der Pharmaproduktion hat man mit deutlich größeren Stückzahlen und einem viel kleineren Wert pro Einheit zu tun. Hinzu kommt, dass die Qualität oft nur durch eine komplexe Analytik beurteilt werden kann. Wir sind dennoch der Ansicht, dass die Prinzipien generell die gleichen geblieben sind. Die Basis für solche Lösungen sehen wir nach wie vor in Datenbanken sowie in Internet-basierten, unternehmensübergreifenden Tools. Für unsere zusätzlichen Anforderungen ergibt sich die Einbindung des Faktors Qualität. Neben der Integration von Schnittstellen muss auch eine komplexe Bewertung von qualitätsrelevanten Parametern aus der Analytik möglich sein; dies verlangt nach einer Definition der Ziel- und Teilequalität im Rahmen des Entwicklungsprozesses auf Basis aussagefähiger Qualitätsspezifikationen. Die Herausforderungen erscheinen insgesamt alle lösbar und sind bei einigen Unternehmen als Teillösungen bereits vorhanden.

Labelling und Beipacktexte

Ein spezielles Problem in der Pharmaindustrie ist das ‚Labelling'. Es muss nicht nur in unterschiedlichen Sprachen beschriftet werden (Beispiel Schweiz mit einer Dreisprachigkeit der Gebrauchsinformationen), sondern es müssen auch die – national teilweise sehr unterschiedlichen – gesetzlichen Anforderungen an die Beschriftung berücksichtigt werden. Als Lösung bietet sich an, die Beschriftung als letzten Schritt des Verpackungsprozesses auszuführen (‚white line'-Technik). Dieser Weg wurde zwar schon angedacht, bisher aber nach unserem Kenntnisstand noch nicht konsequent angewendet. Indessen ist das Problem zumindest teilweise durch EDV-Lösungen realisierbar. Der Grund für die bisher noch fehlende Akzeptanz liegt im Wesentlichen in dem Risiko eines möglichen Vertauschens. Diese Schwierigkeiten können bei unserer Konzeption durch vermehrten Einsatz von ‚dediziertem Equipment' vermieden werden.

11.4 Unternehmensstruktur

Überwiegend sind Pharmaunternehmen in Fachbereiche aufgeteilt. Normalerweise gibt es eine Forschung, eine Entwicklung und eine Produktion. Die Schnittstellen sind meist relativ starr (‚Silo-Mentalität'), sodass sich Forscher eher wenig mit Entwicklern austauschen, Entwickler zu wenig mit der Produktion usw. Wir wollen – wenigstens für die Bereiche Entwicklung-Produktion – der funktionsorientierten eine prozessorientierte Organisation entgegenstellen. Dies hat Auswirkungen sowohl auf den Umgang mit dem Personal als auch auf die zukünftigen Technologien in diesen Bereichen.

Technologie und Prozesstreiber

Bei unserem Prozess treffen wir auf beiden Seiten einer Schnittstelle das jeweils gleiche Equipment an. So finden wir in der chemischen Forschung Glasrührwerke von 10 l bis 20 l, und in den Entwicklungslaboren, die die Bereitstellung des Präklinik-Materials übernehmen, eine größere Anzahl gleicher solcher Glasrührwerke. Wir haben dies mit Absicht so konzipiert. Unser Ansatz ist, dass das Prozesswissen nahtlos in den nächsten Prozessschritt transferiert wird. Dies würde bedeuten, dass die Chemiker in der Forschung mit ihrem Projekt in die Entwicklung gehen und dort für die Herstellung der Präklinik-Materialien verantwortlich sind. Die Labor- und Technikumsmannschaft für eine ca. halbjährliche Bereitstellungskampagne wird von der Entwicklung zur Verfügung gestellt. Während dieser Zeit sind die Chemiker in der Entwicklung zunächst Beobachter und übernehmen den Prozess Zug um Zug. An der Schnittstelle zur Produktion soll das Gleiche erneut stattfinden. Der Chemiker in der Entwicklung hat die Synthese über den Weg der Glasrührwerke zuerst in das Technikum übernommen und dann in das Produktionsequipment transferiert. Er begleitet den Prozess dabei mit in die Produktion. Dort findet er das baugleiche Equipment vor; evtl. nimmt er sogar die erste Anlage mit. Der erreichte technologische Entwicklungsstand (siehe Abbildung 6.11) erlaubt es, in Entwicklung und Produktion standardisiertes Equipment zu verwenden, das nur noch einen Scale up-Schritt (z.B. von 10 l bis 20 l Volumen auf 50 l bis 100 l Volumen) erforderlich macht. Wir hatten bereits in Kapitel 6 diskutiert, dass größere Anlagen wie unser 1200 l-Standard-Rührwerk nur noch unter besonderen Bedingungen, wie der Bereitstellung von frühen Vorstufen längerer Synthesen, zum Einsatz kommen sollen.

Die Betriebsmannschaft stellt jeweils der Übernehmende; verantwortlicher Kopf für den ersten Marktbedarf bleibt der Übergebende solange, bis der Bedarf für z.B. ein Quartal hergestellt ist. In dieser Zeit wächst der Chemiker in der Produktion in das Verfahren hinein und kann somit zum Know how-Eigner werden. Einen analogen Prozess halten wir auch für die pharmazeutische Entwicklung und den Transfer in die Pharmaproduktion für realisierbar.

Prozessorganisation

Die Schnittstellen zwischen Chemie und Pharmazie einerseits sowie zwischen Entwicklung und Produktion andererseits müssen zum Gelingen dieses Ansatzes deutlich kooperativer und integrativer ausgestaltet werden. Ziel muss ein Co-Development-Ansatz von Chemie und Pharmazie sein. Ein Kernelement wird dabei sein, dass die Bearbeiter der Projekte mit diesen in die nachfolgende Funktion mitgehen: Forscher in Entwicklung, Entwickler in Produktion wie bereits ausgeführt. Als Voraussetzung für die Umsetzung eines solchen Prozesses sehen wir die Notwendigkeit einer deutlichen Verschlankung und Flexibilisierung im Vergleich zu den bisher typischen Organisationsstrukturen und eine deutliche Stärkung des Teamprozesses. Ein übergeordnetes Team sollte aus den Bereichen Verfahrensingenieurwesen, Chemie, Pharmazie, Qualitätssicherung, Technik und Marketing bestehen und den Prozess ab Beginn der Entwicklung bis einschließlich Marktbelieferung verantwortlich steuern. Alle internen Partner, die für die Leistungserstellung von Pharmazeutika benötigt werden, finden sich im Prozess wieder.

Verglichen mit anderen Branchen sehen wir in der Pharmaindustrie immer noch einen starken Trend zur Spezialisierung. Sie ist streckenweise durchaus erforderlich und mit unserem Ansatz kompatibel. So werden auch weiterhin Spezialisten mit umfassender Fachexpertise benötigt; sie sollten jedoch nicht zwangsläufig ausschließlich funktionsorientiert arbeiten müssen. Von der ‚Funktion zum Prozess' oder besser vom ‚Silo zum Prozess' sollte vielmehr das Motto sein. Die neue Vorgehensweise fordert also deutlich stärker als bislang üblich den Weg zu mehr interdisziplinärer Zusammenarbeit. Damit einhergehend sehen wir die Notwendigkeit hin zu größeren interdisziplinären Einheiten, die lediglich noch durch eine Projektorganisation zusammengehalten werden, die die gesamte Prozesskette umfasst. Damit wird wesentlich mehr fachliche Flexibilität bei den Mitarbeitern vorausgesetzt.

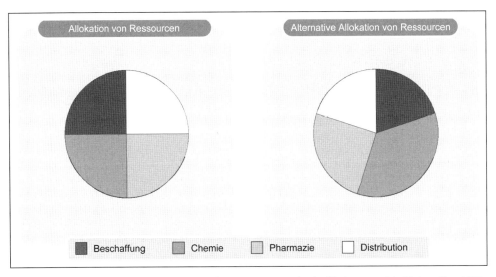

Abbildung 11.2 Resourcen-Allokation und Gesamtresourcenbedarf bei unterschiedlichen Geschäft-modellen.

11.4.1 Fazit

Es ist in der Pharmaindustrie eine Veränderung der Organisationsstrukturen auf Basis eines durchgängigen Gestaltungsprinzips notwendig. Die Organisationsstruktur wäre dann nicht mehr durch die Zugehörigkeit einzelner Mitarbeiter zum Betrieb A, B oder C gekennzeichnet. Die Mitarbeiter müssten vielmehr zur Produktlinie X, Y oder Z beitragen. Auch eine Forschung kann grundsätzlich Produktlinien-orientiert organisiert werden. Das heißt, alle Mitarbeiter im Unternehmen müssen lernen, in Wertströmen zu denken. Die Gesamtsteuerung eines Wertstromes erfolgt durch einen Prozessverantwortlichen. Im Ergebnis sehen wir folgende Vorteile:

- Verknüpfung von Entwicklung und Produktion.
- Wahrnehmung des gesamte Produktionsprozesses als gemeinschaftlichen Verantwortungsbereich (Wertstrom).
- Konzentration auf die Weiterentwicklung/Optimierung des Wertstromes auch unter Forschungsaspekten.

Insgesamt gesehen wird eine höhere Transparenz über die internen Prozesse und deren Anforderungen erzeugt. Dies ermöglicht ein zielgenaueres und flexibleres Handeln. Die bisherige Ressourcenallokation kann überdacht und neu ausgerichtet werden. Eine weitere Chance entsteht durch die Fokussierung auf Wertströme, da sie bei konsequenter Beseitigung von ‚Verschwendung' eine Reduzierung der Gesamtkosten ermöglicht. Dadurch werden Mittel frei, die re-investiert werden können. Die Mittelzuwendungen für jeden Bereich können also steigen, obwohl der ‚Kuchen' insgesamt kleiner wird (Abbildung 11.2).

Der Kostenfrage soll im nachfolgenden Kapitel ausführlicher nachgegangen werden.

12. Kostenbetrachtungen

Ein Kostenvergleich stellt zum aktuellen Zeitpunkt immer noch eine Herausforderung dar, da der neue Ansatz bislang noch nicht vollständig realisiert wurde. Ein detaillierter Vergleich mit dem bisherigen Ansatz ist also auf Supply Chain-Ebene noch nicht möglich. Ziel der nachfolgenden Kostenbetrachtungen kann es also nur sein, auf Basis von Annahmen aufzuzeigen, dass der neue Weg nicht teurer ist, aber erhebliche Potentiale sowohl für Kostensenkungen als auch für Anpassungen an Veränderungen im Markt bietet.

Um dieses Ziel zu erreichen, werden wir die Kostenfrage aus drei verschiedenen Perspektiven beleuchten. Da ‚Outsourcing' in der Pharmaindustrie als ein Hebel zur Kostenreduktion innerhalb der Supply Chain gesehen wird, soll dies unser Ausgangspunkt sein. Wir werden uns fragen, inwieweit der neue Ansatz eine Alternative zur Verlagerung von Produktion in Niedriglohnländer ist.

Die Neugestaltung der Entwicklungs- und Produktionsabläufe ist ein Kernthema des neuen Ansatzes. Im zweiten Schritt stehen daher die Auswirkungen des neuen Konzepts auf Investitions- und Produktionskosten auf dem Prüfstand. Wir werden dazu auf das Beispiel der Produktion eines komplexeren Wirkstoffs zurückgreifen.

Wir haben schon mehrfach darauf hingewiesen, dass in der Gestaltung der *Entwicklungs-Supply Chain* das ‚Geheimnis' für eine neue *Pharma Supply Chain* liegt. In der abschließenden Perspektive werden wir daher die einzelnen Phasen der Arzneimittelentwicklung einer Kostenbetrachtung unterziehen und somit zu einer Bewertung hinsichtlich der Effekte auf Supply Chain-Ebene kommen.

Der nur an den Schlussfolgerungen interessierte Leser sollte gleich mit Kapitel 12. 4 (Betrachtungen zum Zielzustand) fortfahren.

12.1 Fertigung in Niedriglohnländern

Vor allem bei der Herstellung von Generika konnte in den vergangenen Jahren eine Verlagerung der Wirkstoffproduktion in den ostasiatischen Raum beobachtet werden. Wichtigste Produzenten sind dort China und Indien. Insbesondere amerikanische Unternehmen nutzen diese Länder als neue Bezugsquelle. Umgekehrt versuchen z. B. indische Unternehmen vermehrt, europäische Firmen aufzukaufen und in Europa die letzte Fertigungsstufe zu etablieren. Dies ermöglicht den Zugang zu einem Qualitätsmerkmal ‚Made in Europe'.

Die bereits angesprochenen Probleme indessen führen dazu, dass einzelne Hersteller ihre Produktion zurück nach Europa verlagern. Neben Zusatzkosten, regulatorischen Problemen, die durch Aufreinigung und Umarbeitung entstehen, sowie Zeitverzögerungen ergibt sich auch das Risiko eines Imageverlusts beim Hersteller. Der Erfolg einer Marke wie ‚Logan' (Dacia) hängt sicherlich auch damit zusammen, dass der Kunde die Erfahrung macht, dass er neben einem preiswerten Alltagsfahrzeug auch ein Produkt ersteht, das die grundsätzliche Qualitätsphilosophie des Mutterkonzerns (Renault) widerspiegelt. Diese Erfahrung wird in der Pharmaindustrie im Zusammenhang mit dem Thema ‚Produktionsverlagerung' offensichtlich nicht durchgängig gemacht. Es muss also davon ausgegangen werden, dass das Thema Qualität neben dem Wunsch nach attraktiven Preisen grundsätzlich ein Wettbewerbskriterium ist. Da das Halten eines Kunden grundsätzlich einfacher ist als die Neugewinnung, wird die Kundenbindung auch in der Pharmaindustrie an Bedeutung gewinnen. Dies führt dazu, dass Konzepte für längerfristig orientierte Kunden-Lieferanten-Beziehungen entwickelt werden müssen, die neben der Kostenfrage auch das Thema Qualität berücksichtigen. Zum einen im klassischen Sinn in Richtung des Lieferanten (Rohstoffe, Intermediates ...), zum anderen auch in Richtung des Endkunden, d. h. des Patienten.

12.1.1 Fazit ▼

Ergebnis unserer Überlegungen ist, dass ein Prozess, der

- kurze Entwicklungszeiten,
- flexible Anpassung an Marktbedürfnisse,
- hohe Qualität auch bei Produktionserweiterung

liefert und dennoch

- zumindest vergleichbare Kosten in der Produktion erzeugt wie die aktuellen Produktionsprozesse,

jedem Versuch einer Kostensenkung durch Kauf von Wirkstoffen auf einem ‚Spotmarkt' deutlich überlegen ist. Insbesondere trifft dies auf die Pharmaindustrie zu, da die Notwendigkeit, Lieferanten zu qualifizieren, zu umfangreichen Sekundärkosten führt, für die ein zunehmendes Bewustsein entsteht. ▲

12.2 Investitions- und Produktionskosten

In Abhängigkeit von den Produkten ergeben sich ungleiche Verhältnisse in der Verteilung der Kosten: Bei innovativen Pharmaka bildet der Preis des Wirkstoffs den Hauptkostenanteil. Bei Produkten mit speziellen Anforderungen wie z. B. bei Radiopharmazeutika ist es der Vertrieb. In anderen Fällen wiederum sind es die Kosten der Formulierung bzw. Endfertigung. Preise für Arzneimittel, die in einem starken Wettbewerb stehen, werden durch Kosten des Service oder durch Kosten für Verpackung und Präsentation bestimmt.

Da innovative Produkte oftmals komplexe Wirkstoffe beinhalten, sind diese besonders geeignet, um die Unterschiede des neuen Ansatzes in Bezug auf Investitions- und Produktionskosten herauszuarbeiten.

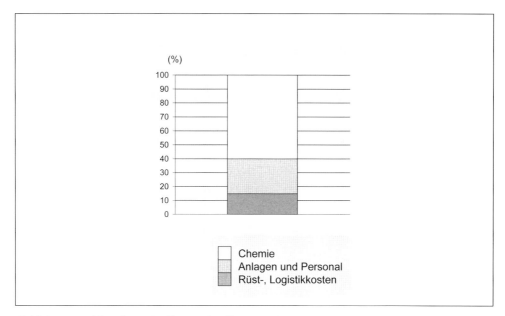

(%)

Chemie
Anlagen und Personal
Rüst-, Logistikkosten

Abbildung 12.1 Verteilung der Kosten für die Herstellung eines Wirkstoffs in der Pharmaproduktion.

Einfluss des modularen Konzepts auf die Investitionskosten

Inwieweit Kosten bei der Errichtung von Anlagen – also bei Engineering, Beschaffung, Bau, Qualifizierung und Inbetriebnahme – mit unserem Ansatz eingespart werden können, muss sich im Detail zeigen. Eine erste Abschätzung für die Feinchemie haben *Schütte et al. [2009]* am Beispiel von sechs Produkten durchgeführt, die einmal in einer großen Multi-Purpose-Anlage und einmal in dedizierten kleinen Anlagen ('down-scaling') hergestellt wurden. Der Vergleich zeigt, dass die Investitionskosten für alle dedizierten Anlagen die Kosten der Multi-Purpose-Anlage um den Faktor 1,35 übersteigen. Diese Mehrkosten relativieren sich jedoch durch ein besseres Risikomanagement bei einer Investition in mehrere zeitlich versetzte Phasen für die einzelnen dedizierten Anlagen. Gelingt es zudem, eine Standardisierung zu erreichen, dann sollten auch diese Mehrkosten eine untergeordnete Rolle spielen. Ferner sind die Einsparungen, die bei einer Dedizierung durch Minimierung der Bestandskosten in der gesamten Versorgungskette erreicht werden können, nicht zu unterschätzen. Für den Bereich der Pharmaproduktion ist den Autoren ein derartiger Vergleich nicht bekannt. Wir erwarten jedoch, dass sich qualitativ ein ähnliches Bild zeigen wird.

Kostenstruktur Wirkstoffproduktion

Wesentlich für die Annahme, dass eine für unseren Ansatz positive Bilanz erwartet werden kann ist, dass die derzeitige Zusammensetzung der Kosten bei komplexen Produkten in der Pharmaindustrie nur relativ geringe Personal- und Anlagenkostenanteile enthält (Abbildung 12.1). Demgegenüber können jedoch hohe Kosten durch Ausbeuteverluste in der Chemie entstehen. Der Anteil an Personal- und Anlagenkosten lässt sich durch Einsparungen in der Chemie weiter relativieren. Erreicht werden mit diesem Schritt zwar Einsparungen bei

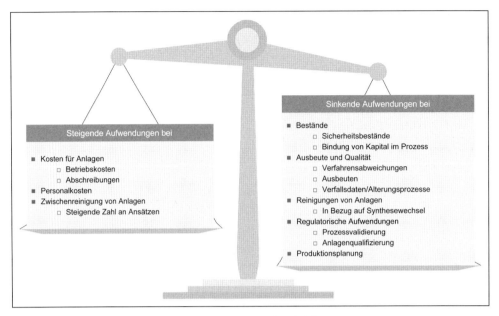

Abbildung 12.2 Vergleich zwischen altem und neuem Produktionsprozess.

der Position Personal. Eine Halbierung der Personalkosten bedeutet aber für ein Produkt aus einer vielstufigen Synthese lediglich eine Einsparung von < 5 %, wenn sie nicht von einer deutlichen Reduzierung bei den Herstellkosten durch günstigere Rohstoffpreise oder durch Fertigungskosten mit niedrigerem Investitionsaufwand begleitet ist.

Herstellkosten innovativer Wirkstoffe

Nachfolgend wollen wir beispielhaft die Kosten der Herstellung für einen innovativen/komplexen Wirkstoff besprechen. Verbesserungen in der Entwicklung, insbesondere im Bereich der Chemie durch erhöhte Prozessstabilität und verbesserte Lernkurven, konnten bereits aufgezeigt werden. Diese zeigen positive Effekte in Bezug auf die Produktionskosten durch höhere Ausbeuten oder niedrigere abweichungsbedingte Kosten. Sekundäreffekte, basierend auf kürzeren Entwicklungszeiten und damit auf einen schnelleren Markteintritt sind noch nicht einmal in die Bewertung eingeflossen. Selbst wenn wir annehmen, dass die Kosten für Anlagen, Personal und punktuelle Betriebskosten in unserem Ansatz ansteigen werden, bleibt festzustellen, dass die ‚Kostenwaage' unter Berücksichtigung aller Kostenaspekte beim Vergleich alter versus neuer Produktionsprozess zumindest ausgewogen sein wird (Abbildung 12.2).

In der Tabelle 12.1 sind die jährlichen Bedarfsmengen an Wirkstoff für ein forschendes Pharmaunternehmen sowie die erwarteten Tendenzen abgebildet. Bei den Generika-Herstellern mag der Verlauf uneinheitlicher sein, langfristig wird er sich aber diesem Trend annähern.

Die Erfahrungen der letzten Jahre haben die Aussagen in dieser Tabelle bestätigt. Die Zahl der Blockbuster mit ihren großen Produktionsvolumina wird weiter sinken, und der Anteil kleinvolumiger Produkte mit einer höheren Wirksamkeit oder einem spezifischeren Anwen-

Tabelle 12.1 Typische Bedarfsmengen an Wirkstoff pro Jahr.

Wirkstoffmenge p.a.	Prozentualer Anteil Produkte	Erwartete Tendenz
Kleinprodukte bis 250 kg Wirkstoffbedarf	bis 30%	Zunehmend
Mittlere Produkte 250 kg bis ca. 5 to Wirkstoffbedarf	ca. 50%	Zunehmend
Großprodukte mit deutlich mehr als 5 to Wirkstoffbedarf	ca. 20%	Abnehmend

dungsprofil wird steigen. Der überwiegende Teil der Arzneimittelproduktion wird künftig in der mittleren Kategorie (250 kg bis 5 to) anfallen. Dies ist aber gerade der Bereich der innovativen/komplexen Wirkstoffe, sodass zu erwarten ist, dass die Bedeutung des neuen Ansatzes für die Pharmaindustrie enorm ansteigen wird.

Grenzen des neuen Konzepts

Grundsätzlich sind immer Prozesse anzustreben, die kontinuierlich laufen, wenig Wartungs- und Reinigungsaufwand erfordern und wegen ihrer hohen Zyklenzahl ausreichend Lernmöglichkeiten für Verbesserungen und damit eine verbesserte Prozessführung bieten. Trotzdem wird es weiterhin Produkte geben, bei denen es nicht sinnvoll ist, von dem klassischen Ansatz in unser modular angelegtes Modell zu wechseln. Das gilt sowohl für die Chemie- als auch für die Bulk-Produktion und schließlich für die Verpackung. Multi-Purpose-Einheiten werden nach unserer Auffassung immer dann angezeigt sein, wenn es sich

- um niedrigpreisige Produkte,
- mit geringem jährlichen Mengenbedarf handelt,
- die in wenigen Schritten herzustellen sind.

Sobald es sich um hochtonnagige Produkte handelt, lassen sich Skalengrößenvorteile ausspielen, sodass auch im Niedrigpreis-Segment Monoanlagen zum Einsatz kommen. Aber auch in diesen Fällen lohnt es sich immer, kontinuierlich an seinen Prozessen zu arbeiten, um eine hohe Prozess- und Produktqualität gewährleisten zu können, Preise auf einem attraktiven Niveau zu halten und somit langfristig im Wettbewerb bestehen zu können.

12.2.1 Fazit ▼

Unter Berücksichtigung der Untersuchungen von *Schütte et al. [2009]* zu den Investitionskosten für modulare Anlagen kommen wir zu dem Schluss, dass der neue Ansatz für Produkte einer mittleren bis hohen Komplexität in der Gesamtsicht wenigstens vergleichbare Produktionskosten aufweisen wird. Dabei wird er deutliche Vorteile hinsichtlich Geschwindigkeit und Flexibilität aufweisen. Im Bereich niedrigpreisiger Produkte oder Produkte niedriger Komplexität (wenige Stufen, niedrige Mengen) werden Multi-Purpose Einheiten weiter ihren Stellenwert behalten. Monobetriebe werden ihre Kostenvorteile immer dann ausspielen, wenn es sich um hochtonnage Produkte handelt, die mit einem vernünftigen Automatisierungsgrad gefertigt werden können.

▲

12.3 Phasenorientierte Kostenbetrachtung für eine Entwicklungs-Supply Chain

12.3.1 Einleitung

Angelehnt an das Phasenmodell in der Entwicklung sollen die Kosten von der vorklinischen Entwicklung (z. B. Toxikologie) über Klinik, Marktversorgung bis hin zum Vertrieb besprochen werden. Die Kostenbetrachtung erfolgt auf qualitativer Basis, wobei vier Phasen – aufgeteilt in Chemie und Pharmazie – zugrunde liegen (Tabelle 12.2).

Tabelle 12.2 Phasenorientierte Kostenbetrachtung.

Phasenmodell	Stand in der Arzneimittel entwicklung	Aufgaben für die chemische Entwicklung/ Produktion	Aufgaben für die pharmazeutische Entwicklung/ Produktion
Phase 1 Frühe Entwicklung	Toxikologie/ klin. Phase I	Bereitstellung Substanz	Formulierungs-entwicklung, Bereitstellung Präparat
Phase 2 Fortgeschrittene Entwicklung	Klin. Phasen II/III	Verfahrensent-wicklung, dabei Ablieferung von Substanz	Entwicklung finale Formulierung, dabei Ablieferung Präparat
Phase 3 Vorbereitung Marktversorgung	Zulassung	Herstellung für Einführungsbedarf und spätere Marktversorgung	Analog
Phase 4 Vertrieb	Einführung		Verpackung und Versand für marktformulierte Präparate

12.3.2 Die vier Phasen

Phase 1: Frühe Entwicklung

Chemie (Wirkstoffherstellung)

Unter der Voraussetzung, dass der bisherige Prozess die Verfahrensentwicklung und die Substanzbereitstellung vereinte, wird man im neuen Konzept kostengünstiger bis zumindest kostenneutral operieren. Durch eine Trennung der Prozesse wird derjenige Teil der Kosten, die der Substanzbereitstellung zugerechnet werden, deutlich sinken. Die frei werdenden Kapazitäten werden systematisch der Prozessentwicklung zugeordnet. Der Grund für die insgesamt eher niedrigeren Gesamtkosten liegt darin, dass im Vergleich zum bisherigen Prozess in vielen Unternehmen keine Kosten im Technikum anfallen.

 Case study

Anhand eines Beispiels ist eine Kostenabschätzung für ein Projekt durchgeführt worden, bei dem für die frühe Projektphase ca. 15 kg des Wirkstoffs benötigt wurden. Im alten Prozess sind 1 x 1 kg im Labor und 1 x 15 kg im Technikum hergestellt worden. In einem alternativen Szenario würden 16 x 1 kg im Glastechnikum im Labormaßstab hergestellt. Die Bereitstellung würde nur ca. 25 % der im Technikum angefallenen Kosten verursachen. Dafür müsste eine weitere Laborarbeitsgruppe eingesetzt werden, die die parallele Verfahrensentwicklung durchführt. Man kann davon ausgehen, dass die zweite Arbeitsgruppe deutlich weniger als die eingesparten 75 % der Kosten verbrauchen wird, da der Einsatz von Laborkapazitäten verglichen mit Technikumskapazitäten praktisch immer deutlich kostengünstiger ist.

Die Bereitstellung des ersten Kilogramms hat im alten Prozess ca. 7 Wochen benötigt. Aufgrund der vorgenommenen Abschätzung würde die mehrfache Wiederholung des Prozesses mindestens zu einer Verkürzung auf 6 Wochen pro Substanzdurchlauf führen. Durch drei parallel arbeitende Laborarbeitsgruppen würde somit die benötigte Menge in ca. 6 Monaten bereitgestellt. Die Bereitstellung der 15 kg-Charge hat am realen Beispiel ebenfalls ca. 6 Monate benötigt. Der nachfolgende Prozessschritt wie z. B. der Beginn der Toxikologie würde im Fall der kontinuierlichen Substanzlieferung bereits nach der Lieferung des ersten Kilogramms (schon nach 7 Wochen!) beginnen und somit auch zu einem kontinuierlichen Prozess werden. In dieser Phase der Entwicklung wird der Zeitvorteil jedoch erheblich höher zu bewerten sein als der Kostenvorteil.

Pharmazie (Formulierungsentwicklung)

In der pharmazeutischen Entwicklung der frühen Phase wird sich keine wesentliche Veränderung der Kosten zum bisherigen Prozess ergeben. Erwartet würden jedoch deutliche Zeitgewinne dadurch, dass die pharmazeutische Entwicklung stärker angelehnt an die chemische Entwicklung abläuft (Co-Development-Ansatz).

Phase 2: Fortgeschrittene Entwicklung

Chemie

In der zweiten Phase wird der Transfer in das zukünftige Produktionsequipment stattfinden und damit nur ein Scale up-Schritt. Man registriert zunächst einen Kostenanstieg, da auf die Skalengrößen-Ersparnis für die Substanzbereitstellung verzichtet wird. Mit der Anzahl der Wiederholungen nehmen aber auch die Anzahl der Re-Processings oder Re-Workings, d. h. von wiederholten Aufarbeitungs- und Reinigungsschritten aufgrund mangelnder Qualität, deutlich ab, sodass die Gesamtkosten für den Prozess nur moderat ansteigen.

Wir haben für einige typische Beispiele Kostenschätzungen durchgeführt. Diese zeigen den gewünschten Effekt einer Zunahme der Zahl der Ansätze. Bei einer Steigerung von 5–6 Batches auf ca. 15–20 Batches würden sich die Personalkosten in diesem Bereich der chemischen Entwicklung sich auf 20 bis 30 % belaufen. Mit Blick auf die gesamten Entwicklungskosten wurde ein Anteil dieser Kosten an den Gesamtkosten von deutlich kleiner als 5 % festgestellt. Die in Kauf genommenen Mehrkosten befinden sich damit in der gleichen Größenordnung wie Fehler im bisherigen Prozess. Bei zusätzlicher Betrachtung des Risikos, dass Entwicklungsprodukte häufiger in frühen Phasen eingestellt werden, wird dieser Gesamtkostenanteil sogar noch kleiner, da die Mehrkosten in dem hier vorgestellten alternativen Ansatz später anfallen als die Kosten im bisherigen Ansatz. In Anbetracht der geringen Größenordnung aber wollen wir auf ein solches eventuelles Einsparpotential nicht näher eingehen.

Pharmazie (Formgebung, Bulk-Produktion, Verpackungsentwicklung)

Eine klarere Aufgabenstellung in der zweiten Phase der pharmazeutischen Entwicklung wird mit Sicherheit zu niedrigeren Kosten führen. Insgesamt gilt jedoch ein ebenfalls etwa gleicher Kostenanteil für die mittlere Phase.

Fazit (Phasen 1 und 2)

Die Aufwendungen für die chemische und pharmazeutische Entwicklung betragen ca. 10 bis 20 % der Gesamtkosten des Entwicklungsprozesses. Das Dilemma im derzeitigen Ansatz ist vor allem das Risiko, dass Entwicklungsprojekte im Falle mangelnder Wirksamkeit oder bei auftretenden Bioverfügbarkeits- oder Toxikologieproblemen nicht schnell genug abgebrochen werden. Da bei einer Umstellung im Sinne des neuen Konzeptes ein größerer Anteil der Kosten in der Entwicklung entsteht, muss ein Projekt deutlich energischer abgebrochen werden, als dies derzeit noch üblich ist. Die Fähigkeit, klare Go/No-Go-Kriterien festzulegen und diese durch ein effektives Projektmanagement zu überwachen und umzusetzen, ist mittlerweile jedoch eine der Stärken erfolgreicher Pharmaunternehmen und wird zunehmend implementiert. Dem Grundproblem des in der Entwicklung immer noch geltenden ‚Prinzip Hoffnung‘ muss eine neue Managementausrichtung entgegengesetzt werden. Vereinfacht wird dieser klare Schnitt durch eine andere Kostenverteilung. In der frühen Projektphase wird die Entwicklung kostengünstiger. Die höheren Kosten fallen erst zu einem Zeitpunkt der Projektentwicklung an, zu dem zumindest klar ist, dass der Wirkstoff keine negativen Wirkungen hat. Bei all denjenigen Projekten, die bisher aufgrund von toxikologischen Ergebnissen abgebrochen worden sind, sind in unserem Ansatz niedrigere Kosten entstanden.

Neben den Kosten der klinischen Entwicklung sind typischerweise die Kosten für Stabilitätsprüfungen des Wirkstoffes und des Präparates in der Analytik hoch. Durch die Möglichkeit eines klaren Schnitts bei der Festlegung der Qualität besteht indessen die Aussicht, Wiederholungen der Stabilitätseinlagerungen weitgehend zu verhindern. Dies bedeutet eine weitere Chance zur Kostenreduzierung.

Phase 3: Vorbereitung Marktversorgung

Hinsichtlich der Produktionskosten sind folgende Aspekte zu beachten (Vergleiche auch Diskussion ‚Kostenwaage' Abb. 12.2):

- Sinkende Aufwendungen mit Blick auf
  - Bestände (Sicherheitsbestände, Kapitalbindung im Prozess)
  - Ausbeute und Qualität (Verfahrensabweichungen, Ausbeuten, Verfallsdaten, Alterungsprozesse)
  - Reinigung von Anlagen bei Synthesewechsel
  - Regulatorische Anforderungen (Prozessvalidierung, Anlagenqualifizierung)
  - Produktionsplanung
- Steigende Aufwendungen bei:
  - Kosten für Anlagen (Betriebskosten, Abschreibungen)
  - Personalkosten
  - Reinigung von Anlagen (steigende Zahl von Ansätzen)

Anhand von Beispielen sind Kostenschätzungen auf der Basis der Wirkstoffherstellung vorgenommen worden. Wir sind dabei von komplexen Synthesen ausgegangen. Die Abschätzungen haben auf Basis sehr konservativer Annahmen stattgefunden, bei der nur ‚harte' Bewertungsfaktoren Berücksichtigung fanden. Bei starker Vereinfachung lässt sich festhalten, dass die Anlagenkosten maximal um einen Faktor 1,3 und die Personalkosten um einen Faktor 2 zunehmen können. Die Zunahme der Anlagenkosten gilt nur im Fall mittlerer Produktionsmengen (>> 2 to). In vielen anderen Szenarien ist mit kleinen dedizierten Anlagen (20–100 l) eine signifikante Anlagenkostenreduktion verbunden. Wenn im Gegenzug jede der chemischen Umsetzungen eine nur ca. 2–3 % höhere Ausbeute erhält, findet man auf der Basis der harten Faktoren bereits einen ‚Break-Even-Punkt'.

Chemie

Bei den üblichen Pharmaprodukten handelt es sich um Erzeugnisse mit 250 kg bis 5 to Wirkstoffmengen pro Jahr. Es stellt sich die Frage, wie eine entsprechende Anlage aussehen würde. Zwei Beispiele, die nah an realen Produkten mit einen Bedarf von ca. 5 to Wirkstoff p.a. liegen, sollen nachfolgend besprochen werden (konservativ!).

Wir haben mit einem Expertenteam je eine Produktionsanlage konzipiert und auf Basis dieser Anlagen eine genaue Kostenabschätzung vorgenommen. Bei der Konzeption der Anlagen sind wir von der Basis des in Kapitel 6 vorgestellten neuen Ansatzes ausgegangen. Die modulare Produktionsanlage mit ihren wichtigsten Bauelementen ist in der Tabelle 12.3 dargestellt.

Das zweite Beispiel mit einer wesentlich einfacheren Synthesestruktur und der Verwendung von weniger Sondertechnologien führt zu ähnlichen Aussagen für ein Modul mit einer jährlichen Ausbringung von 2 to Wirkstoff (siehe Tabelle 12.4).

Für Produkte mit Jahresbedarfsmengen unter ca. 2 to kann bei den letzten Stufen der chemischen Synthese die Rührwerksgröße von 100 l unterschritten werden. Wir sehen darin jedoch kein wesentliches Problem, da auch 10 l-, 20 l- und 50 l-Glasrührwerke standardmäßig kommerziell hergestellt werden und in die Standardperipherie hineinpassen. Die Untergrenze unseres Ansatzes ergibt sich für den Teil der Chemieproduktion durch die untere Grenze der Rührwerksgrößen. Die Wirtschaftlichkeit des Ansatzes ergibt sich indessen vor allem

Tabelle 12.3 Anlagen und Personalbedarf für einen modularen Betrieb, in dem 5 to eines Wirkstoffs pro Jahr hergestellt werden können (MJ = Mitarbeiter-Jahre).

Stufe	Rührwerksvolumina Anzahl Ansätze pro Woche	Sonstige Geräte
1	2 x 1 200 l 5 Ansätze pro Woche	2 Zentrifugen 2 kühlbare Vorlagen mit je 1 200 l Volumen Personal: 6 MJ
2	3 x 1 200 l 2 Ansätze pro Woche	2 Druckfilter Vorlage mit 250 l Volumen 2 Zentrifugen Personal: 9 MJ
3	2 x 250 l + 2 x 1 200 l 3 Ansätze pro Woche	2 Zentrifugen 2 Druckfilter Personal: 6 MJ
4	3 x 250 l + 3 Autoklaven (250 l) 5 Ansätze pro Woche	3 Druckfilter 2 Zentrifugen Personal: 9 MJ
5	6 x 1 200 l 3 Ansätze pro Woche	Druckfilter 2 Dünnfilm- o. Kurzwegverdampfer, 4 Behälter 2 Zentrifugen Personal: 18 MJ
6	2 x 1 200 l 3 Ansätze pro Woche	Vorlage Druckfilter mit A-Kohle in Schlaufe Personal: 3 MJ
7	7 x 15 cm HPLC-Säulen	Fallfilmverdampfer Behälter Personal: 6 MJ
8	Filter	
9	2 x 250 l 3 Ansätze pro Woche	Druckfilter (20 l) 2 Zentrifugen Personal: 6 MJ

Tabelle 12.4 Anlagen und Personalbedarf für einen modularen Betrieb, in dem 2 to eines Wirkstoffs pro Jahr hergestellt werden können.

Stufe	RührwerksvoluminaAnzahl Ansätze pro Woche	Sonstige Geräte
1	1 x 100 l, 2 x 250 l 7 Ansätze pro Woche	3 Zentrifugen 2 Trockner 1 Druckfilter 70 Manntage pro Kampagne
2	2 x 100 l, 1 x 250 l 7 Ansätze pro Woche (bzw. 14 Aufarbeitungen)	1 kleine Zentrifuge 70 Manntage pro Kampagne
3	3 x 250 l 7 Ansätze pro Woche	2 kleine Zentrifugen 52 Manntage pro Kampagne
4	1 x 250 l 7 Ansätze pro Woche	1 Zentrifuge 18 Manntage pro Kampagne
5	2 x 250 l 7 Ansätze pro Woche	1 Druckfilter 2 Trockner 1 kleine Zentrifuge 35 Manntage pro Kampagne

dadurch, dass auf leicht zugängliches Standardequipment zurückgegriffen werden kann. Ein weiterer Nachteil bei sehr kleinen Produkten wäre auch, dass nur wenige Elemente für eine standardmäßige Automatisierung vorhanden wären. Neue Projekterfahrungen auf Basis von Tageslosen zeigen, dass eine Anlagengröße von 250 l auch bei 8 to Wirkstoff nicht überschritten wird.

Pharmazie

Als Kostenbestandteile, die in der pharmazeutischen Endfertigung durch eine quasi-kontinuierliche Produktion verringert werden können, sehen wir:

- höhere Durchsätze,
- geringeren Platzbedarf und
- einen vollautomatischen Betriebsmodus.

Vor allem der Durchsatz und der vollautomatische Betriebsmodus senken die Kosten und machen den Einsatz teurerer Anlagen insgesamt rentabel.

Für die Marktversorgung gelten die gleichen Prinzipien wie in der Chemie, so auch unsere Kostenbetrachtung. Im Falle einer einzigen Anlage ist mit einem optimalen Kostenszenario zu rechnen. Aus Gründen der Sicherheit der Marktbelieferung würde man jedoch unter Berücksichtigung der Gesamtkapazität eine Auslegung mit zwei parallel arbeitenden An-

lagen vorziehen, was bei Duplizierung zu einer Kapazitätsverdopplung führen würde. Vor-
teilhafter wäre es dagegen, schrittweise vorzugehen. Statt einer werden zwei Anlagen mit
halber Endkapazität konzipiert. Diese sind im Takt mit evtl. steigendem Bedarf anzuschaf-
fen. Auch dies erzeugt Sicherheit, da nicht beide Anlagen zur selben Zeit ausfallen werden.
Die Entscheidung der Anlagengröße wird im Fall der pharmazeutischen Endfertigung später
getroffen als die analoge Entscheidung in der Chemie. Das erhöht gewissermaßen die Sicherheit in der Entscheidung. Die schrittweise Erweiterung um eine zusätzliche Anlage hat
somit Kostenrelevanz: Sollten die ursprünglichen Bedarfsprognosen übertroffen werden,
könnte eine weitere, identische Anlage angeschafft werden. Dies vermindert das Risiko
sowohl der Bedarfsuntererfüllung als auch das der Schaffung von Leerkapazitäten. Durch
weitestgehende Standardisierung (Beschaffung identischer Anlagen) lassen sich zudem die
Investitions- und Qualitätskosten (Qualifizierung ...) reduzieren. Bei sehr kleinen Produkten
entsteht analog zur chemischen Produktion eine Grenzsituation, ab der ein modulares Konzept nicht mehr sinnvoll einsetzbar ist. Voraussetzung für die Verwendung von dedizierten
Anlagen in der pharmazeutischen Endfertigung ist in jedem Fall die Anwendung der sog.
‚white-line'-Technik, um damit die Finalisierung des Produktes möglichst nah an den Endkunden heranzulegen.

Phase 4: Vertrieb

Im bisherigen Vertriebskonzept gibt es diverse Lager und Puffer. In einem kontinuierlich
arbeitenden System kann ein völlig neuer Marktkontakt erfolgen. Es werden strategische
Puffer innerhalb der Kette zur Absicherung temporärer Instabilitäten eingesetzt oder am
Ende. In einem solchen Modell ist eine erhebliche Kosteneinsparung realisierbar. Derartige
Modelle werden nach der Wirkstoffherstellung in einigen Pharmaunternehmen auch be-
reits realisiert, wobei deutliche Senkungen der Bestandskosten erzielt wurden.

Fazit (Phasen 3 und 4)   ▼

Aus produktionstechnischer Sicht bedeutet das neue Konzept zwar teilweise höhere Erst-
investitionen in Anlagen und Personal. Die Produktkosten sind jedoch selbst im ungüns-
tigsten Fall auch nicht höher als im bisherigen Ansatz. Durch den modularen Ansatz
wird innerhalb der neuen Entwicklungs-Supply Chain eine deutlich höhere Flexibilität
erzeugt. Diese erlaubt es, die Kapitalabflüsse besser zu steuern und den echten Marktbe-
dürfnissen anzupassen. Dies verringert das Risiko und liefert einen positiven Beitrag zur
Steigerung der Ertragskraft eines Unternehmens.

▲

12.4 Kostenbetrachtungen für den Zielzustand
neue Pharma Supply Chain

Wir haben gezeigt, dass am Beginn der Marktbelieferung in der von uns dargestellten Entwicklung maximal die gleichen Kosten anfielen wie im bisherigen Prozess. Die Produktionskosten werden allenfalls gleich hoch werden wie in bisher üblichen Produktionssystemen.

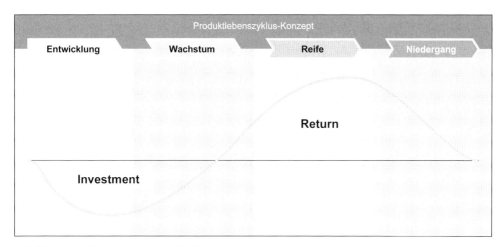

Abbildung 12.3 Lebenskurve von Produkten.

Nachfolgend wollen wir uns mit zusätzlichen Vorteilen unseres Konzeptes beschäftigen. Neben einfach zu quantifizierenden Parametern werden wir einige ‚weiche' Faktoren besprechen, die zusätzlich zu den von uns erfassten Größen auch die Gesamtkostensituation positiv beeinflussen. Der Lebenszyklus eines Verfahrens beschreibt einen immer gleichen Verlauf. *Kussi et al. [2000]* haben dafür ein Schema entwickelt, das die verschiedenen Phasen des Lebenszyklus in eine Beziehung zu Aufwand und Ertrag setzt.

Die Grafik in Abbildung 12.3 gilt gleichermaßen für die chemische Großproduktion wie für die Herstellung von Wirkstoffen und Arzneimitteln in der Pharmaindustrie. Allerdings sind in der Arzneimittelproduktion Synthesen mit mehr als 10 chemischen Teilschritten für das API und mehreren pharmazeutischen Prozessschritten keine Seltenheit. Daraus ergibt sich im Vergleich zu einstufigen Prozessen hinsichtlich Planung und Bau einer Produktionsanlage eine wesentlich höhere Komplexität. Um diese Komplexität nicht bei jedem neuen Produkt oder jeder Verfahrensänderung erneut betreiben zu müssen, wurde nach Kompromissen gesucht, um die Anfangsinvestitionen zu verringern.

Nach den besprochenen Veränderungen im Rahmen der Entwicklung kommt es darauf an, den Einfluss des Konzepts einer quasi-kontinuierlichen Produktion auf die Ergebniskurve im Lebenszyklus eines Produktes zu betrachten. Mit Blick auf das Gesamtbild der Gewinn- und Verlustrechnung im Lebenszyklus eines Produktes bleiben nachfolgend Marketingaufwendungen nach der Markteinführung unberücksichtigt.

Einfluss von Marketingaufwendungen bei Markteinführung

In der Einführungsphase eines neuen Arzneimittels kommt es darauf an, dieses möglichst schnell bei den Kunden/Patienten bekannt zu machen. Der Marketingaufwand wird sich dabei u. a. an der Marktstellung der Wettbewerber orientieren. Ziel ist das Erreichen eines möglichst großen Marktanteils für das einzuführende Präparat. Wird es z. B. eine Monopolstellung für eine Indikation einnehmen, dann werden sich hohe Marketingkosten über entsprechend hohe Umsätze rentieren. Selbst bei Arzneimitteln für ausreichend abgedeckte Indikationsgebieten kann das Marketing durch ‚additional benefits' unterstützt werden, wenn diese z. B. aktiv von Medien aufgegriffen werden.

Solche Aufwendungen fallen zu einem guten Teil als Einmalkosten an. Sonderfälle können sich beim Markteintritt von Generika oder bei eigenen nachträglichen Produktverbesserungen oder der Erschließung neuer Indikationsfelder ergeben. Im Rahmen einer Neueinführung ist für die Pharmaunternehmen nicht immer vorhersehbar, ob und wie gut die Marketingmaßnahmen greifen, zumal einerseits die Ärzteschaft vom Nutzen des neuen Präparates überzeugt werden will und andererseits die Marketingstrategie zum ethischen Pharmaumfeld passen muss. Im Erfolgsfall, also einem Absatz, der die Erwartungen deutlich übersteigt, besteht das Risiko, infolge eines ‚zu erfolgreichen' Marketing nicht mehr lieferfähig zu sein. Es wurde bereits gezeigt, dass in ‚der alten Welt' die Anpassung der Produktion an sich verändernde Marktbedingungen nur langsam voranschreitet. Ein hohes Risiko im Marketing liegt somit darin, etwas zu versprechen, das nicht eingehalten werden kann. In der ‚neuen Welt' hat die Qualität der Vorhersage der Abatzmengen weniger Einfluss, da es sich auf ein flexibles Produktionskonzept stützen kann.

Für viele Fälle gilt aber, dass die von den Unternehmen in ein und derselben Indikation angebotenen Präparate hinsichtlich ihrer Wirksamkeit ähnlich und in manchen Fällen auch mehr oder weniger austauschbar sind. Somit können u. U. gewisse Marketingkosten als Ergebnis unseres Konzeptes vernachlässigt werden – z. B. unter folgenden Umständen: Ein neues Arzneimittel steht im Wettbewerb mit anderen Präparaten. Die Konkurrenten werden bei mittelfristig gleichbleibenden Marketingkosten keine wesentliche Verschiebung der Marktanteile erzielen. Deshalb sind bei vergleichbarem Marketingeinsatz seitens der Wettbewerber immer mehr der Serviceumfang und die Kosten der Supply Chain ausschlaggebend für den Gesamtnutzen, der aus dem Arzneimittel gezogen werden kann. Wie dies erreicht werden kann, soll im Folgenden aufgezeigt werden.

Ziele für die optimierte Supply Chain

Wir setzen an dem Punkt der Lebenszykluskurve auf, an dem die Nulllinie durchstoßen wird: Entscheidend ist, durch Optimierung der Supply Chain entweder bei gleichem Serviceumfang geringere Kosten zu erzeugen oder aber die Serviceleistungen ohne zusätzliche Kostensteigerungen erkennbar zu verbessern. Im – wohl eher seltenen – Idealfall gelingt sogar eine Kostenminderung bei gleichzeitiger Verbesserung des Servicegrades. Grundsätzlich sind folgende Ziele anzustreben:

(1) Leistungen und Produkte müssen **taktorientiert** zu **akzeptierten Kosten** in **wettbewerbsfähiger Qualität** hergestellt werden (kundenindividueller ‚competitive value').
(2) **Bestände** innerhalb der Supply Chain müssen kontinuierlich **gesenkt werden**.
(3) **Liefertermine** müssen frühzeitig genannt und schnell und zuverlässig eingehalten werden.
(4) **Auftretende Marktschwankungen** müssen über die gesamte Liefer- und Leistungskette zügig abgefangen werden.
(5) Die **Komplexität der Leistungsprozesse** darf die Integration leistungsfähiger Kernkompetenzpartner nicht verhindern.

Kosten nach Markteinführung

a) Unsicherheiten bei der Abschätzung

Die Kosten bei Umsetzung des Konzeptes einer quasi-kontinuierlichen Produktion werden sowohl von ‚harten' als auch von ‚weichen' Faktoren beeinflusst. Unter harten Faktoren verstehen wir einfach zu ermittelnde und in ihrem Umfang klar abgrenzbare Kosten. Beispiele dafür sind die Aufwendungen für zusätzliche Anlagen, Änderungen beim Personal oder auch in den Lagerbeständen. Indessen können teilweise nur Maxima und Minima einigermaßen sicher bestimmt werden. Darüberhinaus sind Einflüsse zu beachten, die eine Relativierung der Ober- oder Untergrenzen der jeweiligen Kostenart bewirken. Das können z. B. bei Anlagenkosten Einsparungen aufgrund von Rabatten bei Mehrfachbestellungen usw. sein. Weiche Faktoren werden dagegen ausschließlich in Bereichsgrößen ermittelbar und nur über Eintrittswahrscheinlichkeiten zuordnungsfähig sein. Zu den weichen Kosten zählen beispielsweise Veränderungen im regulatorischen Aufwand.

b) Kostenabschätzung der Supply Chain

Die Investitionen in Produktionsanlagen sind in unserem Konzept nur vor der Markteinführung getätigt worden. Die Einmalkosten im Zusammenhang mit einer höheren Anzahl von Anlagen hat deshalb nach konservativer Abschätzung zu einer stärkeren Ausprägung des Kostenpeaks geführt. Hier sind Einsparungen durch Standardisierung und Wegfall sekundärer Kosten (Engineering, Qualifizierung) nicht eingerechnet. Nach neueren Erfahrungen der Autoren können diese bis zu 30 % der Investitionskosten ausmachen. Die Abschreibungen dieser Anlagen und die Kosten des damit verbundenen höheren Personaleinsatzes sowie Kosten von Kapazitätserweiterungen werden sich dagegen dauerhaft bei den Kosten der Supply Chain niederschlagen. Es ist zu prüfen, ob andere Bereiche in der Versorgungskette durch dieses neuartige Produktionskonzept profitieren werden und wie dieses den Gesamtgewinn beeinflusst. Nachfolgend soll versucht werden, einige Annahmen für eine grobe Kostenschätzung zu treffen. Den Annahmen sind in der Regel entsprechende Begründungen zugeordnet. Wir sehen neben dem Aspekt einer Senkung der Bestände Chancen zur Kostenreduzierung in folgenden Bereichen:

● **Ausbeute**

Eine Verbesserung der Ausbeuten auf Zwischenstufen kann wegen des kumulierenden Effektes bemerkenswert sein. Bereits bei einer nur *5stufigen Synthese* ergibt sich bei einer Verbesserung von durchschnittlich 1 % auf jeder Stufe eine Optimierung der Gesamtausbeute von 5,6 %. Bci einer durchschnittlichen Verbesserung von 5 % je Stufe sind bereits 34 % zu registrieren. Selbst wenn die Veränderungen nur schwer abschätzbar sind, ist aufgrund des schnelleren Durchschreitens der Lernkurve und den sich aus einer tiefen Kenntnis des Prozesses ergebenden Verfahrensanpassungen mit einer Verbesserung der Gesamtausbeute von > 5 % (realistisch) für jeweils 5 Stufen zu rechnen. Optimistische Szenarien sollten – bei gleicher Voraussetzung – 30 % eher nicht überschreiten.

● **Qualität**

Die aus einem besseren ‚Fit' von Prozess und Technologie sowie der Regelmäßigkeit der Fertigung resultierenden qualitativen Verbesserungen hinsichtlich Verunreinigungsprofil und Gehalt werden nicht nur Eingang in eine zusätzliche Verfahrensbeschleunigung finden. In einigen Zwischenstufen sollte es bei gleichbleibender und definierter Qualität möglich sein, auf einige bisherige Teilschritte zur weiteren Aufreinigung zu verzichten. Zudem wird die Stabilität der Verfahren hinsichtlich Ausbeute und Qualität deutlich größer sein, weshalb der überwiegende Anteil der Kosten für Verfahrensabweichungen entfallen kann (pessimistische Annahme: 10 % der bisherigen Kosten entfallen; optimistische Annahme: 30 % der Kosten entfallen). Ein weiterer Beitrag zur Kostensenkung kann sich dadurch ergeben, dass im Bereich der Qualitätssicherung weniger Personal für das Management im Falle von Abweichungen benötigt wird.

Sämtliche Qualitätsverbesserungen sind somit als aktiver Beitrag zu einer Reduktion der ‚cost of compliance' zu verstehen. Bei Zwischenstufen, die zu einer deutlich verbesserten

Wirkstoffqualität führen (Summe der Verunreinigungen < 0,1 %; Einzelverunreinigungen < 0,05 %) stellen sie zudem eine wichtige Maßnahme zur Stärkung der Wettbewerbsposition im Rahmen des Life Cycle-Management dar. Gerade für Generika ist das von Interesse, denn für den Fall, dass sich eine derartige Qualität in den Arzneimittelbüchern niederschlägt, schwächt es die Position der Originalhersteller.

● **Reinigungskosten**

In Multi-Purpose-Betrieben sind die Aufwendungen für die Reinigung von Anlagen je nach Art des Produktwechsels zu kategorisieren. Dabei sind insbesondere Reinigungen bei aufeinanderfolgenden Zwischenstufen innerhalb einer Synthese eher unproblematisch. Alle anderen Reinigungsvorgänge sind jedoch mit erheblichem Aufwand versehen, und einige Kombinationen des Produktwechsels sind aufgrund ungünstiger Konstellationen generell untersagt (z. B. Synthese eines Kontrastmittels nach der Synthese eines hochaktiven Wirkstoffs im selben Rührwerk). In vielen Unternehmen ist daher die Wirkstoffherstellung strukturiert in z. B. Kontrastmittel-, Hormon-, Endstufenbetrieb usw. Durch ,dediziertes Equipment' entfallen diejenigen Reinigungskosten, die aufgrund eines Synthesewechsels notwendig sind, vollständig. Dafür sind in größeren Abständen einfache Zwischenreinigungen zu setzen. Den bisherigen Kapazitätsaufwand für Reinigungsarbeiten schätzen wir auf annähernd 10–15 % der Gesamtkapazität, wovon mehr als die Hälfte bei Umsetzung unseres Konzeptes sicherlich entfallen würde.

● **Aufwendungen im Zusammenhang mit Regularien**

In einem ,dedizierten Equipment' entfallen sämtliche Auflagen, die sich üblicherweise aus der Thematik Kreuzkontamination ergeben. Unsere Einschätzung ist, dass ungefähr die Hälfte aller diesbezüglichen Richtlinien ihre Bedeutung verlieren wird. Das hat zur Konsequenz, dass die Kapazitäten sowohl für deren Umsetzung als auch deren Erstellung nicht mehr benötigt werden. Den Umfang der sich daraus ergebenden Einsparungen können wir nicht abschätzen. Ein qualitativer Aspekt soll zumindestens beleuchtet werden: Während es in einer Multi-Purpose-Anlage schwierig bis gar unmöglich sein wird, neue Produktgruppen mit sehr unterschiedlichen Eigenschaften in eine bestehende Produktionslandschaft zu integrieren, ist dies in einer modularen Landschaft leichter möglich. Hier wird einfach eine weiteres, separat zu betreibendes Modul angebaut.

● **Produktionslogistik beim Hersteller**

Die Anpassung von Kapazitäten wird nach dem neuen Konzept wesentlich vereinfacht. Bisherige Aufwendungen für die Produktionslogistik (Transfer der Bedarfsmengen, Kampagnenplanung, Losgrößenfestlegung etc.) werden ganz oder zum größten Teil entfallen.

Liefertreue und Überbrückung von Marktschwankungen

Unter Einsatz einer quasi-kontinuierlichen Produktion kommt es zu einer massiven Verkürzung der Durchlaufzeiten. Der ,Peitschen-Effekt' kann leichter abgefangen werden. Zur Überbrückung von Produktionsausfällen gibt es im Rahmen der Produktionskette unterschiedliche Sicherheitsbestände. Die Größenordnung der Sicherheitsbestände sollte sich an Faktoren wie Dauer bis zur nächsten Wirkstoffausbringung, Häufigkeit von Verfahrensabweichungen, aber auch des in der Pharmaproduktion notwendigen Mengenbedarfs für sinnvolle Chargengrößen usw. ausrichten. Sicherheitsbestände müssen auch künftig vorhanden sein. Sie sind jedoch in unserem neuen Konzept eindeutiger definiert und erfüllen weitergehende Aufgaben.

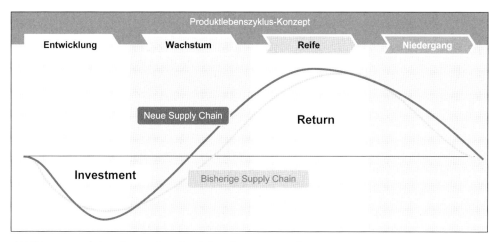

Abbildung 12.4 Lebenskurve eines Produktes in der neuen Supply Chain.

Nach unserer Vorgehensweise soll eine weitgehende Flexibilität gegenüber Marktschwankungen gewährleistet werden. Deshalb ist es sinnvoll, Sicherheitsbestände an die Durchlaufzeit einer Produktion zu binden. Darüberhinaus sind in der Kampagnenfahrweise Wirkstoffbestände zur Überbrückung der Zeitspanne bis zur nächsten Kampagne zu berücksichtigen. Diese Restbestände sind je nach Kampagnendichte in unterschiedlicher Höhe zu erwarten. Durch das Konzept einer quasi-kontinuierlichen Produktion entfallen diese Restbestände aufgrund der wöchentlichen Produktionsfolge und gleichzeitig lassen sich wegen der kurzen Durchlaufzeit die Sicherheitsbestände minimalisieren.

Komplexität der Leistungsprozesse

Entscheidend für das Gesamtergebnis im Verhältnis zwischen bisherigen Produktionssystemen und neuer Konzeption werden die nachhaltigen Vereinfachungen sowie eine höhere Transparenz bezüglich der Kostenfelder sein. Es werden sich zusätzliche Optimierungen innerhalb des ganzheitlichen Ansatzes erst mit der Realisierung des neuen Konzeptes auf Basis einer quasi-kontinuierlichen Produktion ergeben. Sämtliche Prozesse lassen sich erheblich vereinfachen.

Bei einer graphischen Darstellung des Produktlebenszyklus in der neuen Supply Chain zeigt die Kurve zu Beginn der Kostenaufzeichnung einen flachen Abfall, gefolgt von einem tieferen Tal in der mittleren Entwicklungsphase (Abbildung 12.4). Viele Entwicklungsprojekte werden aufgrund eines frühzeitigen Abbruchs dieses Tal nicht erreichen, weshalb es im Mittel keine höheren Aufwendungen in dieser Entwicklungspahse geben wird. Zusätzlich gibt es indessen entscheidende positive Veränderungen, die in der Graphik in einem schnelleren Durchstoßen der Nulllinie und einem schnelleren Anstieg zum Maximum zu beobachten sind. Einmal am Maximum angelangt, bleibt die Kurve sehr lange dort.

Dieser Effekt erklärt sich aus einer verbesserten Flexibilität und eines verbesserten Managements des Gesamtprozesses. Der neue Prozess erfüllt die Grundanforderung, die ‚time to market'-Phase zu verkürzen und das Produkt durch ein flexibles, an Kundenbedürfnissen ausgerichtetes Management länger profitabel im Markt zu halten.

12.5 Kosten und Gestaltung der Konversion

Es stellt sich die Frage nach möglichen Konzepten für einen Wechsel des bisherigen Geschäftsmodells in ein neues sowie nach den damit verbundenen Kosten. Der finanzielle Aufwand ist ebenso wenig zu beziffern wie auch nicht vorhersehbar ist, wie ein Unternehmen auf kurzer Zeitachse umgestellt werden kann. Zu viele Aspekte tangieren die bisherigen Prinzipien und das Grundverständnis, wie der Produktionsbetrieb zu managen ist. Nicht umsonst wird auch im Zusammenhang mit unserem Konzept von einem Paradigmenwechsel gesprochen, der von einem entsprechenden Wandel in der Unternehmenskultur begleitet sein muss. Das Unternehmen Toyota befindet sich auf einem mittlerweile mehr als 50jährigen Weg kontinuierlicher Veränderung. Gerade vor diesem Hintergrund kann sogar kritisch die Frage gestellt werden, ob eine derartige Transformation aus einem bestehenden Unternehmen heraus überhaupt geleistet werden kann und welche für eine Unternehmensform hierfür erforderlich wäre. Bei aller Unklarheit bzw. kritischen Distanz kann jedoch hinsichtlich eines grundlegenden Wandels konkret gesagt werden, wie er prinzipiell zu gestalten ist:

1. Leitgedanke

Der Wandel muss in der Entwicklung beginnen, und aus der Entwicklung heraus muss die Veränderung gestaltet werden. Jedes neue Entwicklungsprojekt ist geeignet, den Anfang zu machen. Eine schnellere Entwicklung, profitablere Prozesse und Strukturen werden sich immer auszahlen. Mit der anwachsenden Summe der einzelnen Projekte wird sich organisch wachsend eine neue Organisation herauskristallisieren.

2. Leitgedanke

Es sollte stets die Möglichkeit genutzt werden, einzelne Produkte (ganz oder teilweise) aus der bisherigen Produktionswelt herauszunehmen und sie auf eine kontinuierliche, an z.B. Tageslosen orientierte Produktion umzustellen. Dies ist ein Weg, um bestehende ‚Komplexitätsspitzen' aus dem System zu entfernen und die Steuerbarkeit sowie Planbarkeit des verbleibenden Gesamtsystems auf kürzerer Zeitachse zu verbessern, also aktiv zur Reduktion der Komplexität beizutragen. Daneben eröffnet sich bei einer derartigen Vorgehensweise die Möglichkeit, in einer Organisation konkrete Lernerfahrungen und Experimente durchzuführen, um relevante Fragestellungen zu klären, die am Beginn nicht zu beantworten sind.

12.6 Fazit ▼

Eine schrittweise Lösung der aufgezeigten Aspekte wird einen wesentlichen Beitrag zur Verkürzung von Entwicklungszeiten leisten und langfristig zu einem effizienteren Supply Chain-Management führen. Den höheren Anlagen- und Personalaufwendungen stehen deutliche Chancen zur Kostenreduzierung in allen Bereichen gegenüber. Konkrete erste Projekterfahrungen der Autoren bestätigen dies insofern, als die vermuteten Vorteile bei den Steigerungen von Ausbeuten durch kontinuierlich betriebene Batch-Prozesse eingetreten sind. Gerade auf Basis einer quasi-kontinuierlichen Produktion von komplexeren Produkten bestehen beträchtliche Kostensenkungspotentiale. Wir haben dargestellt, dass sich bereits im Bereich der harten Faktoren Kosten und Einsparungen ungefähr die Waage halten werden. Darüber hinaus sind deutliche Verbesserungen beim Service erreichbar. ▲

Schlussfolgerungen

Steure mutiger Segler! Es mag der Witz dich verhöhnen,
Und der Schiffer am Steu´r senken die lässige Hand.

Aus: *Kolumbus (Schiller)*

13. Die neue Pharma Supply Chain

Wir sind von einem Ist-Zustand ausgegangen, bei dem in den meisten Pharmaunternehmen kein Zielzustand für eine effektive Supply Chain definiert ist. In neuerer Zeit findet zwar eine Umorientierung unter dem Begriff Supply Chain-Reengineering statt. Es werden dabei aber vornehmlich die Lagerzeiten zwischen den Abteilungen optimiert. Bei diesem Prozess wird man eine erste Verbesserung der Durchlaufzeiten und eine Verringerung in der Kapitalbindung sowie bei der Vernichtung von Material und Ähnlichem erreichen. Für die Supply Chain bedeutet dies nach eigenen Erfahrungen, dass sich der Zeitbedarf für die Chemieproduktion massiv verringern lässt. Die zugrundeliegenden Produktionsprozesse bleiben bei diesem Weg jedoch unberücksichtigt.

Wir haben gezeigt, dass der Durchlauf in der Wirkstoffproduktion um ein Vielfaches reduziert werden kann, wenn dieser Optimierung der Supply Chain zwischen den Prozessschritten eine Optimierung innerhalb der Prozesse (kontinuierliche Prozessverbesserung) überlagert wird. In einem derartigen integrativen Ansatz würde sich die Durchlaufzeit für das gezeigte Beispiel auf < 100 Tage reduzieren. Erste Erkenntnisse der Autoren aus jüngerer Vergangenheit zeigen, dass beim neuen Konzept in der Tat derartig drastische Verbesserungen zu erzielen sind. Die erreichten Effekte von Prozessstabilisierung, Verkürzung der Durchlaufzeit, Reduktion von Beständen und Flexibilitätsgewinn rechtfertigen gezielte Investitionen, um bestehende Produktionsprozesse aus der aktuellen Produktionswelt in eine ‚Welt von Dedizierung und Modularisierung' zu überführen. Auch hohe Anforderungen an eine kurze Amortisationsphase von maximal 3 Jahren lassen sich unter diesen Bedingungen erfüllen. Entscheidend dabei ist immer, dass eine *Innovation* stattfindet, d. h. dass technologische und Prozessverbesserungen in eine funktionierende Gesamtsicht eingebettet werden.

Für die Flexibilität eines Unternehmens bedeutet dies eine erhebliche Veränderung. Wir können mit einem definierten Prozess, der zu einer Produktion mit standardisiertem Equipment führt, sogar die Option ziehen, den Produktionsprozess bei Bedarf nach außen zu geben und mit Zulieferern ein Produktionsnetzwerk aufzubauen.

Wir lassen uns von der Vision einer neuen Pharma Supply Chain leiten, die es ermöglicht, die Produktion eines Wirkstoffs in ca. 10 Tagen durchzuführen. Für die Durchlaufzeit von der Bestellung bis zur Auslieferung des Präparates werden ca. 20 Tage angenommen. Damit wäre eine Lieferung auf Bestellung Realität geworden. Wir wissen, dass der Weg zur neuen Pharma Supply Chain über die Entwicklung führt.

13.1 Zwei Szenarien

Für den Weg zur Realisierung der Vision bieten sich aus unserer Sicht zwei grundsätzliche Herangehensweisen an:

- Punktuelle Optimierung der *bestehenden* Entwicklungs-Supply Chain oder
- Konzeption einer *neuen* Entwicklungs-Supply Chain basierend auf einer durchgehenden Prozessperspektive und Rückgriff auf modulare Anlagenkonzeptionen

Bevor wir die von uns erwarteten Effekte beider Optionen beschreiben, wollen wir noch einmal kurz an den gegenwärtigen Zustand erinnern.

Bisheriger Entwicklungsprozess

- Nach ca. 14 Jahren Forschung und Entwicklungsarbeit erreicht ein neues Medikament den Markt.
- Die Marketingaussagen sind wenig präzise.
- Der Durchlauf von Bestellung bis Marktbelieferung benötigt ca. 2 Jahre, solange keine Kapazitätsanpassungen erforderlich sind.
- Der Bedarf entwickelt sich im ersten Jahr sehr erfreulich. Die Prognosen für den Marktbedarf werden um einen Faktor 2 nach oben gesetzt.
- Das Unternehmen benötigt ca. 4 bis 5 Jahre, um in der gesamten Pipeline die Produktion zu erweitern.
- Kurz vor Ende der Patentlaufzeit wird die volle Kapazität erreicht.
- Ein Jahr nach dem Erreichen der optimalen Produktionsmengen erscheint das erste Generikum auf dem Markt, und der Preisverfall beginnt.
- Ausgelöst durch den zunehmenden Wettbewerb kann das Unternehmen nicht mehr die geplanten großen Mengen am Markt absetzen – außer es verkauft den Wirkstoff an die Generika-Hersteller – für deren Produktion es massive Kapazitätserweiterungen und Investitionen vorgenommen hatte.

Konzeption einer neuen Entwicklungs-Supply Chain

- Nach ca. 13 Jahren Forschung und Entwicklungsarbeit erreicht ein neues Medikament den Markt.
- Die Marketingaussagen sind wenig präzise.
- Der Durchlauf von Bestellung bis Marktbelieferung benötigt weniger als 0,5 Jahre, solange keine Kapazitätsanpassungen erforderlich sind.
- Der Bedarf entwickelt sich im ersten Jahr sehr erfreulich. Die Prognosen für den Marktbedarf werden um einen Faktor 2 nach oben gesetzt.
- Das Unternehmen benötigt nun ca. 1 Jahr, um in der gesamten Pipeline die Produktion zu erweitern. Die Kapazitätserweiterung erfolgt auf Basis eines modularen Anlagenkonzeptes.
- Ca. 14 Jahre nach Patenterteilung erreicht das Unternehmen mit dem Produkt seine volle Nutzung im Markt.
- Mehr als 5 Jahre später erscheint das erste Generikum auf dem Markt, und der Preisverfall beginnt.
- Das Unternehmen ist bestens auf den Preisverfall vorbereitet.
- Bei abnehmendem Bedarf wird die Produktion schrittweise zurückgebaut.

Bereits durch punktuelle Änderungen sind Verbesserung erreichbar, diese sind jedoch unserer Ansicht nach nicht geeignet, um einen entscheidenden Beitrag zur Sicherung einer nachhaltigen Wettbewerbsfähigkeit im Markt zu leisten. Dies wird nur durch ein konsequentes Umdenken möglich.

Welche konkreten Auswirkungen sind aus der *Umgestaltung der Entwicklungs-Supply Chain* für die einzelnen Bereiche der *Pharma Supply Chain* absehbar?

Make und Source

Die neue Pharma Supply Chain umfasst zwar mehr Komponenten, die indessen flexibler, schneller und planbarer werden. Wir sehen große Chancen in einer verbesserten Planbarkeit. Beim chemischen Herstellprozess würden jede Woche die gleichen chemischen Stufen produziert. Dazu wird von einem Rohstofflieferanten jede Woche die gleiche Menge an Rohstoffen bezogen. Bei einigen Rohstoffen, die nur von einem Hersteller weltweit produziert werden, besteht das Problem, dass nicht im wöchentlichen Rhythmus geliefert werden kann. In diesem Fall wird man auch weiterhin eine Teilmenge als Bestand lagern, um das Fortlaufen der Produktion sicherzustellen. Bei den chemischen Umsetzungen werden voraussichtlich etwa gleiche Mengen an Reagentien benötigt. Diese könnten in analoger Weise direkt von einem Supply-Partner nachgeliefert werden. In der Pharmaproduktion haben wir in analoger Weise gleiche Mengen an Hilfsstoffen, Verpackungsmaterialien etc., die bedarfsorientiert angeliefert werden können. Chemische und Bulk-Produktion sind miteinander synchronisiert.

Vorbild für diese Überlegungen ist wieder die Automobilindustrie, die versucht, einen durchgehenden Materialfluss innerhalb der Wertströme zu organisieren, in dem die einzelnen Teile durch Pull-Mechanismen gekoppelt sind. Eine Supply Chain in der Pharmaindustrie hat den deutlichen Vorteil niedrigerer Komplexität und damit besserer Planbarkeit. In einen derartigen Rahmen lassen sich auch die besprochenen Outsourcing-Ansätze integrieren, die bis zur Schaffung von Netzwerken gehen können, in denen die einzelnen Partner ihre jeweiligen Stärken zur Wirkung bringen können.

Schnittstelle Chemie-Pharmazie

An der Schnittstelle zwischen Pharmazie und Chemie wird sich eine neue Art der Zusammenarbeit ergeben. In der ‚alten' Welt war diese Schnittstelle durch einen Vermahlungs- und Mikronisierungsprozess charakterisiert, der dazu diente, den Wirkstoff in die immer gleiche Form zu bringen. In der ‚neuen' Welt wird durch die quasi-kontinuierliche Produktion in der Chemie immer die gleiche Wirkstoffqualität hergestellt. Wenn man durch eine (quasi-kontinuierliche) Kristallisation an dieser Schnittstelle sicherstellt, dass Kristallform und Größe ebenfalls immer gleich sind, können u. U. der Mikronisierungsprozess und damit ein Produktionsschritt eingespart werden. Ansonsten wird er in die Wirkstoffherstellung integriert und mündet in die Granulierung. Viel wichtiger als das Einsparen eines Produktionsschrittes ist jedoch, dass die Schnittstelle zwischen chemischer und pharmazeutischer Produktion wegfallen kann. In einer modular angelegten Produktionswelt nach unserer Vorgehensweise ist ein produktbezogener Betrieb vorstellbar, der Wertstrom-orientiert sowohl den entsprechenden Anteil an Chemieproduktion als auch die Bulk-Produktion und Verpackung durchführt (siehe auch Kap. 7.33. Modell einer kontinuierlichen Solida-Produktion). Zumindest ein prozessorientiertes Management der einzelnen Wertströme durch durchgängig verantwortliche Personen müsste bei Beibehaltung einer räumlichen Trennung von Chemie- und Bulk-Produktion erfolgen.

Schnittstelle zum Markt

Eine Produktdifferenzierung ist bedeutsam für den Markterfolg. Wie zuvor schon aufgezeigt, ist vorstellbar, aus einer Verwägung mit einem definierten Mischungsverhältnis eines Wirkstoffs und seiner Hilfsstoffe drei unterschiedliche Tablettengrößen mit jeweils unterschiedlicher Absolutmenge des Wirkstoffs anzufertigen (Plattform-Ansatz). Auf diese Weise entstehen mit einer Formulierung drei unterschiedliche absolute Wirkstoffmengen für z. B. einen leichten, einen mittelschweren und einen Patienten mit hohem Körpergewicht. Für die Verpackung bietet sich ein standardisierter Blister an. Realisierbar sein sollten auch (Beispiel Schweiz) eine Packungsbeschriftung und -beilage in drei Sprachen. Damit sind in einer Anlage drei verschiedene Produkte vorstellbar. Die Analytik der Eingruppierung zu einer Klasse ist durchzuführen. Eine Verwechslung mit einem anderen Produkt kann ausgeschlossen werden, womit das Produkt dieses eine Gebäude nur komplett fertig verlässt. Als Produktdifferenzierung könnte man sich – sehr nah am Kunden/Patienten – z. B. den Aufdruck des Namens vorstellen.

◢ Vision: Fertigung auf Bestellung

Wir haben ein Produkt entwickelt, dessen Wirkstoff in einer 15stufigen Synthese entsteht. Die vorletzte Stufe ist als Startmaterial mit der FDA abgestimmt. Die Inspektion dieser Synthese ist erfolgreich realisiert. Unser Syntheseverfahren ist gut durchoptimiert und an jeden Pharmaproduktionsstandort der Welt übertragbar. Direkt neben unserem Produktionsstandort hat die inzwischen neu gegründete Lohnfertigungsfirma ‚FlexiChem (FC)' ein Werk aus modular angelegten Produktionscontainern aufgebaut. FC ist ein Großunternehmen mit weltweit 40 Standorten und vielen Modulen, die bei Bedarf erweitert werden können. FC erhält von uns den Auftrag, zunächst 100 kg der Stufe 13 unserer Synthese pro Woche in einem Modul zu fertigen. FC hat uns versichert, dass man problemlos auch zwei weitere Module für unser Produkt an diesem Standort in Betrieb nehmen kann und weitere an anderen Standorten.

Die Chemiesynthese der letzten beiden bei uns durchgeführten chemischen Stufen dauert höchstens 8 Tage. Wir gehen davon aus, die beiden Stufen mit ein wenig Routine bereits ein halbes Jahr nach Markteinführung in weniger als einer Woche fertigen zu können. Bei diesen Zeiten haben wir eine Reserve von 100 % einkalkuliert, um bei Geräteausfällen auf jeden Fall lieferfähig zu sein. Wir nehmen an, dass die reale durchschnittliche Arbeitszeit für zwei chemische Stufen sich bei ca. 3 Tagen einpendeln wird. Unser Modul ist komplett in Reinraumtechnik ausgelegt. Da wir die Endstufentrocknung als Sprühtrocknung ausgelegt haben, kann eine Mikronisierung entfallen. Für alle Vorstufen ist ein ‚parametric release' etabliert. Die dazu nötigen Kalibriermodelle sind von der Entwicklung geliefert worden. Auf der Stufe des Wirkstoffs wird eine analytische Freigabe vorgenommen; dazu haben wir 2 Tage Laufzeit eingeplant. Wir glauben, diese Zeit auf ca. 1 Tag reduzieren zu können. Das freigegebene Material wird dann direkt im gleichen Modul mit den Hilfsstoffen vermengt, granuliert und in einer kontinuierlichen Anlage zu Tabletten verpresst. Nach der Tablettierung wird ein Teil in versiegelten Containern an andere Standorte verschickt, da wir in einigen Ländern der Welt die Endverpackung vor Ort durchführen. Der weitaus größte Teil geht jedoch direkt an die Verpackungslinie, die wir an diesem Standort betreiben. Da der Standardisierungsgrad auch hier sehr hoch ist, erreichen wir von der Granulierung bis zur Verpackung eine Durchlaufzeit von derzeit 10 Tagen. Eine Optimierung macht hier keinen weiteren Sinn mehr, da es bisher nicht gelungen ist, die mikrobiologische Freigabe

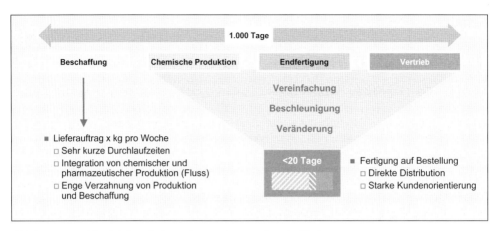

Abbildung 13.1 Vergleich zwischen alter und neuer Supply Chain.

noch schneller durchzuführen. Die Durchlaufzeit von derzeit 20 Tagen erlaubt uns, bei vielen Kunden direkt auf Bestellung zu liefern. Unsere Fertigungstiefe beträgt noch ca. 15 %. Auch wenn wir damit noch nicht am Ziel der Wünsche sind, denken wir doch, einen deutlichen Schritt in die richtige Richtung getan zu haben. Wenn es gelingt, die mikrobiologische Prüfung auch noch auf ein Verfahren umzustellen, das laut Literatur innerhalb einer Stunde ein Ergebnis liefern soll, können wir das Produkt hoffentlich in weniger als 14 Tagen fertigen.

Die Produktionsstandorte haben sich drastisch verändert und erinnern an die Chemie-parks, wie sie bereits in den späten 90er Jahren entstanden sind. Das Werksgelände hat einen offenen Bereich, in dem sich eine Reihe von Zulieferern niedergelassen hat. Dazu gehören die bereits erwähnten Hersteller von Reagentien und Hilfsstoffen. Aber auch der Zulieferer von Endverpackungen hat eine Produktionshalle am Standort, in der neben Pappschachteln auch Alufolien bedruckt und Blister hergestellt werden. Der Bereich Chemie, in dem FC die Vorstufen herstellt, befindet sich am Ende des Werks-geländes, damit genügend Platz für Erweiterungen besteht. Der Werksteil, in dem der Wirkstoff hergestellt, formuliert, verpackt und verschickt wird, ist im Vergleich zur früheren Geländeaufteilung relativ kompakt. Wichtig erscheint, die Betriebe möglichst leicht zugänglich zu halten, da die Produkte für den regionalen Bedarf direkt von hier ohne Umweg über große Logistikzentren verschickt werden und somit ein deutliches Verkehrsaufkommen herrscht.

Die Unterschiede zwischen alter und neuer Pharma Supply Chain sind in der Abbildung 13.1 zusammengefasst.

14. Zusammenfassung und Schlussfolgerungen

14.1 Relevanz des neuen Konzepts für die Entwicklungs- und Produktionsprozesse

Forschung, Entwicklung und Produktion agieren derzeit vielfach noch auf getrennten Wegen. Der Orientierung nach Funktion ist oft eine solche nach Projekt übergestülpt. Dies führt zur Ausbildung komplexer Matrixorganisationen und sichert zunächst nur Positionen. Insbesondere in der Pharmaindustrie sieht man eine Trennung von F&E auf der einen und von Produktion auf der anderen Seite. Unserer Auffassung nach führt das dazu, dass die Lernkurve erst in der Produktion ansetzt und man erst dort real anfängt, Produktionskosten zu optimieren. Wir haben der Funktionsorientierung die Vision einer prozessorientierten Organisation gegenübergestellt. Insbesondere, weil wir die Notwendigkeit einer stärkeren Parallelisierung von Entwicklungsaktivitäten in Chemie und Pharmazie sehen. Die Klinik sollte der Taktgeber der Gesamtentwicklung sein. Auf technologischer Ebene sehen wir den Bedarf für wesentlich stärker ausgeprägte Standardisierung von Anlagen, um dadurch bereits in der Entwicklung mit der Lernkurve für die Produktion zu beginnen. Wir haben insbesondere aufgezeigt, wie man diesen Prozessansatz bei einem höchst komplexen Produkt bereits an der Schnittstelle Forschung-Entwicklung konsequent realisieren kann. Insgesamt werden folgende Vorteile gesehen:

- Eine Standardisierung von Equipment hilft in allen Bereichen (Engineering, Qualifizierung usw.) Kosten zu sparen.

- Eine Standardisierung erlaubt es, nach Errichtung einer Erstanlage jede Folgeanlage in kürzerer Zeit zu planen, zu errichten, zu qualifizieren und in Betrieb zu nehmen.

- Eine Zunahme an Kostentransparenz in Entwicklung und Produktion durch einen stärker standardisierten Ansatz in Produktion und Entwicklung hilft, Entwicklungskosten besser den Produkten zuzuordnen und damit Fehlentwicklungen zu vermeiden.

- Ein Rücktransfer des Beginns einer Lernkurve von der Produktion in die Entwicklung sowie eine stärkere Ausrichtung der Entwicklung an der Produktion ist unserer Ansicht von genereller Bedeutung für den Prozessablauf. Damit kann ein deutlicher Zuwachs an Flexibilität erreicht werden, und die Unternehmen können eine bessere Anpassung an die Bedürfnisse des Marktes vornehmen. Die Verbindung von Fokussierung auf Qualität, Verkürzung der Durchlaufzeit und Degression der Kosten wird zu einem wesentlichen Element einer Differenzierungsstrategie, die auf das Schaffen langfristiger Wettbewerbsvorteile ausgerichtet ist.

Für die Zukunft sehen wir vor allem ein erhebliches Maß an Unsicherheit hinsichtlich des zu erwartenden Marktbedarfs eines Arzneimittels. Unser Wohlstand und die Teilnahme am medizinischen Fortschritt können nur durch neue, innovative Produkte gesichert werden. Produktinnovationen werden sich indessen künftig nur in Verbindung mit deutlich ausgeprägteren Prozess- und Produktionskompetenz realisieren lassen, und dazu gehört auch der Einbezug technologischen Fortschritts.

Innovationen müssen mit einem flexibel erweiterbaren Produktionskonzept eingeführt werden, um schnell auf Anforderungen des Marktes reagieren und eigene Wettbewerbspositionen sichern zu können. Wir sehen daher größere Chancen in einer Kombination von Maßnahmen zur Optimierung der Geschäftsprozesse, dem Einsatz innovativer Technologien und naturwissenschaftlicher Methoden. Dies setzt aber voraus, dass sich in den Unternehmen ein eigenständiger Anspruch an ‚Prozess-Exzellenz' herausbildet, ohne den qualitativ hochwertige Produkte in kurzer Zeit und zu vertretbaren Kosten nicht hergestellt werden können. Nur durch das Zusammenwirken aller Elemente kann eine Verkürzung von Entwicklungszeiten gelingen, die in allen Industriezweigen immer wichtiger wird. Derjenige, der als zweiter oder dritter Spieler in einen Markt eintritt, wird in künftig seine Entwicklungsaufwendungen immer weniger amortisieren können. Dies gilt aus unserer Sicht sowohl für multinational operierende Konzerne als auch für mittelständische Unternehmen oder Start-ups – die individuellen Risiken mögen verschieden sein.

14.2 Bedeutung für die Pharmaindustrie

In der Pharmabranche ist das Bewusstsein für die Schwächen sowie für die Herausforderungen im Zusammenhang mit den Produktionsprozessen – insbesondere mit Blick auf unverändert lange Entwicklungszeiten – deutlich gewachsen. Basierend auf unserer Vision einer Optimierung der Supply Chain haben wir eine neue Konzeption entwickelt, die Lösungen für substantielle Verbesserungen bietet. Neben alternativen Technologien im Herstellungsprozess sind indessen Anpassungen im Management unverzichtbar. In Anlehnung an eine Studie zur ‚Development Factory' von *Pisano [1997]* möchten wir die wesentlichen Aspekte des Ansatzes vom vorigen Jahrhundert (‚klassisch') denen nach Pisano (‚aktuell') und denen nach unserem neuen Konzept (‚neues Konzept') gegenüberstellen (Tabelle 14.1).

Die im Vorwort aufgezeigte Vision am Beispiel der LimitlessPharma AG muss nach unserer Überzeugung keine Utopie bleiben. Es haben sich in vielen Bereichen bereits erstaunliche Veränderungen vollzogen, die in der Zukunft zu einem ‚großen Ganzen' sinnvoll verknüpft und konsequent weiter verfolgt werden müssen. Die graphische Darstellung in der Abbildung 14.1 zeigt einen Vergleich der Belieferung des Marktes nach altem und neuem Produktionsprozess.

14.3 Ausblick

Das Pharmaunternehmen der Zukunft sieht nach unserem derzeitigen Wissen völlig anders aus. Natürlich gilt – wie für vieles Andere auch – dass gerade in einer Zeit des Umbruchs niemand sagen kann, was kommen wird, sondern nur, was vielleicht geschehen könnte *[von Mutius 2000]*.

Wo liegen Chancen und Herausforderungen?

Wir haben gezeigt, dass erforderliches Wissen für einen grundlegenden Wandel in der Pharmaindustrie prinzipiell vorhanden ist und teilweise auch in einigen Bereichen bereits zur Anwendung gelangt. Es fehlt jedoch weiterhin an einer ganzheitlichen Betrachtung

Tabelle 14.1 Zielmatrix für Entwicklung und Produktion in der Pharmaindustrie. Veränderungen seit den 60er Jahren des 20. Jahrhunderts in Anlehnung an *Pisano [1997]*.

	Klassisch	Aktuell	Neues Konzept
Leitmotiv	Forschungs-orientierung	Forschung und schneller Zugang zum Markt	Ganzheitlicher Ansatz Durchgehende Prozessorientierung
Technischer Fokus	Schrittweise Trouble shooting	Wissenschaftlicher Ansatz	Reduzierung von Komplexität und Beschleunigung
Kunde	Produktion	Produktion, R&D	Patient
Kernkompetenzen	Prozesstechnik Aktuelle Fertigungs-kompetenzen	Prozess-wissenschaft	Management des Scale-up Prozess versus Replizierung
Lernkurve	In der Produktion	In Produktion und Entwicklung	Bereits in der Entwicklung

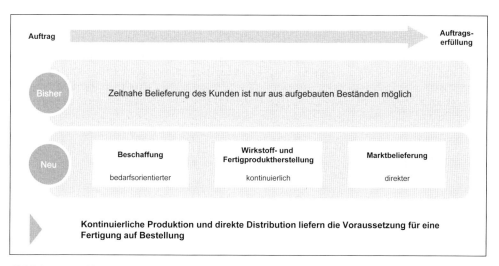

Abbildung 14.1 Vergleich von altem und neuem Prozess aus Sicht des Marktes.

der Prozesskette von der Entwicklung bis zur Versorgung des Patienten. Unverändert setzen die Unternehmen auf den Erfolg eines Innovationswettlaufs, der jedoch zunehmend schwieriger wird. Der große Wunsch ist nach wie vor die Realisierung eines Blockbusters, doch die überwiegende Mehrzahl der neu eingeführten Arzneimittel hätte Schwierigkeiten, die enormen Forschungsaufwendungen zu amortisieren. Vielleicht werden zunehmende

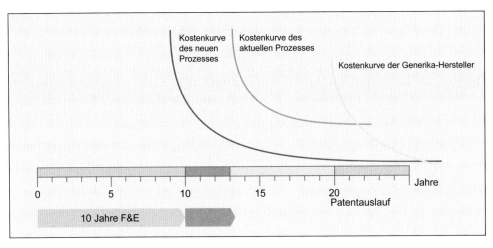

Abbildung 14.2 Ergebnis der neuen Supply Chain.

Zwänge aus dem Umfeld – sei es der Kostendruck, sei es die Überalterung der westlichen Gesellschaften o. ä. – dazu beitragen, den aus unserer Sicht notwendigen Paradigmenwechsel in der Pharmaindustrie einzuleiten. Erste Schritte in Richtung von Veränderungen können in denjenigen Unternehmen beobachtet werden, die auf eine – wie auch immer geartete – Kombination von Verbesserungsansätzen wie Lean oder Six-Sigma setzen, um ihre Produktionssysteme zu optimieren. Ähnlich wie in einem Lean Production-Konzept der Schwerpunkt auf der Fehlervermeidung liegt, müssen die Zukunft in der Entwicklung gedacht und Produkte in Verbindung mit Prozessen gesehen werden. Die Herausforderung liegt darin, sich über den Teil des ‚Make' der Supply Chain hinaus zu entwickeln und sowohl die vor- als auch nachgelagerten Teile in eine Gesamtperspektive zu integrieren. Weiterhin muss ein schlüssiger Übergang von der Entwicklung in die Produktion entwickelt werden, der die Grundprinzipien von Geschwindigkeit, Qualität und Kosten adäquat berücksichtigt. Bestandteil eines solchen *Lean Pharma Development-Systems* wird es dann auch sein, zukunftsfähige Konzepte für die Wirkstoffforschung und davon abgeleitet die Vision für ein Unternehmen der Zukunft zu entwickeln, das am Markt bestehen kann.

Effiziente und effektive Prozessgestaltung wird einen entscheidenden Beitrag im Life-Cycle-Management zur Abgrenzung gegen den Generika-Wettbewerb leisten, um ein Unternehmen nach Ablauf des Patentschutzes weiterhin im Markt zu halten und profitabel zu sein. Damit würde der Wettlauf um Kosten-Führerschaft nicht erst beim Markteintritt von Generika beginnen. Die Grundlagen würden früher gelegt, nämlich bereits in der Prozessgestaltung, wobei langjährige Lernkurven für eine günstige Ausgangsposition sorgen würden. In der Abbildung 14.2 wird dargestellt, wie sich die Position eines Unternehmens im Verhältnis zu den Generika-Herstellern verändern könnte, wenn die Kosten-Führerschaft auf dem gleichen Gebiet erreicht wird, auf dem man zugleich die Führung in der Innovation anstrebt. In der Graphik werden die Kostenkurve des aktuellen Prozesses sowie die des neuen Konzeptes und die der Generika-Hersteller aufgezeigt.

Wesentlich erscheint uns, dass der Hersteller von Originalpräparaten seine Lernphase verlängert, konsequent nutzt und damit ausreichend gerüstet ist, den Marktanteil seiner Produkte auch nach Patentablauf verteidigen zu können. Wir gehen davon aus, dass das Geschäft für die Generika-Hersteller u.U. so aufwendig wird, dass sich diese im Zweifelsfall nicht mehr auf einen Wettbewerb mit dem Original einlassen werden.

Neben der Betrachtung von Entwicklungszeiten und Kostenaspekten haben wir uns mit der Fähigkeit zur Versorgung des Marktes durch Erhöhung der Flexibilität beim Ausbau von Produktionskapazitäten beschäftigt. Wir haben gezeigt, dass es auch möglich ist, eine Supply Chain zu konzipieren, die vollständig auf den Kunden ausgerichtet ist und immer nur soviel Kapital bindet, wie es für die Belieferung des Kunden notwendig ist.

Für die Produktqualität bedeutet eine Veränderung des Prozesses, dass die Qualität besser beschrieben werden kann, da die Chance zu einer bewußteren Spezifikationsfestsetzung gegeben ist. Es besteht außerdem ein klarer Schnitt, der voraussichtlich zu einer einheitlicheren Qualität für das Endprodukt führt.

Unser Ansatz ist die Ausrichtung auf den Kunden bei gleichzeitig deutlich erhöhter Wettbewerbsfähigkeit für die Herausforderungen der Zukunft. Als wesentliche Veränderungen sehen wir

- das Entstehen einer Zulieferindustrie für die Chemieproduktion, die Takt-orientiert einen Teil der Herstellung übernimmt;
- ein deutlich höherer Anteil des Chemieproduktes wird von Zulieferern im Rahmen fester Abnahmeverträge in einem bestehenden Supply-Netzwerk durchgeführt, das auf langfristige Kooperation ausgelegt ist;
- eine neue Art des Anlagenbaus, der kurzfristig Standardanlagen betriebsbereit erstellen kann;
- eine neue Vertriebslogistik, bei der Arzt, Apotheker, Pharmagroßhandel und Pharmahersteller sich neu und stärker auf den Kunden/Patienten fokussiert orientieren werden.

Die Ansätze lassen sich überall dort realisieren, wo ausreichend intellektuelles Potential vorhanden ist. Sollten sie sich in den bisherigen sog. Schwellenländern durchsetzen, wird es für die Produktion in Europa allgemein schwierig werden, sich gegen ein kombiniertes Potential aus Prozessvorsprung und Lohnkostenvorteilen zu behaupten.

Danksagung

In unser Buch sind Erfahrungen aus gemeinsamen Projekten mit einer Vielzahl von – nunmehr – ehemaligen Kollegen eingeflossen, denen an dieser Stelle Dank gebührt.

Daneben danken wir diversen Gesprächspartnern aus Beratungs- und Industrieunternehmen, deren zum Teil sehr kritische Anregungen wesentlich zur Konkretisierung unserer Vorstellungen und damit zum Gelingen des Buches beigetragen haben. Hier sind vor allem die Herren Dr. Werani (Fa. Schuh & Co.) und Körblein sowie die Herren Drs. Schütte und Lang (Fa. Evonik) zu nennen.

Besonderer Dank gilt Herrn Dr. Küppers (Forschungszentrum Jülich) und Frau Hartung (Fa. Hüttlin), ohne deren Unterstützung die Überarbeitung und Aktualisierung des Kapitels 8 zur Analytik nicht möglich gewesen wäre.

Literatur

A. Almuaibed, Analytica Chimica Acta 428, 1–6 (2001)

R. Alt, H. Österle, Th. Puschmann, Customer relationship management architecture in the pharmaceutical industry, Int. J. Healthcare Technology and Management, Vol. 5, Nos. 3/4/5, 2003

N. G. Anderson, Practical Use of Continuous Processing in Developing and Scaling Up Laboratory Processes, Organic Process Research & Development 5, 613–621 (2001)

M. Andreessen in: B. von Mutius, Die Verwandlung der Welt – Ein Dialog mit der Zukunft, Verlag Klett-Cotta, Stuttgart, S. 42 (2000)

Avantium Technologies B. V.: *www.avantium.com*

Bain & Company, Trends in der Biotechnologie, Juli 2001; *www.bain.de*

T. Bayer, H. Heinichen, T. Natelberg, Emulsification of Oil in Water – Comparison between a Micromixer and a Conventional Stirred Tank. 4th International Conference on Microreaction Technology, March 2000, p. 167

K. Beckenkamp, Integrierte NIR-/RAMAN-/RFA-Identitätsprüfung von chemischen und pharmazeutischen Produkten. Vortrag auf dem Hauptsymposium der Fachgruppe Arzneimittelkontrolle/Pharmazeutische Analytik der DPhG, 23.11.01, Machern bei Leipzig

E. Bertarelli, In Vivo: The Business and Medicine Report, Juni 2001, p. 18, Windhover Information Inc.

J. Bicheno, The new Lean Toolbox, PICSIE Books, 3.rd revised Edition (2004)

R. Boutellier, G. Schuh, H.D. Seghezzi in: G. Schuh, H.P. Wiendahl (Hrsg.): Komplexität und Agilität, Springer-Verlag, S. 37ff (1997)

F. Braun, Pille schön verpackt, Media 2001, Beilage der FAZ vom 17.11.2001, B8

D. Cassak, In Vivo: Vamedis: Bringing the old world into the new Economy, April 2001, p. 24, Windhover Information Inc.

C. M. Cimarusti in: Process Chemistry in the Pharmaceutical Industry, K.G. Gadamasetti (ed.), Marcel Dekker, New York NY, 28–31 (1999)

P. Cousins, R. Lamming, B. Lawson, B. Squire, Strategic Supply Management, Prentice Hall, Upper Saddle River NJ (2008)

N. Dantan, S. Küppers, Chemometrie in der industriellen Analytik, Nachrichten aus der Chemie 49, 917–921 (2001)

K. Danzer, H. Hobert, C. Fischbacher, K.-U. Jagemann, Chemometrik, Grundlagen und Anwendungen, Springer-Verlag, Berlin-Heidelberg (2001)

A. Deutschman, Change or Die, Collins, Reprint Edition (2008)

S. H. DeWitt, Microreactors for Chemical Synthesis, Current Opinion in Chemical Biology 3, 350–356 (1999)

D. Dürand, M. Kroker, Neue Ära, Wirtschaftswoche, Nr.17 v. 19.4. 2001, 133 –134

M. Düssel, Handbuch Marketing-Praxis, Cornelsen-Verlag, Berlin (2006)

W. Ehrfeld, V. Hessel, H. Löwe, Microreactors – New Technology for Modern Chemistry, Wiley-VCH, Weinheim (2000)

FAZ v. 24. Sept. 2001, S. 26, Fabrikautomation muß auf Produktionsänderungen flexibel reagieren, Bericht von der IAA 2001

FAZ v. 10. Okt. 2000, S. 22, Daimler-Chrysler gründet Holding für Internet-Aktivitäten

FAZ v. 8. Dez. 2001, S. 13, Schmidt testet Versandhandel für Medikamente

D. Filmore, Today's Chemist at Work 10, p. 93 (2/2001)

M. Fisher, What is the Right Supply Chain for your Product?, Harvard Business Review, Vol. 75(2), 105–116 (1997)

J. A. Foulkes, J. A. Hutton, Simple Laboratory Procedure for the Preparation of Nitriles from Alcohols via Unstable Chlorides in Large Quantities, Synthetic Communications 9, 625 (1979)

C. Garbe, Gastkommentar in der FAZ, 26. April 2001, Aids-Forschung könnte unter Südafrika-Vorstoß leiden

Th. Garcia, G. Cook, R. Nosal, PQLI-Key Topics, J. Pharm. Innov. 3, 60–68 (2008)

M. George, D. Rowlands, B. Kastle, What is Lean Six Sigma?, McGraw-Hill (2004)

W. Götzinger, ArQule, Woburn, USA: Präsentation auf dem 12. Chromatographie-Seminar der GDCh, Hohenroda, 13. Jan. 2002

H. Groen, K. Roberts, Anakon 2001, Presentation

A. Grove, Nur die Paranoiden überleben, Campus-Verlag, Frankfurt/Main (1997)

G. Gutjahr, Pharmamarkt 2020 – Studie, Frankfurter Allgemeine Verlag, 2 Aufl. (2000)

M. Hammer, J. Champy, Business Reengineering, Campus-Verlag, Frankfurt/Main (1996)

Handelsblatt, Alternative zu Versandhandel: Apotheker starten Internet-Offensive, 15. 8. 2001

P. Harrop, Pharm. Tech. Eur. 13(9), 54–58 (2001)

A. Hartung, M. Knoell, U. Schmidt, P. Langguth, Drug Dev. Ind. Pharm. (2010), submitted

M. Hajduk, Degussa/Evonik: Vortrag 1st European Conference on Process Analytics and Control Technology, April 22 - 25, 2008, Frankfurt/Main

T. Herkert, H. Prinz, K.A. Kovar, One hundred percent online identity check of pharmaceutical products by near-infrared spectroscopy on the packaging line. Eur. J. Pharm. Biopharm. 51(1), 9–16 (2001)

S. Hofmann, Pharmaindustrie als Sündenbock der Politik, Handelblatt vom 13.11.2001, S. 11

M. Hu et.al., Kellog School of Management, Pharmaceutical Drug Discovery & New Models for R&D Success (2007)

M. Imai, Gemba Kaizen, McGraw-Hill (1997)

H. Jehle, Byk Gulden, Konstanz, persönliche Mitteilung (2001)

P. C. Julian, J. F. Millar, Bricks and Clicks – The Impact of the Internet on Pharmaceutical Distribution, World Markets Series Business Briefing, Pharma Tech, June 2001, p. 26 (2001)

B. Karlöf, Unternehmensstrategie – Konzepte und Modelle für die Praxis, Campus-Verlag, Frankfurt/Main (1991)

N. Kipling, Chairman IDBS, Turning the tide of pharmaceutical productivity, in: Scientific computing world July/August 2004, *www.scientific-computing.com*

F. Klocke in: G. Schuh, H.P. Wiendahl (Hrsg.), Komplexität und Agilität, Springer-Verlag, S. 186ff (1997)

G. Körblein, persönliche Mitteilung, Nürnberg, Nov. 2009

J. Kussi, H.-J. Leimkühler, R. Perne, Chemie Ingenieur Technik (72) 11/2000, 1285–1293

K. Läsker, Süddeutsche Zeitung v. 16.01.2009, Angst vor dem Ablauf der Patente

M.S. Lesney, Today´s Chemist at Work, Jan. 2001, p. 38

A. Lohf, W. Ehrfeld, V. Hessel, H. Löwe, A standarized modular microreactor system, 4th International Conference on Microreaction Technology, March 2000, p. 441

Manager Magazin 10/99, 86–94: Das Erfolgspharma-Unternehmen Pfizer Inc.

Manager Magazin 10/96, S. 166 ff.: Die Lasterkönige – Lkw Bauer Scania – besser als die Konkurrenz, inkl. Interview mit L. Östling

Manager Magazin 8/2001, S 80, Achten Sie auf Rhein Biotech

P. Mansell, Rethinking Big Pharma, Febr 20 2008; *www.pharmatimes.com/subscribe*

G. Marstedt, Forum Gesundheitspolitik v. 03.04.2007.

E. Martin, CPACT, Glasgow, persönliche Mitteilung 2001.

J. A. Di Masi, H. G. Grabowski,The Cost of Biopharmaceutical R&D: is biotech different? Managerial and Decision Economics 28, 469–479 (2007)

R. Mason-Jones, B. Naylor, D. R. Towill, Engineering the leagile supply chain, International Journal of Agile Management Systems 2/1, 54–61 (2000)

J. S. McClenahen, Connecting with the Future, Industry Week, 17. 4. 2000

J.M. Morgan, J.K. Liker, The Toyota Product Development System, Productivity Press, New York NY (2006)

S. Mühlenkamp, Process Pharma TEC 8, 26–27 (1-2001)

B. von Mutius, Die Verwandlung der Welt – Ein Dialog mit der Zukunft, Klett-Cotta, Stuttgart (2000)

G. Nairn, Ensuring drug deliveries on time, Financial Times 5. 12. 2001

L. Östling, siehe Manager Magazin 11/96

M. Otto, Chemometrie, Wiley-VCH, Weinheim (1996)

G.P. Pisano, The Development Factory, HBS Press (1997)

J. Poesche, Chemie Ingenieur Technik 72, 1294–1303 (11/2000)

Process 10-2001, Kunststofftechnik Spezial, S. 28, Bayer wandelt sich im Polymer-Bereich vom Lieferanten zum Problemlöser

Pressedienst vom 22.6.01, Börsenmeldung zur Schering-Aktie

S. P. Raillard, G. Ji, A. D. Mann, T. A. Baer, Fast Scale-up Using Solid-Phase Chemistry, Organic Process Research & Development 3, 177–183 (1999)

B. Ramsay, Pharmaceutical Technology Europe, Oct. 2001 p. 62–68

C. Ramshaw, persönliche Mitteilung 2001

B. Renger, Vortrag Cannes 2001

R. Schütte, J. Lang, Evonik, persönliche Mitteilung, Dez. 2009

P. Senge, Die fünfte Disziplin, Klett-Cotta Verlag, Stuttgart (1996)

H.W. Sielser, Vortrag auf der 1. Jahrestagung AK Prozessanalytik, 20. März 2006, Berlin

S. Stieler, Moderne Prozessanalysenmesstechnik – eine Übersicht, Vortrag auf der Anakon 2001, 5.4.2001, Konstanz

G. Stock in: Livingbridges, das Schering Forschungsmagazin, Heft 1/2001, www.livingbridges.com

Süddeutsche Zeitung v. 18.09.2009, Teuer ohne Grund

Tagesspiegel, 6.10.2001, S. 32, mit diversen Extras: In Wolfsburg wird der Autokauf zum Erlebnis (von K. Wallbaum)

H. Takeda, Das Synchrone Produktionssystem, Just-in-Time für das ganze Unternehmen, mi-Fachverlag, München (2006)

T. Teyke, E. Traenckner, Biotech/Pharma Allianzen, CHEManager 19/2001, S. 8

E. Uenaka, persönliche Mitteilung, Medica Düsseldorf 20.11.2008

VDI Berichte 1551, Optische Analysentechnik in Industrie und Umwelt – heute und morgen, VDI Verlag, Düsseldorf (2000)

VFA Statistics 2008, Die Arzneimittelindustrie in Deutschland 2008

R.I. van Hoek, The thesis of leagility revisited, International Journal of Agile Management Systems 2/3, 196–201 (2000)

J. Vessmann, New aproaches in drug quality control from industrial perspective, Vortrag auf dem Hauptsymposium der Fachgruppe Arzneimittelkontrolle/Pharmazeutische Analytik der DPhG, 23.11. 01, Machern bei Leipzig

D. Walsh, N. Zaccari, Pharm. Tech. Eur. 13(9), 46–53 (2001)

O. Wassermann, Das intelligente Unternehmen, 4. Aufl., Springer-Verlag, Heidelberg (2001)

G. H. Watson, Benchmarking – vom Besten lernen, Verlag Moderne Industrie, Landsberg (1993)

H. Weinmann, GDC-Nachrichten aus der Chemie 49, 150–154 (2001)

S. Winter, Die Porsche-Methode: Die 10 Erfolgsgeheimnisse des unkonventionellen Sportwagenchefs Wendelin Wiedeking, Verlag Ueberreuter, Wien (2000)

J.P. Womack, D.T. Jones, D. Roos, Die zweite Revolution in der Autoindustrie, Campus-Verlag, Frankfurt/Main (1991)

J. Workman jr., Chemometrics and Intelligent Laboratory Systems 60, 13–23 (2002)

Die Autoren

Dr. Christian L. J. Ewers
Chemiker, Uni Würzburg, von 1992 bis 1999 in der chemischen Entwicklung der Schering AG, Berlin, ab 1999 Assistent des Vorstandes für Produktion und Personal, von April 2001 bis November 2001 Assistent des Vorstandsvorsitzenden. Von Dezember 2001 bis Juni 2006 Leiter des Wirkstoffproduktionsbetriebes B der Schering AG. Nach einer Tätigkeit als Berater bei Management Engineers ist er seit Januar 2008 Mitinhaber des Beratungsunternehmens CEPHASYS GMBH & CO. KG in Berlin.

Dr. Jörg Mohr, MBA
Chemiker, TU Berlin, Promotion FU Berlin, Post-Doc Purdue University, USA. MBA International Lean Manufacturing Consulting, FH Ludwigshafen. Von 1993 bis 1999 in der chemischen Entwicklung der Schering AG, Berlin, seit 1999 am Produktionsstandort Bergkamen tätig, dort zuletzt Leiter des Wirkstoffbetriebes E der Schering AG. Seit Januar 2008 Mitinhaber des Beratungsunternehmens CEPHASYS GMBH & CO. KG in Berlin.

Ausführliches Inhaltsverzeichnis

Die Philosophie

Die Vision

Die Umsetzung

Schlussfolgerungen